国家社科基金
重大项目成果

对外汉语教学语法丛书
◎**总主编** 齐沪扬

对外汉语教学语法
书面语大纲

张旺熹 ◎**主编**

邵洪亮 ◎**著**

北京语言大学出版社
BEIJING LANGUAGE AND CULTURE
UNIVERSITY PRESS

© 2024 北京语言大学出版社，社图号 24107

图书在版编目（CIP）数据

对外汉语教学语法书面语大纲 / 张旺熹主编 ；邵洪
亮著. -- 北京 ： 北京语言大学出版社，2024. 6.
（对外汉语教学语法丛书 / 齐沪扬总主编）. -- ISBN
978-7-5619-6593-1

Ⅰ. H195.3

中国国家版本馆 CIP 数据核字第 2024S4B289 号

对外汉语教学语法书面语大纲
DUIWAI HANYU JIAOXUE YUFA SHUMIANYU DAGANG

排版制作： 北京光大印艺文化发展有限公司
责任印制： 周　燚

出版发行： 北京语言大学出版社
社　　址： 北京市海淀区学院路 15 号，100083
网　　址： www.blcup.com
电子信箱： service@blcup.com
电　　话： 编 辑 部　8610-82303647/3592/3395
　　　　　　国内发行　8610-82303650/3591/3648
　　　　　　海外发行　8610-82303365/3080/3668
　　　　　　北语书店　8610-82303653
　　　　　　网购咨询　8610-82303908
印　　刷： 北京联兴盛业印刷股份有限公司

版　　次： 2024 年 6 月第 1 版　　　**印　　次：** 2024 年 6 月第 1 次印刷
开　　本： 787 毫米 × 1092 毫米　1/16　　**印　　张：** 25.25
字　　数： 432 千字
定　　价： 99.00 元

总　序

摆在读者面前的，是国家社科基金重大项目"对外汉语教学语法大纲研制和教学参考语法书系（多卷本）"（17ZDA307）的所有成果。这些成果包括大纲系列 4 册、书系系列 26 册、综述系列 8 册，以及选取研究过程中发表的一部分优秀学术论文集辑而成的论文集 1 册，共计 39 本著作，约 700 万字。这个项目的研制，历时 5 年有余，参加的研究人员多达 50 余人，来自国内和海外近 30 所高校。

2017 年 11 月，全国哲学社会科学工作办公室正式公布"2017 年度国家社科基金重大项目立项名单"。2018 年 4 月 14 日，国家社科基金重大项目"对外汉语教学语法大纲研制和教学参考语法书系（多卷本）"的开题报告会举行。2019 年 8 月，2017 年度国家社科基金重大项目中期检查评估报告提交，2023 年 1 月召开课题结项鉴定会。

根据专家组意见，特别是专家组组长赵金铭教授两次谈话的意见，按照全国哲学社会科学工作办公室立项通知书上的要求，本项研究牢固树立问题意识、创新意识和精品意识，立足学术前沿，体现有限目标，突出研究重点，注重研究方法，符合学术规范。项目的执行情况、所解决的问题和最终成果如下：

大纲、书系和综述是主要的研究成果。三类不同的成果面对的读者是不一样的：大纲是给教师教学与科研使用的，同时也顾及学习汉语、研究汉语的一些国际学生；书系主要是给在一线教学的对外汉语教师看的，以解决这些教师在教学过程中的实际问题为目的；综述是对大纲和书系的补充，主要面向对外汉语教师、汉语国际教育专业研究生和本科生，以及需要进一步了解、研究相关领域的群体，为这些人继续研究相关问题提供材料和方法。三种不同的读者群体决定了三类成果的不同写法。

1.　大纲研制

大纲研制的最终成果是两套大纲：分级大纲（初级大纲和中级大纲）和分类大纲（书面语大纲和口语大纲），共 4 册。语法大纲不局限于语法知识本身，而是以学习者语言能力的培养为目标。凡是能促进学习者语言能力的语法项目都应析出为大纲的项目。语法项目的编排依据的是语法形式，使用条件式来描述细目的功能。使用条件式有利于促进语法知识转化为语言能力。

分级大纲中语法项目的等级不宜简单理解为语言本身的难度区分，更应理解为习得过程性的内在要求。以促进学习者生成语言能力为目标，支持学习者语言能力生成的语法项目都应列目，项目编排以语法结构为基础，细目的描写以促进语言能力生成为重。大纲体现习得的过程性，总体上为螺旋形呈现。

目前对外汉语教学和科研依据的都是通用语体的语法大纲，至今尚没有分语体的大纲问世，这种状况显然与发展迅速的第二语言教学事业不相适应。书面语语法大纲和口语语法大纲的研制，填补了大纲研究的空白，在今后的教学指导、教材编撰、汉语水平测试等方面，都能发挥很大的作用。

2.　书系研发

我们在全国范围内分三批次遴选和推荐了撰稿人，这些撰稿人都有长期从事对外汉语教学的经历，且都是语法专业背景出身。从目前情况看，学术界和教学界都需要这一类书，这套书也具有填补空白的作用。而且，这套书是开放性的，条件成熟了可以再继续做下去，达到 30 本到 50 本的规模，甚至再多一些都是可能的。

书系的研发应以"语法项目"作为书名，不求体系完整，成熟一本撰写一本；专业性不能太强，要考虑到书系的读者需求，他们阅读这本书是为了解决教学上的问题，除了必要的理论阐述和说明之外，要尽量早一点儿切入到教学中去；提出的问题要切合教学实际，60～80 个问题，其实就是这本书的目录，有人来查，很快就能对症下药，找到自己想要的东西；提的问题要有针对性，要有实用性，针对学生的水平等级，围绕这个语法项目，把教学上可能遇到的问题按等级排序。总之，这是一套深入浅出的普及性小册子，一定会受到广大对外汉语教师的欢迎。

3. 综述编著

按照标书要求，阶段性成果包括两套综述汇编。编著这两套综述汇编，首先是项目研制的需要，是和大纲研制、书系研发互相支撑、互相配合的；其次是近20年的综述汇编，学术界和出版界均尚无相关成果问世，很多研究者迫切需要这方面的资料；最后是这套综述汇编的写法与其他综述成果不同，两套综述不仅仅是"资料汇编"，里面更有很多作者的评议和引导，是"编著"类的"综述"，这类"综述"其实是不多的。这样的写法比目前在做的或者已经出版的"综述"要科学得多，实用得多。

综述分为两套：《近20年对外汉语语法教学研究》和《近20年汉语作为第二语言语法习得研究》。综述的主要读者应该是研究者，是关心该领域的研究者，作者收集的材料要尽可能齐全，作者所做的分析要有依据，作者做出的解释要能让研究者信服。两套综述都能做到对相关问题做出梳理，述评结合，突出评价的学术性、原创性和实用性，力图使读者对相关论题有一个全面的认识和深刻的思考，并为进一步的研究提供方向。

对上述这些成果的介绍只能点到为止，事实上，具体到每一本著述，都是有必要重点介绍的。好在每套书都另有主编，请读者自行阅读每套书的主编写的"序"吧。我这里还想向读者介绍的是这些著述的作者们，没有他们，这些成果难以问世。

本项课题涉及面广，研究人员多，在最初填写招标书时我们已经意识到了："本项研究工程浩大，……大纲和书系非一校之力可完成，将集中全国不同高校共同承担。"本课题前后参加研究的人员有50余人，分布在国内及海外近30所高校。如何将这些研究人员组织起来，集思广益，凝神聚力？课题组在"集全国高校之力"上，下了大力气。

原先设想由某个高校具体负责某块项目研究，但该想法在实际操作中遇到了问题。开题报告会后，课题组调整后的组织方式体现出优势来。四个研发小组的组长取代了原来子课题负责人的职位和功能，优势体现在：他们面对的是具体的项目，而不是具体的研究人员；他们针对项目选取研究人员，而不是为已有的研究人员配备研究内容；他们可以从全国高校选择自己相中的研究人员，而不需采取先满足校内再满足校外的程序和方式。人尽其才，物尽其用，效率提高，质量保证，自然是意料之中的结果。例如，书系组的 20 多位作者来自 15 所高校，综述组的作者来自 12 所高校。这是第一个方面。

第二个方面，就是充分利用会议的机会，将会议定位于有目标的会议、有任务的会议，让会议开出成效来。自课题立项之后，围绕着课题的研究进展，课题组已经开过多次会议。一是一年一度的"教学语法学术讨论会"，课题组所有人员都参加，至今已经开过多届：淮北（2017）、扬州（2018）、南宁（2019）、黄山（2020），等等。二是一年多次的课题专项讨论会，有需要就开。如在杭州，就分别开过综述组、数据平台组、书系组的专项讨论会；在南京、上海都开过大纲组的专项讨论会；2020 年 7 月，在腾讯会议上开过两次大纲组的专项讨论会；等等。这些会议目标明确，交流便捷，解决问题能力强，时间跨度短，是联络不同高校研究人员的好方式。

这套书的所有主编和作者都十分尽力。对外汉语教师的工作量很大，大多数人都有每周 10 节以上的课时量；况且，大多数人的手上还有自己的科研项目要做，还有自己指导的研究生的论文要看，还有各自的不同研究论文要写。种种忙碌和辛苦之中，要挤出这么多时间和精力，去从事另外一块研究任务，还是高标准、有要求、无报酬的研究任务，如果没有一种对对外汉语教师这个职业的由衷热爱，没有一种为对外汉语教学事业做点儿贡献的精神支撑，他们是断然不可能接受这样的研究任务的。更何况有些作者接受了两项不同的研究任务，研究强度和研究压力可想而知。因此可以这么说，这些成果渗透着作者们的辛劳，饱含着作者们的心血，每一本都是"呕心之作"，这样的赞誉是得当的。

北京语言大学出版社是这个项目的合作者和推动者。项目立项不久，出版社和课题组就有过接触。出版社前后两任社长和总编辑都向课题组表过态，希望这个课题的所有成果能在北京语言大学出版社出版，出版社愿意为课题的宣传、推广、出版尽责任，做贡献。2020 年 1 月，课题组和出版社有过进一步的密切联系，敲定了详细的合作计划。2022 年 3 月，出版社申报的"对外汉语教学语法丛书"成功入选 2022 年度国家出版基金资助项目。这些成果的出版，没有出版社的支持是做不到的。

再次感谢在漫长的研究过程中给予我们支持、帮助的所有老师和朋友。

展现在读者面前的是四部大纲：两部分级大纲和两部分类大纲。大纲的指导思想、理论背景和编写体例，读者自可以通过阅读大纲加以了解。在大纲即将研制完工、准备付梓印刷的时候，从研究人员角度思考，以下两点是大家的真切体会，很想写出来与读者们共享。

（1）大纲的研制是一个漫长的过程，这个过程一直伴随着研究人员的思考和摸索。研制这四部大纲，在学界都是首次，没有人做过，没有经验可以学习参照，一切问题都要自己解决。从回答为什么要研制分级大纲和分类大纲开始，三四年的研制过程中，无数的问题困扰着这些研究人员，需要他们面对。每走一步，都有一个问题等着，都需要解决了之后方能前行，方能继续下去，"走好过程"，这个过程教会了大家思考。

（2）大纲的研制是一个不断学习、不断改进、不断提高的过程，这个过程见证了这些研究人员的成长和成熟。通过这次研制，这些研究人员已经具有相当水准的专业背景，具有较为全面的知识结构，更重要的是具有相当强的科研能力：他们懂得编著大纲的基本原理，了解语法项目析出的程序和方法，严谨的研究风气已经渗入到每个科研人员的个人风格之中。可以这么说，大型科研项目对科研队伍的培育发挥了极大的作用。

谨以此作为总序。

齐沪扬

初稿于 2020 年 7 月

二稿于 2022 年 5 月

三稿于 2022 年 12 月

序

国家社科基金重大项目"对外汉语教学语法大纲研制和教学参考语法书系（多卷本）"（17ZDA307）之大纲系列四册成果，现已完成并将付梓。项目总负责人兼首席专家齐沪扬教授嘱我为此系列四册书稿写个序。作为一名从事对外汉语语法研究的同行，我是深感荣幸并乐意为之的。

教学语法大纲之于对外汉语语法教学理论建设和实践指导的价值毋庸置疑。正因如此，伴随着新中国对外汉语教学各个历史时期的发展，都会有一些类型、用途各异的语法大纲不断问世，直到2021年7月《国际中文教育中文水平等级标准》以国家语言文字规范的形式正式实施。而今天呈现给学界的两套四册成果（《对外汉语教学语法初级大纲》《对外汉语教学语法中级大纲》《对外汉语教学语法书面语大纲》《对外汉语教学语法口语大纲》），已构成一个体制基本完备、分级分类两相结合的对外汉语教学语法大纲系统。相较于业已出版的各种语法大纲，这无疑是大纲编写体制上的一个创新，也是一个尝试。而这也正体现出这套大纲作为对外汉语参考语法研究的基本属性和独特价值。

这四册大纲分别由来自我国对外汉语教学界三所重要高校的一线中青年教师编写完成，他们是南京师范大学张小峰老师、上海交通大学段沫老师、上海外国语大学邵洪亮老师、唐依力老师和朱建军老师。他们不仅有对外汉语教学的丰富实践经验，而且更有汉语语法学的深厚理论素养，再加之有齐沪扬教授的悉心指导，他们对"为谁编写大纲""编写什么样的大纲"以及"怎样编写大纲"这些关键问题，都潜心思考并认真践行。"以学习者语言能力的培养为目标""凡是能促进学习者语言能力的语法项目都应析出为大纲的项目"这一认识，不仅体现在他们所写的各册前言或编后的文字当中，更是贯彻在了各册大纲的每条线、各个点的编写当中。而这也正是这套语法大纲称得上是"项目搜罗更全、语法点切分更细、项目排序更便于教学和习得"的重要原因。

要编写出符合新时代要求、富有创新意识和精品意识的分级分类大纲，并使它们彼此形成既相互联系又各具特色的大纲体系，实非易事。细心的大纲使用者将会发现：基于"以句子为中心"的语法教学观，把所有语法项目纳入句子平台框架；把大纲条目与学习手册的编写熔为一炉，做到纲举目张；大纲条目的编写尽量观照句法、语义和语用三个平面……这些应当说都是这四册大纲的共有特征。

编写通用型语法大纲的传统由来已久，现存的各种语法大纲基本都可以归入此范畴。因此，《对外汉语教学语法初级大纲》《对外汉语教学语法中级大纲》要在此基础上推陈出新，真正做到青出于蓝，就是大纲编写者们所要面对的最大挑战。好在张小峰老师和段沫老师，他们基于对已有教材、大纲语法项目的大数据分析，科学而合理地解决了初级大纲和中级大纲在语法项目选择上的分段与衔接这一根本性的问题。将初级大纲项目限于复句以内的句子单位，而将中级大纲项目拓展至大于复句的句群、篇章，甚至加入话语标记的内容，这就在内容框架上，把初级大纲和中级大纲做了较为明确的区分。我想，有了编者们这样的努力，再来说初级和中级通用型语法大纲具有创新性和科学性，就不再是海市蜃楼了。

编写通用型分级语法大纲不易，而要编写分类型语法大纲则更难，因为在此之前，学界尚无分语体的语法大纲问世。随着这些年语体语法意识的觉醒，学界对分别开展书面语和口语语法教学的要求愈加迫切。因此，编写书面语和口语的分类语法大纲，不仅是语体语法意识增强的体现，更是时代的召唤、历史的必然。邵洪亮老师编写的《对外汉语教学语法书面语大纲》，以教学应用和学习需求为导向，穷尽性地抽取具有书面语语体倾向的语法项目，编就书面语语法大纲，一定会有力支持中高级汉语的书面语语法教学；唐依力老师和朱建军老师编写的《对外汉语教学语法口语大纲》，更是广为搜罗、爬梳剔抉而得此大纲，一定会将口语语法教学提升到一个崭新的高度。齐沪扬教授在总序中称赞："书面语语法大纲和口语语法大纲的研制，填补大纲研究的空白……"此言名副其实。

分级分类语法大纲建设，是一个浩繁的系统工程，而且它也将随着语法理论研究和语法教学实践的发展而日臻健全、完善。我相信，对外汉语教学界广大同人在为这四册大纲的出版感到欣慰和鼓舞的同时，也会更加期待《对外汉语教学语法高级大纲》早日问世。

　　谨向分级分类大纲的各位编写者表示热烈的祝贺、由衷的钦敬和美好的期待！

　　是为序。

张旺熹

2022 年 5 月 30 日

目　录

前言 / 1

语法条目解释表 / 12

A / 12

B / 15

C / 38

D / 47

E / 59

F / 66

G / 78

H / 88

J / 101

K / 138

L / 141

M / 147

N / 154

O / 158

P / 160

Q / 163

R / 173

S / 184

T / 208

W / 214

X / 230

Y / 238

Z / 284

附录一：分类条目 / 312

附录二：分级条目 / 340

附录三：书面语语法形式总体特征 / 368

参考文献 / 384

后　记 / 387

前　言

一、编写宗旨

1. 以教学应用和学习需求为导向

《对外汉语教学语法书面语大纲》（以下简称"本大纲"）正文部分既是大纲，也是具有较强实用性的书面语语法项目简明学习手册。每个语法项目下不仅有各种义项／功能和用法的说明，还给出典型的例子帮助理解。附录一是根据书面语语法项目的性质（含单词条目、格式条目、习用语条目、篇章关联条目）提取出来的分类条目，按照先分类再分级的方式编排。附录二是根据语法项目的难易度等级提取出来的分级条目，按照先分级再分类的方式编排。附录一和附录二都只列条目，不做说明，旨在方便使用者检索。附录三则是对书面语语法形式总体特征的概括，旨在方便使用者从宏观层面对书面语的形式特征有所了解。

2. 不追求语法的系统性，但求全面记录具有书面语体倾向的语法项目

即使是典型的口语和典型的书面语，它们在语言表达形式上也是同大于异，即大多数语言表达形式在口语和书面语中是通用的。因此，作为一部书面语语法大纲，本大纲不追求语法的系统性，但在编写的过程中强调穷尽性地抽取、记录具有书面语体倾向的语法项目，并以此为基础，从宏观上概括出书面语语法形式的总体特征，供使用者参考。

以上两点均明显有别于现有的各种语法大纲。正是基于上述编写宗旨，本大纲在语法项目范围的确定和编写体例上也具有一定的独创性。

二、语法项目范围

1. 用于书面语或倾向用于书面语的虚词。

2. 除了比较典型的虚词之外，还包括用于书面语或倾向用于书面语的副词、量词，以及一些数量相对封闭的实词的附类，如方位词、趋向动词、助动词、形式动词等。

3. 用于书面语或倾向用于书面语，并且用法比较固定、格式相对固定的一些实词。如"报以热烈的掌声"中的"报"，"真相大白"中的"白"等。需要说明的是，也有一些书面语词属于虚、实兼类词，且虚、实不同义项均有书面语色彩，那么，我们在解释其虚词义项的同时也会将其实词义项列出，以便学习者对照学习。如"至"是一个具有书面语色彩的副、动兼类词，我们在列出其副词义项的同时，也一并列出其动词义项。

4. 用于书面语或倾向用于书面语的语法格式。其中有一部分可以视为构式。

5. 用于书面语或倾向用于书面语的习用语。这些习用语大多为四字格式，但一般不被视为成语而未能收入成语词典或其他各类词典。

6. 用于书面语或倾向用于书面语的篇章关联成分。它们一般关联两个或两个以上的小句，前后呼应。

属于上述第 1、2、3 项的语法项目，本大纲称之为"单词条目"；属于第 4 项的语法项目，本大纲称之为"格式条目"；属于第 5 项的语法项目，本大纲称之为"习用语条目"；属于第 6 项的语法项目，本大纲称之为"篇章关联条目"。

需要说明的是：

第一，尽管文言词一般用于书面语，但是那些已被现代汉语其他书面语词代替而不大使用的文言词，本大纲不收。即本大纲只收那些已被现代汉语书面语广泛吸收了的文言词。

第二，尽管成语也多用于书面语，但成语类似于实词性的词条，数量庞大，利用成语词典可以解决问题，所以本大纲一般将成语排除在外。不过，在解释某个书面语词的时候，如果这个词正好在某个常用成语中出现且意义相同，我们也将该成语作为习用语列入（但会考虑其使用频率，尽量在数量上严加控制）。如"辄"是一个书面语词，常用成语"浅尝辄止"中正好包含了意义与之完全相同的"辄"，因而，本大纲会在"辄"的条目下将"浅尝辄止"作为一个习用语列入。

三、语法项目析出依据和参考文献

本大纲语法项目的析出主要参考以下一些文献材料：

1. 多本虚词词典和《现代汉语词典》。主要包括：（1）北京大学中文系 1955、1957 级语言班编《现代汉语虚词例释》（商务印书馆，1982）；（2）侯学超编《现代汉语虚词词典》（北京大学出版社，1998）；（3）吕叔湘主编《现代汉语八百词》（商务印书馆，1999）；（4）张斌主编《现代汉语虚词词典》（商务印书馆，1999）；（5）赵新、刘若云主编《实用汉语近义虚词词典》（北京大学出版社，2013）；（6）岑玉珍主编《汉语副词词典》（北京大学出版社，2013）；（7）中国社会科学院语言研究所词典编辑室编《现代汉语词典》（第 7 版）（商务印书馆，2016）。凡这些词典中标注了用于书面语或倾向用于书面语，并且符合前面所说的"语法项目范围"的条目，本大纲穷尽性地加以收集。

2. 目前国内通行的精读课或综合课教材。主要包括：（1）陈灼主编《桥梁：实用汉语中级教程》（北京语言文化大学出版社，1996/1997）；（2）马树德主编《现代汉语高级教程》（北京语言大学出版社，2002/2003）；（3）吴中伟主编《当代中文》（华语教学出版社，2003—2004）；（4）杨寄洲编著《汉语教程（修订本）》（北京语言大学出版社，2006）；（5）李晓琪主编《博雅汉语》（北京大学出版社，2004—2008）；（6）刘珣主编《新实用汉语课本》（北京语言大学出版社，2002—2009）；（7）邱军主编《成功之路》（北京语言大学出版社，2008—2009）；（8）王德春总主编《21 世纪对外汉语教材：综合教程》（上海外语教育出版社，2009—2014）。凡这些教材中标注用于书面语或倾向用于书面语，并且符合前面所说的"语法项目范围"的条目，本大纲亦穷尽性地加以收集。

3. 其他专家语法著作。主要包括：（1）贺阳《现代汉语欧化语法现象研究》（商务印书馆，2008）；（2）孙德金《现代书面汉语中的文言语法成分研究》（商务印书馆，2012）；（3）郑懿德、马盛静恒、刘月华等《汉语语法难点释疑》（华语教学出版社，1992）；（4）彭小川、李守纪、王红《对外汉语教学语法释疑 201 例》（商务印书馆，2004）；（5）杨寄洲、贾永芬编著《1700 对近义词语用法对比》（北京语言大学出版社，2005）；（6）齐沪扬主编《对外汉语教学语法》（复旦大学出版社，2005）；（7）孙德金主编《对外汉语语法及语法教学研究》（商务印书馆，2006）；（8）杨德峰《对外汉语教学核心语法》（北京大学出版社，2009）；（9）邓守信《对外汉语教学语法》（北京语言大学出版社，2010）；（10）吕文华《对外汉语教学语法讲义》（北京大学出版社，2014）。凡上述著作中标注或在语法点注释、说明中提到用于书面语或倾向用于书面语，并且符合前面所说的"语法项目范围"的条目，本大纲亦穷尽性地加以收集。

　　4. 大规模的典型的书面语文献。主要包括：（1）中国共产党历次党代会报告、历年政府工作报告；（2）科技类文章；（3）文、史、哲类文章。编者通过直接阅读典型的书面语文献，地毯式地析出现有各种文献材料中尚未予以标注、罗列或说明但又明显具有书面语倾向的语法项目，经过专家讨论后再予以确定。

　　需要说明的是，第 1、2、3 项的各种文献材料之间也不乏出现观点和意见不同甚至完全相左的情况。例如，北京大学中文系 1955、1957 级语言班编《现代汉语虚词例释》语体标注从严，侯学超编《现代汉语虚词词典》语体标注从宽，两者对一些项目语体倾向的说明就有不同观点，甚至出现了一些观点完全相左的标注。同时，即使是同一套课本，对于某些项目语体倾向的说明也会出现前后不一致的情况，易使学生混淆。例如：

　　（1）a. "极"，副词，很，书面语。（《博雅汉语·中级冲刺篇 1》，第八课）

　　　　 b. "极"，副词，意思与"极为"相同，但"极"口语书面语都用。（《博雅汉语·高级飞翔篇 1》，第四课）

　　（2）a. "永恒"多用于书面语，"永远"则书面语和口语都常用。（《博雅汉语·高级飞翔篇 1》，第九课）

　　　　 b. "永恒""永久""永远"这三个词都通用于书面语和口语。《博雅汉语·高级飞翔篇 2》，第十课）

　　如遇上述不同文献材料意见相左的情况，本大纲基本采纳大多数文献材料的处理意见，但最终都须在 CCL、BCC 等语料库中对其分布语境加以调查、验证和判断，并佐以专家意见后再对其语体倾向性予以确定。

四、语法项目等级划分依据和参考文献

　　本大纲语法项目的等级划分主要包括重要性等级、难易度等级[①]、书面化等级。此三种等级在每个语法项目的各个义项 / 功能下分别编排。重要性等级是就该语法项目的用频而言的，用频越高则重要性等级就越高，反之，重要性等级就越低；难易度等级是就该语法项目在学习过程中的先后顺序而言的，在学习过程中需要优先学习的项目一般都属于难易度等级相对较低的项目，反之，则属于难易度等级相对较高的项目；书面化等级是就该语法项目用于书面语体的倾向性

---

① 本大纲的"难易度等级"可以看成一个连续统，三级（三颗星"★★★"）表示难度最高，一级（一颗星"★"）表示难度最低。

程度而言的，越倾向用于书面语的项目书面化等级越高，反之，书面化等级就越低。

事实上，重要性等级和难易度等级呈反向关系，即从学以致用的角度而言：重要性等级越高的语法项目，其在教学中越需要优先安排学习，因而应该属于难易度等级相对较低的语法项目；而重要性等级越低的语法项目，学生在平时的阅读和写作中不太容易见到或者用到，其在教学中则无须优先安排学习，因而属于难易度等级相对较高的语法项目。这跟词汇的难度等级安排主要取决于其用频的高低是一个道理。因此，知道了一个语法项目的重要性等级，也便知道了一个语法项目的难易度等级，反之亦然。

本大纲语法项目重要性等级和难易度等级划分的依据主要有以下几个方面：

1. 参考现有的一些语法大纲、教学大纲。主要包括：（1）王还主编《对外汉语教学语法大纲》（北京语言学院出版社，1995）；（2）刘英林主编《汉语水平等级标准与语法等级大纲》（高等教育出版社，1996）；（3）杨寄洲主编《对外汉语教学初级阶段教学大纲1》（北京语言文化大学出版社，1999）；（4）国家对外汉语教学领导小组办公室编《高等学校外国留学生汉语教学大纲（长期进修）》《高等学校外国留学生汉语教学大纲（短期强化）》《高等学校外国留学生汉语言专业教学大纲》（北京语言文化大学出版社，2002）；（5）孔子学院总部／国家汉办编制《国际汉语教学通用课程大纲（修订版）》（北京语言大学出版社，2014）；（6）孔子学院总部／国家汉办编制《HSK考试大纲（一～六级）》（人民教育出版社，2015）；（7）教育部、国家语言文字工作委员会发布《国际中文教育中文水平等级标准》（北京语言大学出版社，2021）；（8）《现代汉语常用词表》课题组编《现代汉语常用词表（草案）》（商务印书馆，2008）；（9）现代汉语语料库词语频率表CorpusWordlist。本大纲在编写过程中参考了各书面语语法项目在上述大纲中的等级设置，从而确定这些书面语语法项目在本大纲中的相对等级。

2. 同时参考各书面语语法项目在前面提到的目前国内通行的精读课或综合课教材中的所在等级（册数）以及编排顺序，以帮助确定这些书面语语法项目在本大纲中的相对等级。

3. 对于那些在上述不同的文献材料中的等级设置出现分歧的语法项目，本大纲也是基本采纳大多数文献材料的处理意见，但最终都须在CCL、BCC等语料库中进行用频调查、验证和判断，并佐以专家意见后再对其重要性等级和难易度等级予以确定。

4. 在其他文献材料中尚未予以标注、罗列或说明但又明显具有书面语倾向的语法项目，我们主要依据其在 CCL、BCC 等语料库中的用频情况，并佐以专家意见，对其重要性等级和难易度等级予以确定。

本大纲是首部书面语语法大纲，所以也是首次尝试对其中的语法项目进行书面化等级划分。本大纲语法项目书面化等级的划分具有开创性，并无可供直接借鉴的参考文献。依据主要有以下几个方面：

1. 考察已有各种文献（包括前面提到的各种词典、教材、大纲等）对某个书面语语法项目语体倾向性标注和说明的表述方式。我们将这些标注和说明的表述方式分为以下三个级别：一是强书面语体倾向，包括"〈书〉""书面语""用于书面语""只用于书面语""典型用于书面语""非常书面化""一般只用于书面语"等；二是中书面语体倾向，包括"常用于书面语""多用于书面语""主要用于书面语""书面语中大量使用""书面语中经常使用""一般用于书面语""书面语色彩较强"等；三是弱书面语体倾向，包括"比较书面化""在口语里不常使用""书面语中更常用""较多出现在书面语中""书面语里用得较多""具有书面语色彩"等。本大纲参考上述这些表述来划分语法项目的书面语体倾向性程度的三个等级。当然，上述很多表述带有较强的编者主观性，尤其当不同的文献在表述上出现分歧甚至出现截然相反的意见时，本大纲也是基本采纳大多数文献材料的处理意见，但最终也都须在 CCL、BCC 等语料库中对其分布语境加以调查、验证和判断，并佐以专家意见后再对其书面语体倾向性程度的等级予以确定。

2. 在其他文献材料中尚未予以标注、罗列或说明但又明显具有书面语倾向的语法项目，我们主要依据其在 CCL、BCC 等语料库中的分布情况，并佐以专家意见，对其书面语体倾向性程度等级予以确定。

关于各类等级的划分，以下三点值得注意：

第一，本大纲中重要性等级和难易度等级划分都是书面语语法项目内部成员之间的相对等级，不能简单对应于现有各种语法大纲的等级。一般而言，在汉语作为第二语言的教学过程中，通用语体或者倾向用于口语语体的语言项目先教、先学，倾向用于书面语体的语言项目后教、后学，因而，书面语语法项目在通用语法大纲中往往处于汉语中、高等级水平，绝大多数的书面语语法项目一般都是在学习者到了中、高级阶段有了一定口语基础之后，才开始接触、学习。因此，本大纲对这些书面语语法项目的等级划分是根据其内部成员之间的差异划分出来的一个相对等级。

第二，各语法项目之间虽有书面语体倾向性程度的差异，但真要细分出不同的等级实属不易。这不仅是因为不同语法项目的语体性倾向程度是一个连续统，边界十分模糊；更主要的是因为，同为汉语母语者，由于各自方言有别、语感有别、受教育程度和专业背景有别，对某个语法项目的语体倾向的判断结果会有差异，甚至会产生截然不同的看法。朱德熙先生曾经讲过："现代书面汉语是包含许多不同层次的语言成分的混合体。无论从句法上或词汇上看都是如此。"（《中国大百科全书·语言文字卷》第一版）此言的意思就是指现代汉语书面语事实上是由不同时期的汉语、不同地域的汉语方言，甚至外族语积淀、混合而成的。因此，有可能出现以下情况：甲方言区的人认为某个语言项目属于通用语体形式或口语语体形式（因为他们的口语表达也是这么说的），但乙方言区的人却很有可能认为该语言项目是书面语体形式（因为他们的口语表达不是这么说的，他是通过书面语学习来习得该语言项目的）。与此同时，部分乙方言区的人因为受教育程度高，普通话水平也高，其口语表达逐渐摆脱了自身方言的影响，在语感上也很有可能认为该语言项目是通用语体形式，从而导致同一个方言区的人在判断该语言项目的语体倾向时也会产生语感上的差异。也正是因为不同语法项目的语体倾向两端清楚，边界模糊，所以本大纲与同时出版的《对外汉语教学语法口语大纲》在极个别项目上出现了交叉和重合现象（因分属于不同义项功能而导致语体倾向差异的除外）。事实上，这些项目在语体倾向的辨认上具有一定的争议，认为它们属于通用语体也未尝不可。面对这种情况，我们不刻意地做出刚性处理，留待学者进一步深入讨论。

第三，正是考虑到各类等级的划分边界比较模糊，本大纲采取三分法，即将各类等级划分出三个相对等级。一级使用一颗星"★"表示，二级使用两颗星"★★"表示，三级使用三颗星"★★★"表示。

五、语法项目排序

语法项目按首字的拼音字母顺序排列，首字相同看次字，依次类推；在各个语法项目的每个义项／功能条目中分别标注重要性等级（与用频相关）、难易度等级（与学习顺序相关）、书面化等级（与书面语体倾向性程度相关），均细分为三级（等级由低到高，分别标注为"★""★★""★★★"）。尽管分成三个等级，但是各个相邻等级之间的界限仍然比较模糊。

如此编排的优点在于：第一，语法项目按首字音序排列，方便检索；第二，各个语法项目的不同义项 / 功能条目之间也有用频、难度、语体倾向性程度的等级差异，等级划分落实到了不同义项 / 功能，既区分了不同义项 / 功能之间用频、难度、语体倾向程度的等级差异，又可以将它们编排在一起，使得某个语法项目的所有义项 / 功能一目了然。这种编排方式亦不同于已有的语法大纲。

如果一个项目有两种以上义项 / 功能，且并非所有的义项 / 功能都倾向用于书面语，那么在本大纲中只列出倾向用于书面语的义项 / 功能及其用法。

六、语法项目析出方式

各个语法项目需要说明的内容按以下方式析出：

1. 语法项目（含项目编号）。

2. 此语法项目的某个义项 / 功能说明（若此语法项目是一个多义 / 多功能项目，则每个义项 / 功能均含项目下位编号）。

3. 注明与某个义项 / 功能相对应的通用语体或口语语体的表达形式（如无，则省略）。

4. 给出比较典型的用法、结构形式（如无，则省略）。如果某个义项 / 功能有几种比较典型的用法，则再以（1）（2）（3）等细分不同的用法。

5. 给出典型的例子，包括搭配（短语）和实例（句子）。例子数量不做限定，以能够覆盖该语法项目所有的典型用法为前提。短语在前，句子在后。

6. 此语法项目的某个义项 / 功能的重要性等级、难易度等级、书面化等级，每个等级均细分为三级。前面讲过，重要性等级和难易度等级是指书面语语法项目内部的相对等级。因为总体而言，从整个语法系统来看，书面语色彩较强的语法项目（包括词、格式等）一般都处于汉语中、高等级水平，且相对于通用语体和口语语体的语法项目来说，其用频也会低一些。

七、语法项目编排样例

1. 单义 / 单功能语法项目编排体例

【569】为（了 / 着）X 而 Y　wèi（le / zhe）X ér Y

X 为某种动作的目的、对象或原因，Y 为表示该动作的动词。

我要为他们而写，为他们而唱，为他们讴歌。

再难吃的我们也要吃，为活着而吃。

我们是<u>为</u>查清这个问题<u>而</u>来找你的。

他<u>为了</u>以后在中国开展业务<u>而</u>来学习汉语。

人总是<u>为着</u>一定的理想<u>而</u>生活的。

重要性等级：★★　难易度等级：★★　书面化等级：★★★

2．多义 / 多功能语法项目编排体例

【**736**】与　yǔ

【**736-1**】［介词］跟。介引出动作的另一施事者、动作涉及的对象、比较的对象、与主语有关系的另一方等。

<u>与</u>此有关　　<u>与</u>此相同

暑假我要<u>与</u>父母一起去旅游。

父亲决定<u>与</u>儿子一道前往。

这件事经理<u>与</u>大家商量过了。

我们要学会<u>与</u>困难做斗争。

她的长相、气质<u>与</u>她姐姐毫无二致。

目前的情况<u>与</u>去年不同。

日本京都市<u>与</u>中国西安市是友好城市。

李先生<u>与</u>此事没有直接关系。

重要性等级：★★★　难易度等级：★　书面化等级：★★★

【**736-2**】［连词］和。表示并列的联合关系。

（1）连接名词性词语。

父亲<u>与</u>母亲

熊掌<u>与</u>鱼可以得兼。

这里边葬的大都是艺术家<u>与</u>诗人。

木卓伦<u>与</u>霍青桐也即归座。

（2）连接三项以上并列成分时，"与"放在最后一项前。

泥泞、丛林<u>与</u>胜利彼岸

即使遇不上大兵，他自己那身破军衣、脸上的泥<u>与</u>那一脑袋的长头发，能使人相信他是个拉骆驼的吗？

（3）连接动词性词语或者形容词性词语，一般位于谓语以外的位置，较少位于谓语位置。

《语言教学与研究》

成与不成，在此一举。

当初我跟她说清，她再嫁与不嫁都可以。

夜深了，多日的疲乏与逃走的惊惧，使他身心俱疲。

至于谁和谁打，与怎么打，那就一个人一个说法了。

人群是何等兴奋与激动。

重要性等级：★★★　难易度等级：★　书面化等级：★★★

八、附录编排说明

附录一是本大纲的"分类条目"，按照先分类再分级（难易度等级）的方式编排。附录二是本大纲的"分级条目"，按照先分级（难易度等级）再分类的方式编排。附录一和附录二中的分类、分级条目均落实到语法项目的义项/功能，即某个语法项目不同的义项/功能、用法，可能分属不同的类和级。需要特别说明的是：习用语条目在正文中均未独立列为条目，而是在其所属的某个词条下与各义项/功能并立，列子目，附录中对其标注子目编号；篇章关联条目若由关联连词和兼有关联功能的副词组配而成的，则分别在连词或副词条目下的某个义项/功能中列出，附录中亦对其标注子目编号。

附录一和附录二中之所以只根据难易度来分级，是因为难易度等级对于使用者而言更加实用，更方便安排学习顺序。重要性等级本来就与难易度等级息息相关，呈反向关系，知道了难易度等级，也便知道了重要性等级。例如某个语法项目某个义项/功能的难易度等级为一级，那么其重要性等级便是三级；某个语法项目某个义项/功能的难易度等级为二级，那么其重要性等级便是二级；某个语法项目某个义项/功能的难易度等级为三级，那么其重要性等级便是一级。而书面化等级的边界相对模糊，仅在正文中标注以供参考，不再在附录中体现。

附录一和附录二都只列语法项目，含项目编号以及项目下位编号（若有），不做说明。附录三则是"书面语语法形式总体特征"，对书面语语法形式的总体特征加以概括。

本大纲所使用的符号及其所代表的意义如下所示。

NP	表示名词或名词性短语。当表示两个意思相近、相关或相反的名词或名词性短语时，则用 NP_1、NP_2 相区分。
VP	表示动词或动词性短语。当表示两个意思相近、相关或相反的动词或动词性必性短语时，则用 VP_1、VP_2 相区分。
AP	表示形容词或形容词性短语。当表示两个意思相近、相关或相反的形容词或形容词性短语时，则用 AP_1、AP_2 相区分。
X	表示不限词性或词性多于两个以上。如需要对举出现或突出对比性时，则用 X、Y 表示。
( )	表示可省略。
/	表示可选择。

对于此表，我们做如下说明：

（1）汉语语法学界通行的做法是用 NP 指名词性词语，包括了名词性短语和名词（N），即 NP 可以包含 N，而不是相反。同样，用 VP 指动词性词语，包括了动词性短语和动词（V）；用 AP 指形容词性词语，包括了形容词性短语和形容词（A）。（2）在不必做细致区分时，本大纲使用汉语学界通行的做法，将涉及"名词、名词性短语"的成分统称为"名词性词语"，将涉及"动词、动词性短语"的成分统称为"动词性词语"，将涉及"形容词、形容词性短语"的成分统称为"形容词性词语"。但是如果有的格式只涉及词而不涉及短语，或者只涉及短语而不涉及词，那么为了强调是词不是短语，或者强调是短语不是词，本大纲在这些地方则不笼统地使用"××性词语"，而是明确使用"名词"（N）、"名词性短语"、"动词"（V）、"动词性短语"、"形容词"（A）、"形容词性短语"或者"名词性语素""动词性语素"等。

语法条目解释表

A

【001】按 àn

【001-1】［动词］遵从、遵照；考查、核对。

办事情要有计划，要按制度。

有原文可按。

有的地方允许工厂将产品销往外地，价格可按当地水平，这种企业的经济效益自然好。

重要性等级：★ 难易度等级：★★★ 书面化等级：★★

【001-2】［介词］依照、依据。

（1）按＋NP＋VP

按月上报　　按规定办事　　按年龄分组

练习簿总数按每人两本计算。

"按"后可加"着"，但后面是单音节名词时不能加。

按着计划进行。

按着图纸施工。

（2）按＋VP₁＋VP₂

时间尚未确定，先按明天一早出发做准备。

按他前天离开昆明算，现在已经到了桂林。

（3）按＋NP＋（来）说／讲

NP限于道理、条件、规律一类的名词性词语，表示说话人根据某种事理做出通常应有的论断。

按节气来说，入秋以后应该比较凉爽了，可是这几天还那么闷热。

按条件讲，人家比咱们差，可人家的成果反而比咱们多。

按她平时的做事风格来说，她会直接拒绝掉别人无缘无故的示好。

重要性等级：★★　难易度等级：★★　书面化等级：★★★

【002】**按理**　ànlǐ

［副词］按照情理，表示事物或者动作行为理应按常情或者某种规律进行，下文却往往同常情或规律相反。

隆冬按理是最冷的季节，却出现15摄氏度的暖天气。

奶奶那么大年纪，按理应该好好休息，可她仍然忙着家务事。

我今天按理上早班，因为临时停电，改上晚班。

他学过汉语拼音，按理不会不知道词要连写，结果却搞错了。

重要性等级：★★★　难易度等级：★　书面化等级：★★

【003】**按期**　ànqī

［副词］依照规定的期限。

这项工程在四月底按期完工了。

她们九个人异口同声地下了保证："按期完成学习任务。"

绝大部分店已能做到依法、按期交纳国税。

重要性等级：★★★　难易度等级：★　书面化等级：★★

【004】**按时**　ànshí

［副词］依照规定或约定的时间，其对应的通用语体表达形式是"准时"。

我一般是上午写作，下午到公园散步，每天按时"上下班"，天天如此。

按时开会是与会者应遵守的纪律。

他们一定保质保量地、按时完成向这个国家的出口任务。

重要性等级：★★★　难易度等级：★　书面化等级：★★

【005】**按说**　ànshuō

［副词］依照事实或情理来说。

这么大的孩子，按说该懂事了。

"五一"都过了，按说不该这么冷了。

按说这次考试的题目并不难，为什么大家还是考得不理想呢？

重要性等级：★★★　难易度等级：★　书面化等级：★

【006】按照   ànzhào

［介词］根据、遵照，用来提出一种标准，表示动作行为的依据。

简化字要<u>按照</u>国家公布的形体书写。

这本词典的词条<u>按照</u>拼音字母顺序排列。

<u>按照</u>计划规定，我们下一阶段去工厂实习。

<u>按照</u>每本三元钱计算，一共三百元。

重要性等级：★★　难易度等级：★★　书面化等级：★★

【007】暗自   ànzì

［副词］多半用来修饰表示心理活动的动词，说明这种心理活动只是动作主体的内心活动，并不公开、显露，不为别人发现。

我听到这个消息后，心中<u>暗自</u>诧异。

他不得不<u>暗自</u>承认，就是那时候，他爱上了她。

听大家这么一说，她<u>暗自</u>觉得脸上发热。

她常<u>暗自</u>把他比作一个活蹦乱跳的玩偶。

重要性等级：★★　难易度等级：★★　书面化等级：★★

B

【008】把 X 视为 Y　bǎ X shìwéi Y

把 X 看作 Y，也可以说"将 X 视为 Y"。其对应的通用语体表达形式是"把 X 看作 / 当作 Y"。

他口口声声说把金钱视为粪土，实则心里十分看重。

这位专家指出：为解除身心疲劳，保证心理健康，应把长假视为心理调整期。

该国一份调查显示，多数儿童已不把父母离异视为灾难。

电影在这些电影人的心目中并不是艺术，他们也没把自己视为艺术家。

重要性等级：★★　难易度等级：★★　书面化等级：★★★

【009】罢了　bàle

［助词］用在句尾，对整个句子所表达的意思起减轻、冲淡的作用，有轻视甚至鄙视的意味。前面常有"只是""不过""无非"与它共现。

树梢上隐隐约约的是一带远山，只是有些大意罢了。

只是简单不过的几个字罢了，他却觉得比写一篇万言的论文还要难。

我们住的那家房东，有一个朝鲜老妈妈，和我母亲的样子一样，也是六十多岁，不过就是穿着白衣白裙罢了。

业余种花，无非是调剂调剂生活罢了。

我先前单知道他在水果店里卖水果罢了。

重要性等级：★　难易度等级：★★★　书面化等级：★

【010】白　bái

［形容词］清楚、明白。

真相大白　　不白之冤

重要性等级：★　难易度等级：★★★　书面化等级：★★★

【011】败　bài

【011-1】［动词］打败（对手或敌人），必带宾语。

大败敌军　　大败侵略者（意思与"大胜侵略者"同）

重要性等级：★　难易度等级：★★★　书面化等级：★★★

【011-2】［动词］（事情）失败（跟"成"相对）。

不计成<u>败</u>　　不顾成<u>败</u>

重要性等级：★　难易度等级：★★★　书面化等级：★★★

【011-3】［动词］搞坏（事情），必带宾语。

成事不足，<u>败</u>事有余。

软弱自然不行，但太强硬，也会<u>败</u>事。

重要性等级：★　难易度等级：★★★　书面化等级：★★★

【012】报　bào

［动词］回答。可带名词宾语。

<u>报</u>友人书　　<u>报</u>以热烈的掌声

重要性等级：★　难易度等级：★★★　书面化等级：★★

【013】悖　bèi

【013-1】［动词］相反、违反。

甚<u>悖</u>义理

这是一种有<u>悖</u>"条件公平"的做法。

这种做法显然与公认的国际法相<u>悖</u>。

重要性等级：★　难易度等级：★★★　书面化等级：★★★

【013-2】 习用语 有悖于此　　表示与原本意愿相冲突。

市场经济要求建立一个企业之间平等竞争的环境，才能优胜劣汰。优惠政策的提供，则<u>有悖于此</u>。

运动的本质是给人们带来健康，但不顾自己身体条件的不科学的运动则<u>有悖于此</u>。

重要性等级：★★　难易度等级：★★　书面化等级：★★★

【014】被　bèi

【014-1】［介词］表示被动，引出动作行为的发出者或者致使原因，也可直接用在动词前，句中不出现动作的发出者。

我刚睡着就<u>被</u>电话铃声吵醒了。

冰箱里的水果被吃光了。

重要性等级：★★★　难易度等级：★　书面化等级：★

【014-2】［助词］直接放在单音节动词之前，可以不带附加成分，这种结构多半是比较固定的格式，多指不利的事。

被捕　　被围　　被迫　　被窃　　被囚

重要性等级：★★★　难易度等级：★　书面化等级：★★

【015】倍加　bèijiā

［副词］超出原来程度很多。常常用在褒义的语境中，表示某种效果或程度的提升非常显著。其对应的通用语体表达形式是"更加"。

雨后的空气倍加清新。

这个名字让我感觉倍加亲切。

上级要对年轻人给予爱护，在工作中充分信任，生活上倍加关心。

重要性等级：★★　难易度等级：★★　书面化等级：★★

【016】本　běn

【016-1】［副词］表示某种事实或道理原先是如此的。其对应的通用语体表达形式是"本来"。

（1）后边的句子表示情况有所改变。

他本不愿意去，经我们再三劝说，才同意去。

我们本不认识，来中国以后才认识的。

（2）表示某种情况或状态一直是这样，没有改变。

他们本不住一起，现在依然如此。

他们本就是兄弟，是你记错了。

（3）表示按道理讲应该这样，理应如此。

他的病没好，本就不能去。

经商本就应该公平竞争，真诚待人。

重要性等级：★★　难易度等级：★★　书面化等级：★★★

【016-2】［介词］介引行为、动作所遵循的根本准则或动作者所怀有的心意，同时表明动作者的态度。其对应的通用语体表达形式是"本着"。

本此进行，必能成功。

本此方针，采取如下措施。

希本上述精神，妥为处理。

重要性等级：★★　难易度等级：★★　书面化等级：★★★

【016-3】［代词］用在名词前，指说话人自己或自己所在的集体、机构、处所。

本人　　本校　　本市

（1）"本＋名"复指前面的名词或代词，不限于说话人或所在集体等。

他本人已经同意手术。

这件事应该由你们本单位解决。

（2）这。以制作者或主管人身份措辞时使用。

本办法自即日起施行。

本书共十章。

本次列车由北京开往西宁。

本届篮球决赛已进入决赛阶段。

（3）本＋时间词。指包括说话时间在内的一段时间。

本周　　本月　　本季度

重要性等级：★★★　难易度等级：★　书面化等级：★★★

【017】**本着**　běnzhe

［介词］介引行为、动作所遵循的根本准则或动作者所怀有的心意，同时表明动作者的态度。因此，"本着"的宾语一般是"原则""精神"等极少数的抽象名词，而且宾语前面一定有定语，用来说明什么样的原则或精神。

对于这个问题，我们必须本着公平、公正、公开的原则加以解决。

对发明创造必须本着一切经过试验的原则进行试验。

我们要本着"与人为善"的精神去进行批评和自我批评。

重要性等级：★★　难易度等级：★★　书面化等级：★★

【018】**逼**　bī

【018-1】［动词］逼迫、威胁。

逼他交代实情　　寒气逼人　　形势逼人　　为生活所逼　　威逼

重要性等级：★　难易度等级：★★★　书面化等级：★★★

【018-2】［动词］强行索要。

逼租　　逼债　　逼供

重要性等级：★　难易度等级：★★★　书面化等级：★★★

【018-3】［动词］迫近、接近。

队伍直逼城下　　逼视　　逼近　　逼真

重要性等级：★　难易度等级：★★★　书面化等级：★★★

【018-4】狭窄。

逼仄　　逼促　　逼窄

重要性等级：★　难易度等级：★★★　书面化等级：★★★

【019】**彼**　　bǐ

【019-1】［代词］指示代词，那、那个。

彼时，他正在联合国难民局任远东事务顾问。

所谓"宋诗精华在此而不在彼"。

青绿的草地上，苍葱的森林边缘，此一处彼一处。

重要性等级：★★　难易度等级：★★　书面化等级：★★

【019-2】［代词］人称代词，对方、他。

彼为浙江两级师范毕业生，今任绍兴中学教员。

孙子曰："知己知彼，百战不殆。"

移动对网间通话从以往的"厚己薄彼"到今天的"优惠不分你我他"。

重要性等级：★★　难易度等级：★★　书面化等级：★★

【020】**笔**　　bǐ

［量词］指汉字的笔画。后面不用其他名词，其对应的通用语体表达形式是"画"。

"衣"字有六笔。

你多写了一笔。

字要一笔一笔地写。

"一笔"可引申为"一段文字"。

对这项创造发明应大书一笔。

重要性等级：★★　难易度等级：★★　书面化等级：★★

【021】必　bì

【021-1】［副词］必定、必然。

大难不死，必有后福。

他们这次必败无疑。

重要性等级：★★★　难易度等级：★　书面化等级：★★★

【021-2】［副词］必须。其对应的通用语体表达形式是"一定"。

有错必纠　　事必躬亲　　言必有据

重要性等级：★★　难易度等级：★★　书面化等级：★★★

【022】必定　bìdìng

［副词］表示非常肯定的判断或推论。其对应的通用语体表达形式是"一定"。

最近连续暴雨，蔬菜价格必定上涨。

技术如果不改进，产品质量必定会出现问题。

重要性等级：★★★　难易度等级：★　书面化等级：★★

【023】必将　bìjiāng

［副词］一定会。表示对将要发生的情况或结果确定不疑。用在双音节动词或动词性短语前。

你现在不努力学习，必将后悔。

他年轻有为，必将得到大家的支持。

重要性等级：★　难易度等级：★★★　书面化等级：★★★

【024】必然　bìrán

［副词］加强肯定的语气，强调"肯定是这样"，主要是从客观规律、道理上来判断，客观性强。

天天打太极拳<u>必然</u>对身体有好处。

骄傲的人<u>必然</u>会犯错误。

重要性等级：★★★　难易度等级：★　书面化等级：★★

【025】必 X 无疑　bì X wúyí

一定 X，没有疑问。X 为单音节词。

<u>必输无疑</u>　　<u>必死无疑</u>　　<u>必胜无疑</u>

重要性等级：★★　难易度等级：★★　书面化等级：★★

【026】毕竟　bìjìng

［副词］表示对原因或特点的强调，有加强语气的作用。

老师傅<u>毕竟</u>有经验，很快就找出了机器故障的原因。

小刘<u>毕竟</u>年轻，术后恢复得很快。

重要性等级：★★★　难易度等级：★　书面化等级：★

【027】裨　bì

【027-1】［名词］益处。

这项政策的实施有<u>裨</u>大局，对国家的发展非常重要。

没有钱，说这样那样全是空话，无<u>裨</u>于实际。

饮酒应当选择在既能从酒中得到<u>裨益</u>、又能从食物中得到营养的时候。

重要性等级：★　难易度等级：★★★　书面化等级：★★★

【027-2】习用语　无<u>裨</u>于事　无济于事、根本没有用。

这类纸尿布甚至一开始就含有病原体，即使加入少量氯化物消毒也无<u>裨</u><u>于事</u>。

束手等待将无<u>裨于事</u>，必须努力争取。

重要性等级：★　难易度等级：★★★　书面化等级：★★★

【027-3】习用语　大有<u>裨</u>益　表示有很大益处。

玉器的研究，对我们了解古代人类的物质文化成就<u>大有裨益</u>。

现在早餐机、果汁机等小家电的大量引入，对改善家庭的饮食结构将<u>大有裨益</u>。

重要性等级：★　难易度等级：★★★　书面化等级：★★★

【028】便　biàn

【028-1】[副词] 强调情况、行为早已发生或存在。其对应的通用语体表达形式是"就"。

　　西安早在唐代便很繁华，商业很发达。

　　早在儿童时期我们便认识了。

　　前几天我便通知他了，不知为什么今天开会他没来。

　　重要性等级：★★★　难易度等级：★　书面化等级：★★

【028-2】[副词] 立刻。表示情况或行为在很短时间内发生，或两个动作紧接着发生。其对应的通用语体表达形式是"就"。

　　虽然我一见便知道是闰土，但又不是我这记忆上的闰土了。

　　从没亲历过大雪的我醒来后便匆匆穿上衣服，像顽皮的小孩儿一样奔向了大雪。

　　重要性等级：★★★　难易度等级：★　书面化等级：★★

【028-3】[副词] 用在因果复句、条件复句、假设复句等的后一分句，表示在前面情况下出现相关情况。其对应的通用语体表达形式是"就"。

　　因为临时有事，便在长沙逗留了两天。

　　只要坚持下去，便一定能成功。

　　如果不进行细致的调查，便无法解决问题。

　　重要性等级：★★★　难易度等级：★　书面化等级：★★

【028-4】[副词] 表示说话人认为数量多。其对应的通用语体表达形式是"就"。

　　光是初级学生便有三百人。

　　第一场公开讲座便引来几百位学生家长。

　　重要性等级：★★　难易度等级：★★　书面化等级：★★

【028-5】[副词] 表示肯定、确认。其对应的通用语体表达形式是"就"。

　　这位便是董事长。

　　他家便在胡同里头。

　　重要性等级：★★　难易度等级：★★　书面化等级：★★

【029】便了　biànliǎo

［助词］就是了。用在句末，表示肯定、应允或让步的语气，多见于早期白话。

如有差错，由我担保便了。

到达那里，我多与人家商量便了。

重要性等级：★　难易度等级：★★★　书面化等级：★★★

【030】便于 VP　biànyú VP

比较容易做某事。

便于计算　　便于携带　　便于做饭　　便于交谈

重要性等级：★★★　难易度等级：★　书面化等级：★★

【031】彪炳　biāobǐng

［动词］文采焕发、照耀。多跟"青史""史册"等名词搭配。

在最残酷、最尖锐的血染的土地上站起了一个个彪炳青史的英雄。

吕正操将军也为该书题词："巨擘扭转乾坤，丰功彪炳史册。"

他为人类文明进步事业做出了彪炳千古的历史贡献。

重要性等级：★　难易度等级：★★★　书面化等级：★★★

【032】别　bié

［副词］另外。

别有用心　　别无他求

别有一番滋味在心头。

重要性等级：★　难易度等级：★★★　书面化等级：★★★

【033】别无 X　bié wú X

【033-1】没有。

曹二庚是程砚秋的终生小花脸，戏配得亦是别无二挑。

这实在来得太突然，只觉得出意外，惘然若失而外，别无什么话可说。

重要性等级：★★　难易度等级：★★　书面化等级：★★★

【033-2】习用语 别无选择　没有别的选择。

他也逐渐意识到了，他的处境别无选择。

事到如今，已<u>别无选择</u>。

重要性等级：★★   难易度等级：★★   书面化等级：★★★

【034】并 bìng

［连词］表示更进一层，连接后一分句时，分句的主语必须承前省略。其较常见的篇章关联形式是"X，并Y"等。

要继续保持<u>并</u>发扬优秀的民族传统。

他1998年7月大学毕业，<u>并</u>于同年12月去美国留学。

重要性等级：★★★   难易度等级：★   书面化等级：★★

【035】并非 bìngfēi

［动词］并不是。通常用于强调、说明事实不是对方所说的或一般所认为的那样。

他这样做<u>并非</u>发自内心。

他<u>并非</u>想这样对你。

他的缺点很多，但<u>并非</u>一无可取。

重要性等级：★★   难易度等级：★★   书面化等级：★★★

【036】并且 bìngqiě

［连词］用于连接动词或双音节形容词，表示两种行为同时进行或两种性质同时存在。也可用在递进复句的后一个分句开头，表示更进一层的意思。其较常见的篇章关联形式是"X，并且Y""不仅X，并且Y""不但X，并且Y"等。

李娜聪明、漂亮，<u>并且</u>热情。

每个市民都应该了解<u>并且</u>遵守交通规则。

她被评为优秀员工，<u>并且</u>出席了优秀员工经验交流会。

教育是科学知识再生产的手段，<u>并且</u>是发展科学的重要手段。

他把晒干的衣服收回来，<u>并且</u>放进了衣柜。

小明不仅学习好，<u>并且</u>还乐于助人。

牡丹花不但开得漂亮，<u>并且</u>可以入药。

重要性等级：★★★   难易度等级：★   书面化等级：★★

【037】不必　bùbì

［副词］不需要、没有必要。其对应的通用语体表达形式是"不用"。

天气预报说今天没有雨，<u>不必</u>带伞。

一件小事，<u>不必</u>那么认真。

重要性等级：★★★　难易度等级：★　书面化等级：★

【038】不曾　bùcéng

［副词］"曾经"的否定形式，表示动作行为没有发生过。动词后常有"过"。其对应的口语语体表达形式是"从来没有"。

这种事在历史上也<u>不曾</u>出现过。

老张<u>不曾</u>提过他们兄弟失和的事。

重要性等级：★★　难易度等级：★★　书面化等级：★★

【039】不但　bùdàn

［连词］用在递进复句的前一分句。其较常见的篇章关联形式是"不但 X，而且 Y""不但 X，并且 Y""不但 X，也 Y""不但 X，还 Y"等。

他<u>不但</u>爱学习，而且还养成了良好的学习习惯。

这种新药<u>不但</u>起效快，并且药效持久。

这本书<u>不但</u>知识丰富，并且很有趣味。

他<u>不但</u>没有完成语文作业，也没有完成手工作业。

他<u>不但</u>获得了"学习能手"的称号，还得到了额外的奖励。

重要性等级：★★★　难易度等级：★　书面化等级：★★

【040】不得　bùdé

［助动词］用在动词前，表示不允许、不可以。通常用于法规、规定、条例等正式文本中，表达某种禁令或限制。

<u>不得</u>无理取闹。

<u>不得</u>大声喧哗。

库房重地，<u>不得</u>入内。

重要性等级：★★　难易度等级：★★　书面化等级：★★★

【041】不得不 VP　bùdébù VP

表示客观情况迫使这样做。后面必带动词性词语或者指代动词性词语的"这样""如此"一类的词。

由于工作调动，我们<u>不得不</u>暂时分手了。

飞机票买不到，他们<u>不得不</u>改乘火车。

他的话说得那么恳切，我<u>不得不</u>答应他了。

重要性等级：★★★　难易度等级：★　书面化等级：★★

【042】X 不等　X bùděng

有差异、不相同。

数量<u>不等</u>　　大小<u>不等</u>　　质量<u>不等</u>

重要性等级：★★　难易度等级：★★　书面化等级：★★

【043】不独　bùdú

［连词］不但。用在递进复句的前一分句，其较常见的篇章关联形式是"不独 X，而且 Y""不独 X，也 Y""不独 X，又 Y"等。

他的著作<u>不独</u>具有创新性，而且也有科学性。

<u>不独</u>这个村富了，而且整个县都富了。

在中国的艺术中，"反串"的现象（在舞台上男扮女或女扮男）<u>不独</u>京剧有，越剧等剧种也有。

用烟嘴儿<u>不独</u>麻烦，也小气，又跟烟隔得那么老远的。

重要性等级：★　难易度等级：★★★　书面化等级：★★★

【044】不断　bùduàn

【044-1】［副词］表示动作的持续。

我国的农业在<u>不断</u>发展。

要达到理想的彼岸，就要沿着我们确定的道路<u>不断</u>前进。

影片《刮痧》以高超的艺术手段描述故事、推进情节、塑造人物、展现风俗，<u>不断</u>与观众沟通。

重要性等级：★★★　难易度等级：★　书面化等级：★★

【044-2】 习用语 接连不断　一个接着一个，连续不间断。

今天到了办公室后任务就接连不断。

在场的摄影记者的相机快门声接连不断。

重要性等级：★★★　难易度等级：★　书面化等级：★★

【045】不 V_1 而 V_2　bù V_1 ér V_2

表示不具有某条件或原因而产生某结果。

不辞而别　　不宣而战　　不告而别

重要性等级：★　难易度等级：★★★　书面化等级：★★★

【046】不乏 NP　bùfá NP

不缺少，表示有相当数量。

欧洲央行的有关人员表示：欧元区利率仍处于低水平，为经济增长提供了支持，欧元区经济增长不乏动力。

这位官员称：工薪阶层中不乏高收入者，对他们征收个人所得税的人均税额远远高于其他工薪收入者。

重要性等级：★★★　难易度等级：★　书面化等级：★★★

【047】不妨　bùfáng

［副词］表示作为一种选择，可以这么做，包含着说话人认为这样做更好的意思，语气较委婉。其对应的通用语体表达形式是"不如"。

还有一点儿时间，不妨再检查一遍。

这种办法没有用过，不妨试试。

有什么意见，不妨当面提出来。

重要性等级：★★　难易度等级：★★　书面化等级：★

【048】不过　bùguò

【048-1】［连词］但是、只是。用在转折复句的后一分句开头，表示前后意思转折，主要是对前面说话内容加以限制或修正。其较常见的篇章关联形式是"X，不过 Y"等。

他还是个十五六岁的孩子，不过讲起话来倒是十分老练。

这篇作文内容很好，不过有几个错别字。

这个问题很重要，<u>不过</u>不是唯一的考虑因素。

重要性等级：★★★　难易度等级：★　书面化等级：★

【048-2】［副词］只、仅仅。表示限于一定的范围。常常同"罢了""而已"等助词配合使用，表示冲淡语气。

　　他<u>不过</u>是个七八岁的孩子，围棋下得可真行。

　　实习<u>不过</u>十来天，他已经基本上掌握了操作方法。

　　别提了，我<u>不过</u>做了自己分内的事情罢了。

　　这件事他<u>不过</u>说说而已，不是真的。

重要性等级：★★★　难易度等级：★　书面化等级：★

【048-3】［副词］用在形容词或者表示心理状态的动词后面，表示程度高。同副词"再""最"配合使用，强调达到最高限度。句尾多用语气助词"了"。

　　娟娟真是个聪明<u>不过</u>的孩子。

　　你这样安排再好<u>不过</u>了。

　　坐飞机最快<u>不过</u>了。

　　妈妈对小敏这孩子再喜欢<u>不过</u>了。

重要性等级：★　难易度等级：★★★　书面化等级：★

【049】不及　bùjí

【049-1】［动词］不如、比不上。必带名词宾语，引入比较的对象。其对应的通用语体表达形式是"不如""比不上"。

　　写字我<u>不及</u>他。

　　我们班的成绩<u>不及</u>三班。

　　老张那时的思想<u>不及</u>现在成熟。

　　我觉得《梅花三弄》<u>不及</u>《春江花月夜》幽雅动人。

重要性等级：★　难易度等级：★★★　书面化等级：★★★

【049-2】［动词］来不及。同少数双音节动词搭配。其对应的通用语体表达形式是"来不及"。

　　他<u>不及</u>细问，匆匆离去。

　　时间太仓促，<u>不及</u>准备。

他因伤势太重，抢救<u>不及</u>，最终不幸去世。

重要性等级：★　难易度等级：★★★　书面化等级：★★★

【050】不禁　bùjīn

［副词］禁不住、不由得。表示某种感情或者动作行为无法控制，不由自主。

听他这么一说，大家<u>不禁</u>哈哈大笑起来。

一辆汽车突然在他身边停下，他<u>不禁</u>大吃一惊。

看到这样精彩的球艺，观众<u>不禁</u>站起来热烈鼓掌。

人们<u>不禁</u>要问，在风景区到处乱涂的坏习气何时才能绝迹？

重要性等级：★★★　难易度等级：★　书面化等级：★★

【051】不仅　bùjǐn

【051-1】［连词］连接分句。用于前一分句，后一分句引出更进一层的意思。其较常见的篇章关联形式是"不仅 X，而且 Y""不仅 X，连 Y""不仅 X，还 Y""不仅 X，都 Y""不仅 X，也 Y"等。

看中国电影<u>不仅</u>对他提高汉语水平有很大帮助，而且还加深了他对中国文化的理解。

这个字<u>不仅</u>我不认识，连老师都不认识。

这场雨实在是太大了，<u>不仅</u>没打伞的人淋湿了，连打着伞的人都淋湿了。

相声<u>不仅</u>是一种艺术，还是深入学习中国文化的一个途径。

他<u>不仅</u>对你这样，对任何人都是这样的。

武术<u>不仅</u>在中国很受欢迎，在其他国家也是很受欢迎的。

重要性等级：★★★　难易度等级：★　书面化等级：★

【051-2】［连词］连接短语。放在句子开头，连接名词性词语或介宾短语，表示范围更大。

<u>不仅</u>肉类，蔬菜和水果等食物的价格也都有所下降。

<u>不仅</u>大城市，每个地方图书馆里都有儿童阅览室。

<u>不仅</u>在中国，即使在其他国家，武术也是很受欢迎的。

<u>不仅</u>对你，他对任何人都是这样的。

重要性等级：★★★　难易度等级：★　书面化等级：★

【052】不堪　bùkān

【052-1】［动词］承受不了，不可、不能（多用于不好的方面）。

不堪其苦　　不堪一击　　不堪入耳　　不堪设想　　不堪造就
重要性等级：★　难易度等级：★★★　书面化等级：★★

【052-2】［形容词］表示程度深，坏到极深的程度，用在消极意义的形容词后面做补语。

疲惫不堪　　狼狈不堪　　破烂不堪
他这个人太不堪了。
重要性等级：★　难易度等级：★★★　书面化等级：★★

【053】不愧　bùkuì
［副词］完全可以被称为，称得上。后面常跟动词"是""为"。
她不愧是我们的榜样。
他不愧为一个优秀的演员。
重要性等级：★　难易度等级：★★★　书面化等级：★★

【054】不料　bùliào
［连词］表示事情没有在意料之中，常用于复句的后一分句开头。其对应的通用语体表达形式是"没想到"。其较常见的篇章关联形式是"X，不料Y"等。
比赛正在激烈地进行，不料突然下起了大雨。
平时他表现一般，不料这次比赛却得了第一名。
重要性等级：★★　难易度等级：★★　书面化等级：★★★

【055】不免　bùmiǎn

【055-1】［副词］免不了。表示由于前面所说的原因而不能避免某种结果，多指不希望发生的。
初次见面，不免陌生。
他是南方人，说普通话不免夹杂一些方言。
工作一大堆，病又一时好不了，心中不免焦急。
重要性等级：★★　难易度等级：★★　书面化等级：★★

【055-2】[副词] 表示轻微的因果、比较关系。带有委婉的语气。

看人家玩儿球玩儿得高兴，<u>不免</u>觉得手痒。

回到故乡，<u>不免</u>想起往日的一些人和事。

七点钟起床，<u>不免</u>迟了点儿。

重要性等级：★★　难易度等级：★★　书面化等级：★★

【056】不容　bùróng

【056-1】[动词] 不许、不让。后面一般跟双音节动词，语气较强。其对应的口语语体表达形式是"容不得"。

<u>不容</u>忽视　　<u>不容</u>拖延　　<u>不容</u>回避　　<u>不容</u>错过　　<u>不容</u>忘却

重要性等级：★★　难易度等级：★★　书面化等级：★★★

【056-2】习用语 **不容置喙**　不容许插嘴。

那种果断的气势、<u>不容置喙</u>的威严，在战熠阳身上，通通如同与生俱来，令人敬佩。

看到刘奕<u>不容置喙</u>的表情，赵同只能作罢。

然而也只是想想而已，上司的话分明是带着惯性的<u>不容置喙</u>。

重要性等级：★　难易度等级：★★★　书面化等级：★★★

【057】不胜　bùshèng

【057-1】[副词] 非常、十分（用于感情方面）。其对应的通用语体表达形式是"十分"。

我方随时愿意效劳，若承蒙贵方惠赐回函，当<u>不胜</u>感激。

我现在离家已十二三年，值此新秋，又是风雨飘摇的深夜，天涯羁客<u>不胜</u>落寞的情怀，思念着母亲，我一阵阵鼻酸眼胀。

"雷峰夕照"曾是西湖十景之一，因此消息传开，许多人<u>不胜</u>惋惜。

重要性等级：★★　难易度等级：★★　书面化等级：★★★

【057-2】[动词] 承担不了、不能承受。

体力<u>不胜</u>　　<u>不胜</u>其烦

枝大本小，将<u>不胜</u>春风。

重要性等级：★　难易度等级：★★★　书面化等级：★★★

【058】V 不胜 V　V bùshèng V

表示不能做或做不完（V 多为前后重复的动作）。

乔木同志一生中执笔的重要文稿，数不胜数。

认真纠正那种把纠风工作同经济发展对立起来的观点，克服那种认为不正之风防不胜防、纠不胜纠的畏难情绪。

重要性等级：★★　难易度等级：★★　书面化等级：★★★

【059】不时　bùshí

［副词］表示行为、动作或情况多次发生。做状语。其对应的通用语体表达形式是"时不时"。

疾驰而过的汽车不时打破室内的沉寂。

江面上不时传来纤夫的号子。

远处不时传来枪声，战斗还在进行着。

重要性等级：★★　难易度等级：★★　书面化等级：★★

【060】不是 X，便是 Y　bù shì X，biàn shì Y

【060-1】表示选择。二者必居其一，非此即彼。

对于《七经》、《二十四史》、《通鉴》、文士的诗文、和尚的语录，也都不肯放过，不是鉴定，便是评选，文苑中实在没有不被蹂躏的处所了。

他不是在图书馆，便是在实验室。

你们两位都很优秀，这次获奖的人，不是你，便是他。

重要性等级：★★　难易度等级：★★　书面化等级：★★★

【060-2】表面看来是表示选择，其实意在列举事实，概括说明某种情况。

他毛手毛脚地拿着犁，不是埋怨天，便是埋怨地，荒地却开得又粗又浅。

重要性等级：★　难易度等级：★★★　书面化等级：★★★

【061】不是 X，而是 Y　bù shì X，ér shì Y

用于并列复句中，表示对照并列关系。前后分句意义相反，否定前项 X，肯定后项 Y，即用否定和肯定两方面的对照来强调所要肯定的内容。

我不是要收下他写诗的本子，而是让他念给我听。不是欣赏这些诗的内容，更不是欣赏诗的艺术水平，而是听他读诗时那由于激动而微微颤抖的声音。

第二个坐卧不安的是李大公，更准确一点儿说，<u>不是</u>李大公本人，<u>而是</u>李大公的父母和妹妹。

他听出尤小舟<u>不是</u>在无意义地喊叫，<u>而是</u>在唱歌。

重要性等级：★　难易度等级：★★★　书面化等级：★★★

【062】不特　bùtè

［连词］不但。其较常见的篇章关联形式是"不特 X，且 Y""不特 X，并且 Y"等。

故神话<u>不特</u>为宗教之萌芽，美术所由起，且实为文章之渊源。

未到黄昏时分，天下已经太平，或者竟是全都忘记了，人们的脸上<u>不特</u>已不紧张，并且早褪尽了先前喜悦的痕迹。

重要性等级：★　难易度等级：★★★　书面化等级：★★★

【063】不外（乎）　bùwài（hū）

［动词］不超出某种范围以外。必带宾语，宾语可以是短语或小句。有往小里说的意味。

教育概括起来，<u>不外</u>体、智、德、美等几方面内容。

景泰蓝长时期仅有那几种图案，<u>不外乎</u>牡丹、荷花。

气的生成来源，总的来说，<u>不外乎</u>三个方面。

重要性等级：★　难易度等级：★★★　书面化等级：★★★

【064】不惟　bùwéi

［连词］不但、不仅。其较常见的篇章关联形式是"不惟 X，反而 Y""不惟 X，也 Y"等。

你这样做，<u>不惟</u>无益，反而有害。

以此行为，<u>不惟</u>对不起国家，也对不起父母。

重要性等级：★　难易度等级：★★★　书面化等级：★★★

【065】不谓　bùwèi

【065-1】［连词］不料、没想到。文言虚词。其较常见的篇章关联形式是"X，不谓 Y"等。

离别以来，以为相见无日，<u>不谓</u>今又重逢。

重要性等级：★　难易度等级：★★★　书面化等级：★★★

【065-2】［动词］不能说。常用于表示否定的词语前面。

任务<u>不谓</u>不重。

时间<u>不谓</u>不长。

重要性等级：★　难易度等级：★★★　书面化等级：★★★

【066】不无　bùwú

［动词］不是没有、多少有些。

你说的也<u>不无</u>道理。

经常举办展览对画家绘画艺术的深入交流是<u>不无</u>裨益的。

重要性等级：★　难易度等级：★★★　书面化等级：★★★

【067】不消　bùxiāo

【067-1】［副词］不用。

<u>不消</u>解释　　<u>不消</u>细说　　<u>不消</u>问

重要性等级：★　难易度等级：★★★　书面化等级：★★

【067-2】习用语 **不消说**　不用说。

邀约她的人<u>不消说</u>，正是艺高胆大的龙云鹏。

孙悟空保护唐僧往西天取经，一路凶多吉少，也<u>不消说</u>。

重要性等级：★　难易度等级：★★★　书面化等级：★★

【068】不屑（于）　bùxiè（yú）

［动词］表示认为事情不值得做。后面跟动词性词语。

<u>不屑</u>一顾　　<u>不屑</u>置辩

他这个人大事情做不了，小事情又<u>不屑于</u>去做，至今仍闲在家里。

他<u>不屑于</u>去做这件不光彩的事。

重要性等级：★★　难易度等级：★★　书面化等级：★

【069】不宜　bùyí

［动词］不适宜。通常要带动词、形容词（多为双音节以上）做宾语。其对

应的通用语体表达形式是"不适合"。

　　冬天<u>不宜</u>喝凉茶。

　　孕妇<u>不宜</u>穿高跟鞋。

　　王老先生年事已高，<u>不宜</u>远行。

　　这部电影血腥镜头过多，少儿<u>不宜</u>。

　　他的身体有些弱，所以路途<u>不宜</u>太远。

重要性等级：★★　难易度等级：★★　书面化等级：★★★

【070】不再　bùzài

［副词］表示动作的停止、不重复或没有下一次，强调不可继续性，也可用于表示某种现象的消失。

　　科技<u>不再</u>嫌贫爱富，咱山里的娃娃也能像城里的娃娃一样进科技馆了。

　　杞县人民高兴地说："如今靠政策，靠科学，我们<u>不再</u>'杞人忧天'，而是'杞人胜天'了。"

　　现在信息公开透明，群众<u>不再</u>"雾里看花"。

重要性等级：★★★　难易度等级：★　书面化等级：★★

【071】不在（于）X，而在（于）Y　bù zài（yú）X, ér zài（yú）Y

"不在（于）"后面跟的内容 X 不是说话的重点，"而在（于）"后面的 Y 才是说话人想要强调的内容。

　　问题<u>不在（于）</u>你说什么，<u>而在（于）</u>你怎么说。

　　人最重要的<u>不在（于）</u>他们拥有什么，<u>而在（于）</u>他们是什么样的人。

　　人生最大的荣耀<u>不在（于）</u>永不跌倒，<u>而在（于）</u>每次跌倒之后都能重新站起来。

　　关键<u>不在（于）</u>需求，<u>而在（于）</u>供给。

重要性等级：★★★　难易度等级：★　书面化等级：★★★

【072】不致　bùzhì

［动词］不会引起。表示由于前面所说的情况而不会产生或者避免出现某种不好的结果，也指还没达到引起某种不好结果的程度。其对应的口语语体表达形式是"不至于"。

　　江堤十分坚固，<u>不致</u>发生决口事故。

事先做好充分准备，就<u>不致</u>临时措手不及。

作文要仔细审题，写出来才<u>不致</u>文不对题。

风浪虽大，交通还<u>不致</u>中断。

重要性等级：★★　难易度等级：★★　书面化等级：★★★

【073】步调　bùdiào

【073-1】［名词］表示脚步的大小快慢，侧重在比喻进行某种活动的方式和步骤。"步调"常与"采取""乱""一致""统一""协调"等词语搭配。其对应的口语语体表达形式是"步子"。

他们俩是老夫老妻了，非常默契，对对方的想法心领神会，做什么事情都<u>步调</u>一致。

在解决产品出现的质量问题时，公司的领导层<u>步调</u>不一致，给消费者造成了极大的困惑。

不管做什么事，一个单位的各个部门之间应该<u>步调</u>统一，否则就乱了。

重要性等级：★★★　难易度等级：★　书面化等级：★★

【073-2】习用语**步调一致**　比喻许多人在一起进行某种活动时，方式、步骤、行动能协调一致。

只有劲儿往一处使，才能使整个团队<u>步调</u>一致。

医护人员参与执行的三级健康教育网络，形成了分工负责、密切合作、<u>步调</u>一致、全员参与的健康教育新格局。

重要性等级：★★★　难易度等级：★　书面化等级：★★

【074】步伐　bùfá

［名词］表示脚步的大小快慢，侧重比喻事物进行的程度。"步伐"可以与"迈出""迈开""踏着""加快""跟上"等动词性词语搭配，也可以与"大""小""快""慢""坚定""有力""豪迈""矫健"等形容词搭配。其对应的口语语体表达形式是"步子"。

时代的飞速发展要求我们必须加快国家现代化建设的<u>步伐</u>。

她还建议村民们引进更多新品种的蔬菜和水果，把改革产品结构的<u>步伐</u>迈得再大一些。

阴云密布，大雨将至，路上的行人都不由自主地加快了<u>步伐</u>。

重要性等级：★★　难易度等级：★★　书面化等级：★★

【075】部署　bùshǔ

［动词］安排或布置人力、资源、任务。

<u>部署</u>工作　　战略<u>部署</u>

<u>部署</u>了一个团的兵力。

<u>部署</u>大气污染防治十条措施。

重要性等级：★★　难易度等级：★★　书面化等级：★★

C

【076】曾　céng

［副词］表示从前有过某种行为或情况。它后面常带动态助词"过"。其对应的通用语体表达形式是"曾经"。

妈妈<u>曾</u>当过老师。

有人<u>曾</u>做过这样的估计。

十年前，他<u>曾</u>在中国教过两年英语。

重要性等级：★★　难易度等级：★★　书面化等级：★★★

【077】彻夜　chèyè

［副词］整个夜晚。一般用在双音节动词前。

他常常<u>彻夜</u>工作。

他家里的灯<u>彻夜</u>不熄。

重要性等级：★★　难易度等级：★★　书面化等级：★★★

【078】称（X）为 Y　chēng（X）wéi Y

不叫某人或某物的原名，而叫其他名称。

大家都<u>称</u>他们<u>为</u>兄弟班。

七区小学生照顾伤员十分周到，伤员感激地<u>称</u>他们<u>为</u>"小兄弟"。

他被大家<u>称为</u>"智多星"。

重要性等级：★★　难易度等级：★★　书面化等级：★★★

【079】呈 VP 趋势 / 之势　chéng VP qūshì / zhī shì

表现出一种方向或者潜力。

<u>呈</u>上升<u>趋势 / 之势</u>　　　<u>呈</u>下降<u>趋势 / 之势</u>

<u>呈</u>直线上升<u>趋势 / 之势</u>　　<u>呈</u>快速下降<u>趋势 / 之势</u>

重要性等级：★★★　难易度等级：★　书面化等级：★★

【080】诚然　chéngrán

［副词］肯定已有的事实，表示正如上文所说的那样。上下文多有被肯定事实的文字。其对应的通用语体表达形式是"确实"。

我有幸去了一次黄山，黄山之美<u>诚然</u>如前人所说，"黄山归来不看山"。

这孩子我已多方了解过，<u>诚然</u>不错，是个不可多得的好苗子。

但不知怎的，总不时想着在那儿过了五六年转徙无常的生活的南方。转徙无常，<u>诚然</u>算不得好日子。

这回忆诚然有着无限的酸楚。

重要性等级：★★　难易度等级：★★　书面化等级：★★★

【081】诚如　chéngrú

【081-1】［动词］真的如此、确实如此。常用来肯定别人的观点或所说的话。

学术与政治毕竟是两回事，<u>诚如</u>这位著名的历史学家所说。

<u>诚如</u>他所说，她最后还是选择去欧洲留学。

重要性等级：★★　难易度等级：★★　书面化等级：★★★

【081-2】　习用语　诚如此言　形容所说的话是真实的。

诚如此言，宋诗喜欢议论，喜欢在诗中谈论哲理。

诚如此言，他回到了老家去找工作。

重要性等级：★★　难易度等级：★★　书面化等级：★★★

【082】诚如 X 所言　chéngrú X suǒ yán

肯定某人的话。

<u>诚如</u>古人<u>所言</u>，知之为知之，不知为不知。

<u>诚如</u>你当初<u>所言</u>，他在绘画方面很有天赋。

重要性等级：★★　难易度等级：★★　书面化等级：★★★

【083】承蒙　chéngméng

［动词］受到。后多跟"指教、关照"等等，是一种客套话。

<u>承蒙</u>指点

<u>承蒙</u>关照，十分感激。

<u>承蒙</u>各位的关心与支持，在此深表谢意。

重要性等级：★★　难易度等级：★★　书面化等级：★★

【084】乘　chéng

［介词］同"趁"，不能加"着"。

乘势　　乘机破坏　　乘胜前进　　乘人之危

重要性等级：★　难易度等级：★★★　书面化等级：★★★

【085】程度副词＋之＋形容词/心理动词

强调程度深。

十分之久　　十分之喜欢　　非常之思念

重要性等级：★★　难易度等级：★★　书面化等级：★★

【086】持续　chíxù

［动词］延续不断，着重于表示行为不间断地进行。"持续"在句子中不能带宾语，可以后接补语，经常做定语，可以组合成"持续性""可持续性发展"等。

瓢泼大雨持续了一整天，马路上已经一片汪洋了。

持续的大风天气，给这里人们的生活造成了极大的影响。

决策者不光要考虑这个地区现在的发展，更需要考虑以后的可持续发展。

重要性等级：★★★　难易度等级：★　书面化等级：★★

【087】充分 VP　chōngfèn VP

尽可能、尽量。

在教育教学中应当平等对待学生，充分尊重学生的人格。

爱好运动的挪威人也会充分利用大自然的恩赐，到山上滑雪。

你要充分利用这次机会，好好提升主持能力。

重要性等级：★★★　难易度等级：★　书面化等级：★★

【088】踌躇　chóuchú

【088-1】［形容词］拿不定主意。其对应的通用语体表达形式是"犹豫"。

在是否投资买下这座别墅的问题上，老张一直很踌躇。

我之所以成功，很重要的原因是志在成功，未尝踌躇。

当机会来临时，一定要牢牢把握，切忌踌躇。

他毫不踌躇地冒着生命危险去抢修堤坝。

重要性等级：★★　难易度等级：★★　书面化等级：★★★

【088-2】［动词］停留、徘徊不前。

<u>踌躇</u>不前

到底星期日去不去春游，我<u>踌躇</u>了半天，还是决定不下来。

重要性等级：★★　难易度等级：★★　书面化等级：★★★

【088-3】习用语 **踌躇不决**　犹豫不能做出决定。

他对于要不要去北京这件事<u>踌躇不决</u>。

他对于选择哪种颜色的衣服<u>踌躇不决</u>。

重要性等级：★★　难易度等级：★★　书面化等级：★★★

【088-4】习用语 **踌躇满志**　形容对自己的现状或取得的成就非常得意。

他大学一毕业就找到了理想的工作，又有了漂亮的女朋友，所以一副<u>踌躇满志</u>的样子。

他对这次接力赛<u>踌躇满志</u>，只待发号施令后，便可以轻松地到达目的地。

重要性等级：★★　难易度等级：★★　书面化等级：★★★

【089】初步 X　chūbù X

事情处于开始阶段，不是最后的或是完备的状态。X 多为动词性词语，也可以是名词性词语。

（1）初步 VP

请根据图片对这篇文章做一个<u>初步</u>猜测。

<u>初步</u>看来，这是一起蔑视法庭的案子。

大学校园种族群体日趋多样化，使人们<u>初步</u>感受到未来社会面临的诸多冲突。

据<u>初步</u>认定，证据对他极其不利。

（2）初步 NP

过了一些日子以后，画稿有了一个<u>初步</u>模样。

这也许只是一个<u>初步</u>名单。

我对他也只是有个<u>初步</u>印象罢了。

重要性等级：★★★　难易度等级：★　书面化等级：★

【090】除（了） chú（le）

表示不计算在内。常和"外""以外""之外""而外"搭配使用。

【090-1】［介词］排除特殊，强调一致。后面常用"都""均""全"等呼应。

<u>除（了）</u>08 跑道，所有跑道的灯都关掉。

<u>除（了）</u>一人因病请假外，全体代表都已报道。

<u>除（了）</u>他一人不及格以外，其他同学均已及格。

<u>除（了）</u>他迟到以外，其余的学生均已到达指定地点。

重要性等级：★★★   难易度等级：★   书面化等级：★★

【090-2】［介词］排除已知，补充其他。后面常用"还""也"等呼应。

中国是一个统一的多民族国家，<u>除（了）</u>汉族外，还有五十五个少数民族。

《独立评论》的主要撰稿人<u>除（了）</u>胡适、丁文江外，还有傅斯年、翁文灏、吴景超等人。

他<u>除了</u>教课，还负责学校里工会的工作。

他<u>除了</u>写小说，有时候也写写诗。

重要性等级：★★   难易度等级：★★   书面化等级：★★

【090-3】 习用语 **除此以外**   除了这个以外。

<u>除此以外</u>，他再无任何其他才能。

<u>除此以外</u>，他还会弹琴和唱歌。

重要性等级：★★★   难易度等级：★   书面化等级：★★

【090-4】 习用语 **除此之外**   除了这个之外。

<u>除此之外</u>，一切都是谎言。

<u>除此之外</u>，还存在着一些其他问题。

重要性等级：★★★   难易度等级：★   书面化等级：★★

【091】除却 chúquè

［介词］排除例外。其对应的通用语体表达形式是"除了"。

他剪裁精致的衣领随着海风来回摆动，<u>除却</u>他凄凉的神色，整个是副喜剧相。

这个洞<u>除却</u>出产了一些碎石片外，其他仍然还一无结果。

曾经沧海难为水，除却<u>巫</u>山不是云。

重要性等级：★　难易度等级：★★★　书面化等级：★★★

【092】处处　chùchù

【092-1】［副词］每一个地方。其对应的通用语体表达形式是"到处"。

现在公司里<u>处处</u>充满了紧张的气氛。

房间里<u>处处</u>都是衣服，乱得不得了。

重要性等级：★★★　难易度等级：★　书面化等级：★★

【092-2】［副词］指事情的各个方面。

他们为什么<u>处处</u>和我作对？

出门在外，要<u>处处</u>小心。

重要性等级：★★　难易度等级：★★　书面化等级：★★

【093】此　cǐ

［代词］指示代词，指代人或事物，在名词前做定语。其对应的通用语体表达形式是"这"。

罗先生对<u>此</u>人有些不满。

在<u>此</u>期间，他完成了两部长篇小说。

重要性等级：★★★　难易度等级：★　书面化等级：★★★

【094】X，此后 Y　X，cǐhòu Y

表承接，表示从过去某一个特定时间点之后到现在的情况。

十年前，他的孩子在自家门口离奇失踪，<u>此后</u>就再无消息。

我们三年前见过一面，<u>此后</u>再也没有见过。

重要性等级：★　难易度等级：★★★　书面化等级：★★★

【095】此外　cǐwài

［连词］表示除了上面所说的事物或情况外，还有别的。其对应的通用语体表达形式是"另外"。其较常见的篇章关联形式是"X，此外 Y"等。

这次会议讨论了双方的合作问题，<u>此外</u>也就一些国际问题交换了意见。

这位音乐家一生创作了几百首歌曲，<u>此外</u>还创作了几部歌剧。

重要性等级：★★★　难易度等级：★　书面化等级：★★★

【096】NP 次之   NP cìzhī

表示某物的次序或等级在前文所表示的名词性词语之后。

仪仗队走在最前，国旗方阵<u>次之</u>。

矿物中金刚石最硬，刚玉<u>次之</u>。

从吃的角度来说，榆树皮是上品，柳树皮<u>次之</u>，槐树皮更<u>次之</u>。

重要性等级：★★   难易度等级：★★   书面化等级：★★

【097】匆匆   cōngcōng

［形容词］表示行动急促，不能从容进行。在现代汉语里多做状语，后面可以加"地"。

他总是来去<u>匆匆</u>，很少在一个地方久留。

<u>匆匆</u>一别，不觉三月有余。

北京的春天，姗姗地来，<u>匆匆</u>地走。

重要性等级：★★★   难易度等级：★   书面化等级：★★

【098】从不   cóngbù

［副词］"从来"的否定形式，表示从过去到现在都不或都没。

养蜂人<u>从不</u>在一个地方停留很久。

小王以前<u>从不</u>做家务，今天因为丽丽来了，所以他主动去洗菜、做饭。

重要性等级：★★   难易度等级：★★   书面化等级：★★

【099】从此   cóngcǐ

［副词］从目前这个时候起。通常放在某事件后，强调其产生的影响或指示另一相关事物发生的变化。

他自费买了一本《英汉模范字典》，<u>从此</u>50年来形影不离。

她因一次大赛未打好，<u>从此</u>八个月未露面。

经此一事，他彻底醒悟了，<u>从此</u>改邪归正，不再做那些违法的事了。

重要性等级：★★★   难易度等级：★   书面化等级：★★

【100】从而   cóng'ér

［连词］用于因果复句的后一分句，前一分句表原因，后一分句表结果、目的。其较常见的篇章关联形式是"X，从而 Y""由于 X，从而 Y""因为 X，从而 Y"等。

    行为治疗的目的是使那些心灵痛苦的人能够回到正常生活中去，<u>从而</u>享受正常人拥有的幸福和权利。

    由于电脑网络的普及，人们获得信息更加方便了，<u>从而</u>也使人们之间的交往更方便了。

    由于事先得到了消息，<u>从而</u>避免了不必要的损失。

    因为我们没有明确的目标，<u>从而</u>导致了我们在工作上的盲目性。

重要性等级：★★★　难易度等级：★　书面化等级：★★

【101】从 X 而言　cóng X ér yán

引入说话的角度。其对应的通用语体表达形式是"从 X 来说"。

    <u>从</u>道义上<u>而言</u>，你这样做是不对的。

    <u>从</u>本质上<u>而言</u>，我是乐观的。

    <u>从</u>观察的角度<u>而言</u>，我不认同你。

    <u>从</u>你这个观点<u>而言</u>，我认为还是很好的。

重要性等级：★★★　难易度等级：★　书面化等级：★★★

【102】从 NP 来看　cóng NP lái kàn

引进说话人的想法或态度，多用作"从某个视角来看""从某个角度来看"。

    如果<u>从</u>这个角度<u>来看</u>，你说的就是对的。

    <u>从</u>该视角<u>来看</u>，我们不可以这样做。

    <u>从</u>这点<u>来看</u>，我们应该推行该方案。

重要性等级：★★★　难易度等级：★　书面化等级：★★

【103】从 NP V 起　cóng NP V qǐ

表示行动时动作的起点，动词大多数为单音节。

    <u>从</u>他离家出走这件事谈<u>起</u>。

    立即行动，<u>从</u>小事做<u>起</u>。

    一切表演都得<u>从</u>头练<u>起</u>。

    我语言匮乏，不知道和你们<u>从</u>什么话题聊<u>起</u>。

重要性等级：★★　难易度等级：★★　书面化等级：★

【104】从 X 起   cóng X qǐ

多表示时间的起点。

从那一刻起

从前天起

从我会走路时起

重要性等级：★★   难易度等级：★★   书面化等级：★

【105】从事 NP   cóngshì NP

投身到某项工作或某种事业中。常用的搭配有"从事……工作""从事……活动"等。"从事"前边可以用"长期""一直""毕生"等表示时间长的词修饰。"从事"后边很少带"了""着""过"，但可以带时间宾语。

三十多年来，他一直从事教育工作，可谓"桃李满天下"了。

从事影视工作十余年来，她创造了不少感人至深的银幕形象。

他们出于对事业的热忱，从心灵深处挖掘创造的源泉，从事创作活动。

重要性等级：★★★   难易度等级：★   书面化等级：★★★

【106】从未   cóngwèi

［副词］从来没有、未曾。后面多为双音节动词或动词性短语，多和"过"搭配使用。

她从出生到现在从未理过发。

我从未到过北京。

小王结婚以后搬出去住了，老王从未感到这么孤独过。

重要性等级：★★   难易度等级：★★   书面化等级：★★★

D

【107】大大　dàdà

［副词］表示程度很深或数量很大。既可修饰动词性词语，也可以修饰形容词性词语。

近二十年的经济发展使国力大大增强了。

产品数量大大突破了原计划指标。

我们要使人民经济一天一天发展起来，大大改善群众生活，大大增加我们的财政收入。

如果我们不急起直追，我们的高科技水平必将进一步扩大差距，大大落后于他人。

重要性等级：★★★　难易度等级：★　书面化等级：★

【108】大抵　dàdǐ

【108-1】［副词］大都。表示人或事物的大部分或多数情况下如此，多用于已发生的事情。主要修饰动词性词语。其对应的通用语体表达形式是"大多"。

快餐连锁店的创始人大抵都有相似的经历。

厦门大学和集美学校，都是秘密世界，外人大抵不知道。

重要性等级：★★　难易度等级：★★　书面化等级：★★★

【108-2】［副词］推测事情的发生或存在，表示可能性。用于未发生的事。其对应的通用语体表达形式是"大概"。

大抵是过于思念，他常常做着事就发起呆来。

他大抵是不在，否则电话不会没人接。

这件无厘头的事情，大抵是他做的。

重要性等级：★★　难易度等级：★★　书面化等级：★★★

【109】大凡　dàfán

［副词］总括一般情形或一般性规律，表示人或事物的大部分或多数情况下如此。用在句首，常跟"总""都"等搭配使用。

大凡上了年纪的人，总有几分固执。

大凡名牌学校，总有良好的校风。

大凡生病住院的人，都是病得不轻的。

大凡打架斗殴，都是男孩子干的事。

重要性等级：★   难易度等级：★★★   书面化等级：★★★

【110】**大举**　dàjǔ

［副词］采取大规模的行动，多用在军事方面。后接双音节动词或动词性短语。

敌军向我们大举进攻。

该品牌将大举进军海外市场。

重要性等级：★★   难易度等级：★★   书面化等级：★★★

【111】**大力**　dàlì

［副词］表示用极大力量、下极大决心去做某事，且该事多为积极的有意义的事情。后接双音节动词或动词性短语。

文化教育事业要大力发展。

青年教育工作必须大力加强。

大力弘扬爱国主义精神。

大力发扬艰苦奋斗、励精图治、知难而进、自强不息的精神。

各行各业都要来支持教育事业，大力兴办教育事业。

重要性等级：★★   难易度等级：★★   书面化等级：★★

【112】**大肆**　dàsì

［副词］一点儿也不考虑后果地、毫无顾忌地做坏事。常后接双音节动词或动词性短语。

这些人大肆活动，破坏公共设施。

他们大肆宣传这些假药的好处。

重要性等级：★   难易度等级：★★★   书面化等级：★★★

【113】**大体（上）**　dàtǐ（shang）

［副词］就多数情形或主要方面而言。

我们的看法大体（上）相同。

人类文字演变的过程<u>大体（上）</u>可分为三个阶段：图画文字、表意文字和表音文字。

这个女孩儿正处于术后恢复期，她的情况<u>大体（上）</u>不错。

重要性等级：★★　难易度等级：★★　书面化等级：★

【114】大为　dàwéi

［副词］表示程度深。只修饰双音节动词和形容词。其对应的通用语体表达形式是"十分"。

大为高兴　　大为满意　　大为震惊　　大为生气　　大为得意

"大为"后的行为或情状都是前面的事情所引起的结果，前面多有说明前提的文字。

听了这话，他心里<u>大为</u>感动。

这次名单中没有他，他<u>大为</u>懊丧。

失败的消息使他<u>大为</u>震怒。

增加了两名外籍球员后，该队实力<u>大为</u>增强。

新铁路修到这儿，出行也就<u>大为</u>方便了。

重要性等级：★★　难易度等级：★★　书面化等级：★★★

【115】大约　dàyuē

［副词］表示估计或推测。其对应的通用语体表达形式是"大概"。

来回机票<u>大约</u>需要四千元。

看样子他<u>大约</u>是外地人。

重要性等级：★★★　难易度等级：★　书面化等级：★

【116】殆　dài

【116-1】［副词］将近、几乎、差不多。

地下水消耗<u>殆</u>尽之后，若得不到及时补给，地下水层面就会在其上土层的压迫下发生塌陷。

敌人伤亡<u>殆</u>尽。

重要性等级：★　难易度等级：★★★　书面化等级：★★★

【116-2】 习用语 **百战不殆**　每次打仗都不失败。

知己知彼，百战不殆。

重要性等级：★★　难易度等级：★★　书面化等级：★★★

【117】待　dài

［介词］待到。

此事待卓翁回京后再作理论。

自动步枪弹出老远，待她要去捡，发现枪已经端在竹丛里那个猎人手上。

他身子微蹲，不再退避，待大虎扑到，左臂快如闪电，在大虎左肋下一拦，用力向外推出，大虎登时在空中被他转了小半个圈子。

重要性等级：★　难易度等级：★★★　书面化等级：★★★

【118】待到　dàidào

［介词］等到。可以修饰主谓短语。其对应的通用语体表达形式是"等到"。

待到山花烂漫时，她在丛中笑。

她带哭带嚷地快跑，头发纷散；待到她跑过那倒闭了的林家铺面时，她已经完全疯了！

有时候像灰烬中的微火那样，长时间地发出余温，待到一切都毁灭的时候，又会在心中燃起熊熊烈焰。

重要性等级：★★　难易度等级：★★　书面化等级：★★

【119】单单　dāndān

［副词］单。语气比"单"更重。

然而速胜论者也是不对的。他们或则根本忘记了强弱这个矛盾，而单单记起了其他矛盾。

单单说明目的还不够，还要说明达到此目的的步骤和政策。

重要性等级：★★　难易度等级：★★　书面化等级：★

【120】但　dàn

【120-1】［连词］用法基本上同"但是"。"但是"后可以停顿，"但"后不能。其较常见的篇章关联形式是"X，但Y""虽然X，但Y""即使X，但Y""纵然X，但Y""就算X，但Y"等。

问题已经提出，<u>但</u>尚未着手解决。

虽然火车即将要发车，<u>但</u>他还没来。

即使上课铃响起，<u>但</u>他丝毫没有紧张的感觉。

纵然他没写完作业，<u>但</u>他丝毫不慌张。

就算他是个好学生，<u>但</u>他也会犯错的。

重要性等级：★★★　难易度等级：★　书面化等级：★

【120-2】［副词］只、仅仅。

<u>但</u>愿如此

不求有功，<u>但</u>求无过。

一直进去，<u>但</u>见门上都贴着两个大字："顺民"。

观众听了，<u>但</u>觉得铿锵悦耳，而无拿腔使调、矫揉造作之感。

重要性等级：★★★　难易度等级：★　书面化等级：★★

【121】但凡　dànfán

［副词］只要是、凡是。用于条件或假设复句的前一分句。其较常见的篇章关联形式是"但凡 X，Y""但凡 X，都 Y""但凡 X，就 Y"等。

<u>但凡</u>见过他工作的人，没有一个不被他的勤奋所感动。

当初<u>但凡</u>和他说一声，现在他也不会有这么多意见。

<u>但凡</u>平时抓紧一点儿，哪会弄得这么手忙脚乱。

<u>但凡</u>见过他的人，都说他是一个气质很好的孩子。

<u>但凡</u>这句话早些说出口，就不会有遗憾了。

重要性等级：★★　难易度等级：★★　书面化等级：★★

【122】诞生　dànshēng

［动词］既指人的出生，还指新事物的产生，是褒义词，有庄重、尊敬的感情色彩。"诞生"多用于伟大的人物，不用于自己，还常用于政党、国家、组织等的创建。其对应的通用语体表达形式是"出生"。

这里就是中国最伟大的教育家孔子<u>诞生</u>的地方。

联合国<u>诞生</u>于 1945 年。

这份杂志<u>诞生</u>于 20 世纪初。

为了纪念这位伟大的作家诞生 100 周年，出版社出版了他的全集。

重要性等级：★★　难易度等级：★★　书面化等级：★★★

【123】当　dāng

［介词］正在（那时候、那地方）。后接一个小句或动词性短语，常跟"的时候""时""之际"搭配使用。

当京九路尚在勘察的时候，井冈山的人民就翘首企盼了。

正当他一家发愁的时候，房管部门送来了水泥和油毡。

当我看见他时，他已在早读了。

当两剑接触之际，两人心里都是一颤。

重要性等级：★★★　难易度等级：★　书面化等级：★★★

【124】当即　dāngjí

［副词］马上、即刻。表示情况很快发生或者紧接着前一情况出现。其对应的通用语体表达形式是"立即"。

邮递员送来挂号信，我当即盖章签收。

收到书款，书店当即将所购图书交邮局寄发。

种了树应该当即浇水。

合同经双方签字后当即生效。

重要性等级：★★　难易度等级：★★　书面化等级：★★

【125】道　dào

［动词］说。常与"言说类"的单音节动词一起构成双音节动词，如"说道""问道""喊道""答道""骂道""笑道""哭道""叫道""嚷道"等。

"乱丢垃圾是不道德的行为。"有人忍不住说道。

"这是谁的车呢？竟横在路中间。"有人问道。

小孩儿还大声地喊道："妈妈，你在哪儿？"

您在书里曾写道："明天会更好。"

重要性等级：★★★　难易度等级：★　书面化等级：★★

【126】得以 VP　déyǐ VP

能够、可以。强调凭借某种帮助或某种力量，才使事情成为可能，所以句子中一般要出现所凭借的内容，即事情成为可能的原因。没有否定形式，多与双音节动词搭配。

　　至此，拆迁问题得以完满解决，各方皆大欢喜。

　　这一难题得以克服，皆有赖于甲乙两方的通力合作。

　　这一切都是原始生命得以产生和发展的必要条件。

　　重要性等级：★★　难易度等级：★★　书面化等级：★★★

【127】等　děng

【127-1】［助词］表示列举未尽。用在两个或两个以上并列的词语后。

　　本次列车开往成都，沿途经过郑州、西安等地。

　　唐代著名诗人有李白、杜甫、白居易等。

　　水、电、取暖等设备尚未安装就绪。

　　重要性等级：★★★　难易度等级：★　书面化等级：★★

【127-2】［助词］列举之后煞尾，后面往往带有前列各项的总计数字。

　　中国有长江、黄河、黑龙江、珠江等四大河流。

　　这学期我们学了语文、代数、几何、化学、英语等五门课程。

　　重要性等级：★★★　难易度等级：★　书面化等级：★★★

【128】的确　díquè

［副词］完全确实、实在。其对应的通用语体表达形式是"确实"。

　　他的确是这样说的。

　　这的确是宋刻本。

　　重要性等级：★★★　难易度等级：★　书面化等级：★

【129】鼎力　dǐnglì

［副词］大力。常用于请托或者表示感谢。

　　鼎力协助　　鼎力支持　　鼎力相助

　　重要性等级：★★　难易度等级：★★　书面化等级：★★★

【130】定　dìng

［副词］一定、必定。其对应的通用语体表达形式是"一定"。

　　定能成功　　定有原因

明日<u>定</u>来相会。

重要性等级：★★★　难易度等级：★　书面化等级：★★★

【131】定然　dìngrán

［副词］自信会如此。表示所做的判断或推论确凿无误，或表示态度坚决。其对应的通用语体表达形式是"一定"。

　　以他的资质和成就而论，他<u>定然</u>会跻于国内一流学者之列。

　　我想那缥缈的空中，<u>定然</u>有美丽的街市。街市上陈列的一些物品，<u>定然</u>是世上没有的珍奇。

　　如果有第二次生命，我将再次做一名军人，<u>定然</u>不悔。

重要性等级：★★　难易度等级：★★　书面化等级：★★★

【132】动辄　dòngzhé

［副词］动不动就。表示某种行为或情况容易发生，常带有贬义，表示过于轻率或容易激动。

　　一些年轻人求职时<u>动辄</u>就要求年收入 10 万元以上。

　　不能<u>动辄</u>"上纲上线"。

　　他<u>动辄</u>就生气，很难相处。

重要性等级：★　难易度等级：★★★　书面化等级：★★★

【133】独自　dúzì

［副词］表示动作、行为是自己一个人进行的。

　　他在月下<u>独自</u>徘徊。

　　我们小的时候，家里有了难事，妈妈从不对我们说，总是<u>独自</u>发愁。

　　那是我第一次<u>独自</u>过春节，特别想家。

重要性等级：★★★　难易度等级：★　书面化等级：★★★

【134】断（乎）　duàn（hū）

［副词］态度坚决、语气肯定。后跟否定形式，其中，"断"多后接单音节否定形式，"断乎"多后接双音节否定形式。其对应的通用语体表达形式是"绝对""一定"。

　　业已查证，<u>断</u>无此事。

　　纵有小疵，也<u>断</u>不致如此，想来另有原因。

此事你知我知，<u>断（乎）</u>不可对他人言讲。

但知众兄弟情深义重，<u>断（乎）</u>不肯弃掉彼此。

这是一件大事，少数人<u>断（乎）</u>干不了。

重要性等级：★　难易度等级：★★★　书面化等级：★★★

【135】断然　duànrán

【135-1】［副词］绝对、断乎。表示没有任何条件的，不受任何限制的。多用于否定形式。

此事不深思熟虑<u>断然</u>不可。

观察不细致，<u>断然</u>写不出好作文来。

公职人员<u>断然</u>不可参加这种娱乐活动。

重要性等级：★　难易度等级：★★★　书面化等级：★★★

【135-2】［形容词］坚决、果断。表示没有任何犹豫。

公司采取<u>断然</u>措施挽回损失。

他<u>断然</u>拒绝各种请托。

重要性等级：★　难易度等级：★★★　书面化等级：★★★

【136】对于　duìyú

［介词］介引动作行为的对象，表示人或事物跟行为之间的关系。多跟名词组合，也可跟动词、小句组合。

（1）介引动作的受事。基本形式为"对于＋NP／VP"。

<u>对于</u>他的合理要求不能置之不理。

教练<u>对于</u>训练计划制订得很周密。

现在我们<u>对于</u>这一问题做详细说明。

<u>对于</u>相交不深的人，我从不贸然去请。

<u>对于</u>那些无恶不作的坏人，我们只能同他们进行斗争。

（2）介引有对待关系的人或事物。"对于"的宾语跟中心语的联系是多方面的。

人们<u>对于</u>这个地方并不陌生。

<u>对于</u>党员要提出更高要求。

（3）组成"对于＋NP/VP＋的"形式，修饰名词或动名词。

对于这一问题的看法

对于改进工作的建议

（4）"对于"后可接行为的施事，表示论断所涉及的主体。

这支曲子对于她来说实在是太熟悉了。

资金对于工厂来说，总是多一点儿好。

重要性等级：★★★　难易度等级：★　书面化等级：★★

【137】顿然　dùnrán

［副词］忽然。表示事情发生得迅速而又出于意外。前多有事情迅速发生的原因、理由等照应文字，后可接形容词性词语和动词性词语。

奇怪的是，小河经过高滩桥后，河床纯是一片岩石，因此河水也就顿然显得清洁了起来。

到了卖冲桥边，我看见那清绿的北固山，下面点缀着几带朴实的洋房子，心胸顿然开朗，仿佛微微的风拂过我的面孔似的。

大中桥外，顿然空阔，和桥内两岸排着密密的人家的景象大异了。

猛听得一声清啸，场中顿然形势大变。

重要性等级：★★　难易度等级：★★　书面化等级：★★★

【138】顿时　dùnshí

［副词］立刻。表示动作、行为在某种条件、情况下很快发生，或紧接着某事发生。多用于叙述过去发生的事情。后可接形容词性短语、动词性短语和主谓短语。其后也可以使用逗号表示较为明显的停顿。

一看考题不难，我心里顿时轻松下来。

演出一结束，全场顿时爆发出热烈的掌声。

好消息传来，顿时人群沸腾起来。

看到老师真的生气了，顿时，教室里变得鸦雀无声。

重要性等级：★★　难易度等级：★★　书面化等级：★★

【139】多半　duōbàn

【139-1】［数词］超过半数、大半。表示人或事物的大多数，或者大多数情况下都是如此。后可接形容词性词语、动词性词语。其对应的通用语体表达形式

是"大多"。

　　食堂的饭菜多半清淡、可口，饭馆的饭菜却比较油腻。

　　我们班的女生多半温柔文静。

　　班里的同学多半到了。

　　跟他闹别扭多半没有好下场。

　　从山上下来，同学们多半满头大汗。

　　重要性等级：★★★　难易度等级：★　书面化等级：★

【139-2】［副词］大概。表示推测事情的发生或存在有较大的可能性。后可接形容词性词语、动词性词语。

　　别的饭馆都那么多人，只有这儿人少，这儿的饭菜多半不怎么样。

　　都这么晚了，他多半不来了。

　　剩下的人寥寥无几，而且多半衣着入时。

　　重要性等级：★★　难易度等级：★★　书面化等级：★

【140】多么　duōme

【140-1】［副词］表示程度非常高。其对应的通用书面语体表达形式是"多"。

（1）用于感叹句，表示感叹语气，带有强烈的感情色彩。

　　要是考上清华大学，那是多么好啊！

　　我多么不愿意做出这样的选择呀！

（2）用于陈述句。

　　可你还年轻啊，不知道做一个好手艺人有多么难。

　　你别以为我多么厉害，仿佛我次次拿冠军。

　　重要性等级：★★★　难易度等级：★　书面化等级：★★

【140-2】［副词］用于无条件的条件复句。"多么"趋向最高程度，其对应的通用书面语体表达形式也是"多"。其较常见的篇章关联形式是"无论 X（有）多么 Y，也 Z""无论 X（有）多么 Y，都 Z""不论 X（有）多么 Y，也 Z""不论 X（有）多么 Y，都 Z""不管 X（有）多么 Y，也 Z""不管 X（有）多么 Y，都 Z"等。

在这件事上她有一百成的功劳。不过，无论她有<u>多么</u>大的功劳，她的闹腾劲儿也没人能接受。

谁都相信，不管<u>多么</u>复杂的花布，<u>多么</u>新鲜的鞋样，她也一看就会，织做起来又快又好。

重要性等级：★★　难易度等级：★★　书面化等级：★★★

E

【141】而　ér

【141-1】［连词］表示转折。其较常见的篇章关联形式是"X，而Y"等。

（1）可连接并列的形容词、动词，用法同"然而""但是""却"。两部分意思相反，后一部分修正和补充前一部分。

这种苹果大而不甜。

幼苗早管理，费力小而收效大。

（2）连接小句，表示相对或相反的两件事。"而"只能用在后一句的开头。

这里已经春暖花开，而北方还是大雪纷飞的季节。

饱食终日，无所用心，实在可耻；而克己奉公，埋头苦干，才值得学习。

（3）"而"前后两部分一肯定一否定，对比说明一件事或一件事的两个方面。

不应当把理论当作教条，而应当看作行动的指南。

这里的气候有利于种小麦，而不利于种水稻。

这个问题不是一个小问题，而是一个关系到工程能不能按期完成的大问题。

（4）放在意思上相对立、形式上像主语谓语的两部分之间，含有"如果""但是"的意思，后面要有表示结论的另一小句。

作家而不为人民写作，那算什么作家呢？

科室干部而不能团结本部门的群众，那是不能做好工作的。

重要性等级：★★　难易度等级：★★　书面化等级：★★★

【141-2】［连词］表示并列，连接形容词。

少而精

他的态度严肃而认真。

文笔简练而生动。

重要性等级：★★　难易度等级：★★　书面化等级：★★★

【141-3】［连词］连接动词性词语、小句。两部分有先后承接或递进的关系。其较常见的篇章关联形式是"X，而Y"等。

战而胜之　　取而代之

经验是宝贵的，而经验的获得又往往是需要付出代价的。

各组都取得了良好的成绩，而以三组的成绩最为突出。

重要性等级：★★　难易度等级：★★　书面化等级：★★★

【141-4】［连词］把表示目的、原因、依据、方式、状态的成分连接到动词上面。其较常见的篇章关联形式是"X 而 Y""为 X 而 Y""为了 X 而 Y""为着 X 而 Y""因为 X 而 Y""由于 X 而 Y""通过 X 而 Y""随 X 而 Y""依 X 而 Y""因 X 而 Y""就 X 而 Y""对 X 而 Y"等。

不战而胜　　顺流而下　　匆匆而去

江水滚滚而来。

水由氢和氧化合而成。

为培养青年学生而默默耕耘。

我们决不能因为取得了一些成绩而骄傲自满起来。

通过实践而发现真理，又通过实践来检验真理。

工作不能完全随个人的兴趣而定。

治疗方案应该因人而异。

就我们小组而言，任务完成得还不够理想。

重要性等级：★★　难易度等级：★★　书面化等级：★★★

【142】VP 而不得　VP ér bùdé

表示不能得到、得不到。

爱而不得　　求而不得　　思而不得　　寻而不得　　欲买下而不得

重要性等级：★★　难易度等级：★★　书面化等级：★★

【143】而后　érhòu

［连词］然后。表示接着某一行为动作之后发生，前面必有另一行为动作。后接动词性词语。

待接到通知，而后行动。

东北师范大学出版社的同志不远千里前来约稿，而后又多次奔波，编辑加工，费了很大精力。

重要性等级：★★　难易度等级：★★　书面化等级：★★★

【144】而况　　érkuàng

［连词］何况。用反问语气强调更进一层的意思，用于后一小句开头。其对应的通用语体表达形式是"何况"。其较常见的篇章关联形式是"X，而况Y"等。

行政工作非其所长，<u>而况</u>他又有病，还是另选别人吧！

他本来就不善于言谈，<u>而况</u>又在众人之间，越发显得局促不安了。

重要性等级：★　难易度等级：★★★　书面化等级：★★★

【145】而且　　érqiě

［连词］用于并列的词、短语、分句之间，表示后者意思比前者更进一层。其较常见的篇章关联形式是"不但X，而且Y""不仅X，而且Y""不光X，而且Y""不单X，而且Y""不独X，而且Y"等。

（1）多连接词、短语、分句。

他的文笔简练<u>而且</u>生动。

原来这位姑娘不但美丽，<u>而且</u>勇敢。

她夸公公的菜烧得好，不仅好吃，<u>而且</u>好看。

他不光会跳民族舞，<u>而且</u>还会跳现代舞。

这活儿我们都会干，<u>而且</u>会干得很好。

（2）被连接的分句较长时，后面可以有停顿。

你的任务又不是去解决王清泉的问题，<u>而且</u>，直爽地说，解决他的问题也需要有更有经验的干部。

目前，它不仅成为全社会普遍关注的热门话题，<u>而且</u>，也成为许多教育行政部门和学校加强教师队伍建设和精神文明建设的"龙头工程"。

重要性等级：★★★　难易度等级：★　书面化等级：★

【146】X而言　　X éryán

【146-1】以X这种状态或角度来说，前边的X多做状语。

侃侃<u>而言</u>　　同日<u>而言</u>　　相机<u>而言</u>

你这篇文章还算流畅，但意念不够深刻，整体<u>而言</u>，差强人意而已。

重要性等级：★★　难易度等级：★★　书面化等级：★★

【146-2】 习用语 相对<u>而言</u>　两种事物相比较，一种事物有与另一种事物相区别的特征。

<u>相对而言</u>，他更喜欢小狗。

<u>相对而言</u>，他这次的成绩还不错。

重要性等级：★★　难易度等级：★★　书面化等级：★★

【146-3】 习用语 一般<u>而言</u>　就通常的情况来说。

<u>一般而言</u>，90 分才是优秀。

<u>一般而言</u>，他这个时候应该在图书馆。

重要性等级：★★　难易度等级：★★

【147】X 而言之　X ér yán zhī

【147-1】 表示（对某事）以 X 的方式进行言说。其中"X"多为形容词。

换<u>而言之</u>　　极<u>而言之</u>　　概<u>而言之</u>　　慎<u>而言之</u>

重要性等级：★★　难易度等级：★★　书面化等级：★★

【147-2】 习用语 简<u>而言之</u>　简单来说。

我国公共图书馆面临的困境，<u>简而言之</u>主要是两个方面：一是经费拮据，二是读者流失。

如果<u>简而言之</u>地回答，就是除了芭蕾之外，所有那些中国舞台上正在发生的舞蹈艺术现象。

我研究的"21 世纪的围棋"，<u>简而言之</u>就是"从棋盘的整体去考虑"。

重要性等级：★★　难易度等级：★★　书面化等级：★★

【147-3】 习用语 广<u>而言之</u>　一般来说。

<u>广而言之</u>，"千篇一律"的现象过去在我们的社会生活中十分普遍而又十分突出。

<u>广而言之</u>，我们的努力所要达到的结果，是建立一个有不同特点的世界。

<u>广而言之</u>，在市场经济中，任何行业、任何领域都有商品闲置或者空置的现象。

重要性等级：★★　难易度等级：★★　书面化等级：★★

【148】而已　éryǐ

［助词］语气助词，用于陈述句句尾。对整句的意思起减轻、冲淡的作用，含有把事情往小里、轻里说的意味。常跟"不过""只""只是""仅""如此"等连用。与"罢了"相同。

他不过说说<u>而已</u>，不会那么做的。

企图制造不用能源的永动机，只不过是一种幻想<u>而已</u>。

他只是有些怀疑<u>而已</u>，并不是反对。

其实这小屋顶也算不了屋顶，只是形状像屋顶<u>而已</u>。

重要性等级：★★★　难易度等级：★　书面化等级：★

【149】V₁ 而 V₂ 之　V₁ ér V₂ zhī

表示一种连动的关系。

进<u>而</u>言<u>之</u>　　推<u>而</u>论<u>之</u>　　取<u>而</u>代<u>之</u>　　避<u>而</u>远<u>之</u>　　广<u>而</u>告<u>之</u>

学<u>而</u>知<u>之</u>　　分<u>而</u>论<u>之</u>　　错<u>而</u>改<u>之</u>

重要性等级：★★　难易度等级：★★　书面化等级：★★★

【150】X 而 X / Y 之　X ér X / Y zhī

【150-1】古代汉语的用法在现代汉语中的遗留。"而"前面和后面的 X 和 Y 通常为动词或形容词。

因为准公共产品定位的泡沫迟早是会破灭的，同时也会给同行业的竞争对手以可乘之机，甚至取<u>而</u>代<u>之</u>。

但是，多数侨胞安于现状，把孙中山的反清宣传视为"作乱谋反言论"，害怕招致"破家灭族"之祸，避<u>而</u>远<u>之</u>。

表面上，对孙膑他慕<u>而</u>敬<u>之</u>，但是，内心深处却在谋划着，陷害他的师兄，妄图置孙膑于死地。

最大<u>而</u>化<u>之</u>的问题，当属这样一个：你们如何保证会计报表的准确性？

重要性等级：★★　难易度等级：★★　书面化等级：★★

【150-2】 习用语 久而久之　经过了相当长的时间。

互联网，特别是移动互联网的发展，不仅为人们彼此沟通创造了快捷、便利的全新媒介，<u>久而久之</u>也会改变人们传统的经济活动方式。

传统手写受到了冲击，久而久之人们甚至淡忘了书写的技能。

重要性等级：★★　难易度等级：★★　书面化等级：★★

【150-3】 习用语 避而远之　指对某事或某人不喜欢、厌恶或恐惧，所以避开、远远地离开。

养蜂者对油茶花蜜源总是避而远之。

由于职业体验差，年轻人对体力劳动岗位避而远之。

我们既不能避而远之，也不能过于轻信。

重要性等级：★★　难易度等级：★★　书面化等级：★★

【150-4】 习用语 广而告之　在一个比较大的范围内宣传某件事情。

重庆市政府对行政决策监督在先，并通过新闻报道广而告之。

借助社交网络信息海量、传播快速的优势，将正面声音广而告之、传之于众，形成正面宣传的强大声势。

集团公司总部和各地市县供电企业都设立了专门的 24 小时举报电话，并在电视、报刊上广而告之。

重要性等级：★★　难易度等级：★★　书面化等级：★★

【151】尔后　ěrhòu

［连词］从此以后。前面必有另一事件或先行的内容，后接一个句子或分句。其对应的通用语体表达形式是"然后"。

首批 3 个班期末考试"免监考试"就这样问世了，并获得了成功。尔后"免监考试"的班逐渐增多，一直延续到今天。

1997 年，由茶人刘祖香和其他农科人员组成的科技攻关小组成立了。他们踏遍虞山舜水，尔后一头扎进了岭南乡一户茶农的茶园。

重要性等级：★　难易度等级：★★★　书面化等级：★★★

【152】二　èr

【152-1】两样、有区别。

其精神实质并无二致。

此心诚一不二。

他对领导忠心不二。

重要性等级：★★　难易度等级：★★　书面化等级：★★

【152-2】 习用语 不二人选　唯一的选择。

他是团支书的不二人选。

她是担任这项工作总负责人的不二人选。

重要性等级：★★　难易度等级：★★　书面化等级：★★

F

【153】发凡　fāfán

［动词］陈述全书或某一学科的要旨。多用作书名。

《修辞学发凡》

目录前有发凡，每类目前复有小序。

重要性等级：★　难易度等级：★★★　书面化等级：★★★

【154】发源于 NP　fāyuán yú NP

开始发生。多用于河流，引申义用于文化、艺术、运动等，使用范围较窄。

中国的第一大河长江发源于青藏高原唐古拉山脉的各拉丹冬雪山。

几位历史学家和新闻记者组成一个小组，去探访古代文明发源于哪里。

虽说现代足球发源于英国，但实际上，早在战国时期古代中国就有用脚踢球的游戏了。

重要性等级：★　难易度等级：★★★　书面化等级：★★★

【155】番　fān

【155-1】［量词］种、样。

别有一番天地。

细细品味，果然是别有一番滋味。

重要性等级：★★　难易度等级：★★　书面化等级：★★★

【155-2】［量词］用于心思、言语、过程等（数词限于"一""几"）。

一番好意

经过几番风雨，两个人终于走到了一起。

这番话让他开了窍。

重要性等级：★★　难易度等级：★★　书面化等级：★★★

【155-3】［量词］回、次、遍。

思考一番　　几番周折　　三番五次

翻了一番（数量加了一倍）

重要性等级：★★　难易度等级：★★　书面化等级：★★★

【156】凡　fán

【156-1】［副词］所有、只要是。表示在某一范围内没有例外。用在主语前，主语后面常有"都""都是""一律""必""必须"等词与它共现。"凡"也常与"此"连用，是"所有这些"的意思。

凡想报名的，都到后面去排队。

凡以身试法者，必将受到法律的制裁。

凡此都是为了达到自给自足的目的。

凡此，都是把群众力量组织起来的结果。

重要性等级：★★★　难易度等级：★　书面化等级：★★★

【156-2】［副词］文言词，总共的意思。"凡"后为数量词。

他终生致力于革命，凡六十年。

全书凡一百二十卷。

重要性等级：★　难易度等级：★★★　书面化等级：★★★

【157】凡是　fánshì

［副词］总括某个范围内的一切。

凡是新生的事物都是在同旧事物的斗争中成长起来的。

凡是年满十八岁的公民都有选举权和被选举权。

凡是昨天没完成作业的人，今天都要受惩罚。

重要性等级：★★★　难易度等级：★　书面化等级：★

【158】反　fǎn

［副词］表示出现了与预料或常情相反的结果。其对应的通用语体表达形式是"反倒""反而"。

（1）用在单句中。

好心反得恶报。

身体反不如前。

（2）用在后一分句中，与前一分句的"不但不/没""不仅不/没"等词共同构成有递进意义的复句。

夏去秋来，天气不但没见凉爽，反更闷热了。

此计不成，反被他人耻笑。

（3）用在后一分句中，与前一分句的"若""如果""假使""假设"等词共同构成有假设条件的转折复句，有时"若""如果""假使""假设"等词可以省略。

你若不来，<u>反</u>使人生疑。

我不说，<u>反</u>让他生气。

重要性等级：★★　难易度等级：★★　书面化等级：★★★

【159】反之　fǎnzhī

【159-1】［连词］引出跟上文相反的内容或结果，连接分句、句子，后多用逗号隔开。其较常见的篇章关联形式是"X，反之Y"等。

我今天所讲，倘若刘先生的书里已详的，我就略一点儿，<u>反之</u>，刘先生所略的，我就较详一点儿。

他不觉得自己是丑陋的，<u>反之</u>他很自负地以为自己是"中国第一美男子"。

重要性等级：★★　难易度等级：★★　书面化等级：★★★

【159-2】［连词］引出跟上文不同的另一侧面，说明同一个道理，得出同一个法则、规律。连接分句、句子时，后多用逗号隔开。"反之"后也常跟"亦然""也一样"。其较常见的篇章关联形式是"X，反之，Y""X，反之亦然""X，反之也一样"等。

物体的面积和它在运动中的速度成反比：面积越大，速度越小，<u>反之</u>，面积越小，速度越大。

货币供应量增加，利率水平下降，证券行市随之上升，<u>反之</u>，如紧缩银根，利率上升，证券行市下跌。

主语和谓语是相互依存的，没有主语，就无所谓谓语，<u>反之亦然</u>。

重要性等级：★★　难易度等级：★★　书面化等级：★★★

【160】犯　fàn

［动词］侵犯。可带名词宾语。

人不<u>犯</u>我，我不<u>犯</u>人。

井水不<u>犯</u>河水。

重要性等级：★★　难易度等级：★★　书面化等级：★★★

【161】方　fāng

【161-1】［副词］表示正在发生某事或呈现某种状态。其对应的通用语体表达形式是"正""刚刚"。

敌人的国际孤立的因素也方在变化发展之中，还没有达到完全的孤立。

这位诗人年方十六，两根小辫只有两寸长。

我第一次见到他的时候，他方从外地回来。

重要性等级：★　难易度等级：★★★　书面化等级：★★★

【161-2】［副词］表示事情发生得晚。其对应的通用语体表达形式是"才"。

我来卫星社参观，方知天外还有天。

一直到今年，他方加入该科研机构。

重要性等级：★　难易度等级：★★★　书面化等级：★★★

【161-3】［副词］表示事情在必不可少的条件下实现。前面表示条件，前句中多有"只有""必须""需要""应当""能"等词语，其后必有"能"或"可"。其对应的通用语体表达形式是"才"。

信用卡有金卡、普卡之分，银行规定，只有达到特定标准的人方可申请金卡。

诗的字句、音节，小说的描写、结构，戏剧的剪裁与对话，都有种种规律，必须精心结撰，方能有成。

重要性等级：★★　难易度等级：★★　书面化等级：★★★

【161-4】［副词］还、尚。

来日方长

重要性等级：★　难易度等级：★★★　书面化等级：★★★

【162】方才　fāngcái

【162-1】［副词］表示事情发生得晚。前面多有表示时间长的词语或有"直到""等到""及至"等。其对应的通用语体表达形式是"才"。

他历经苦难，方才找到了回去的路。

二乔四美的父亲虽是读书种子，是近年来方才"发迹"的。

重要性等级：★　难易度等级：★★★　书面化等级：★★★

【162-2】［副词］表示结果在某种条件下得以实现。前面必有条件，"方才"后是结果。前一分句中有时有"应当""必须"等词。其对应的通用语体表达形式是"才"。

一般地说来，应当先网上预报名，后正式报名，再现场审核，方才能参加研究生入学考试。

必须体验这些甘苦，方才能领会读书的趣味。

重要性等级：★   难易度等级：★★★   书面化等级：★★★

【163】仿佛   fǎngfú

【163-1】［副词］类似、好像。表示不十分确定的判断。后可接动词性词语和形容词性词语。

远处那些亮点仿佛是灯光。

今年的春天仿佛来得格外的早。

海啸让我感到，仿佛世界末日已经来临。

父亲仿佛十分为难。

众人之中，他仿佛格外委屈。

猫猫生活在我家，仿佛每天心情都很舒畅。

重要性等级：★★   难易度等级：★★   书面化等级：★★★

【163-2】［副词］用于比喻。可以和"似的"配合使用。后可接动词性词语和形容词性词语。

冰雪中的哈尔滨，仿佛是个童话世界似的。

桂林山水仿佛是一幅天地间最精美的水墨画。

夜幕四合，出口处仿佛一下子拉上了一道门帘。

日子仿佛竹子开花，节节高。

两只球仿佛累了困了，它们跳得比刚才更慢了。

重要性等级：★★★   难易度等级：★   书面化等级：★★★

【163-3】［动词］差不多。单独做谓语，前面可加"相"。

两个孩子年纪相仿佛。

我的情况大致与前几年仿佛，没什么变化。

重要性等级：★   难易度等级：★★★   书面化等级：★★★

【164】非 X 不 Y　fēi X bù Y

【164-1】表示必然性或必要性。其中的"不 Y"以"不可""不行""不成"为常。

刹车不灵，就非出事不可。

越是难唱的，越是好听，越是好听，越要唱，非唱不行。

一个人要想做学问非博览不成。

重要性等级：★★　难易度等级：★★　书面化等级：★

【164-2】"非 X 不 Y"如果列举两件事，那么前一件事是后一件事的必要条件。

非经批准不得挪用流动资金。

事物发展过程的根本矛盾及为此根本矛盾所规定的过程的本质，非到过程完结之日，是不会消灭的。

重要性等级：★★　难易度等级：★★　书面化等级：★★

【165】非 X 非 Y　fēi X fēi Y

表示"既不是……又不是……"。X 和 Y 是两个意义相关或相近的单音节名词。

非亲非故　　非驴非马

重要性等级：★★　难易度等级：★★　书面化等级：★★★

【166】非 X 即 Y　fēi X jí Y

表示选择，多用单音节词或文言词。其对应的通用语体表达形式是"不是 X 就是 Y"。

非此即彼　　非攻即守　　非蠢即坏

两人很亲切，看来非亲即友。

重要性等级：★★★　难易度等级：★　书面化等级：★★★

【167】非 X 所 Y　fēi X suǒ Y

表示对"X 所 Y"的否定。"所"常与"能"连用。

此事非他一人所为。

这件事非你我所能解决。

当时情景<u>非</u>言语<u>所能</u>形容。

此情此景，<u>非</u>笔墨<u>所能</u>形容。

重要性等级：★★   难易度等级：★★   书面化等级：★★★

【168】非特   fēitè

［连词］非独、非徒。其对应的通用语体表达形式是"非但""不但""不仅""不只"。其较常见的篇章关联形式是"X，非特 Y""非特 X，Y"等。

然盘庚之迁，胥怨者民也，<u>非特</u>朝廷士大夫而已。

恃兵权之重而轻视朝廷，其自身也有不测之祸，<u>非特</u>子孙不能享福。

小说以其特有的戏谑笔调将此二人勾搭成奸的无耻情状一一活画。<u>非特</u>如此，小说还见缝插针、夹叙夹议，借此话题尽情发挥，将佛徒着实一顿痛斥。

重要性等级：★   难易度等级：★★★   书面化等级：★★★

【169】非徒   fēitú

［连词］非独、非特。其对应的通用语体表达形式是"非但""不但""不仅""不只"。其较常见的篇章关联形式是"非徒 X，反而 Y""非徒 X，而且 Y"等。

娇惯子女，<u>非徒</u>无益，反而有害。

昆虫有助于虫媒花的受精，<u>非徒</u>无害，而且有益，就是极简略的生物学上也都这样说，确是不错的。

蔡元培先生认为大学主要是"共同研究学术之机关。研究也者，<u>非徒</u>输入欧化，而必于现代之中，为更进之发明，非徒保存国粹，而必为科学方法，揭国粹之真相"。

重要性等级：★   难易度等级：★★★   书面化等级：★★★

【170】非 X（，）则 Y   fēi X（，）zé Y

表示两者之中必有一个是真实的。其对应的通用语体表达形式是"不是 X就是 Y"。

故明据先王，必定尧、舜者，<u>非</u>愚<u>则</u>诬也。

从这个年轻人的仪态来看，<u>非</u>是军人，<u>则</u>为警察。

也许在他们的成长过程中，不幸摊上了残酷的人，对他们<u>非</u>打<u>则</u>骂，没有丝毫爱怜温情，逐渐使他们产生了不安全感。

重要性等级：★   难易度等级：★★★   书面化等级：★★★

【171】匪　fěi

［副词］表示否定。一般用于固定短语。其对应的通用语体表达形式是"不""非"。

老师的教导使我获益匪浅。

这样的事情真是匪夷所思。

重要性等级：★　难易度等级：★★★　书面化等级：★★★

【172】分别　fēnbié

【172-1】［副词］采取不同的方式。

他们应该被分别对待。

根据情节轻重，分别处理。

重要性等级：★★　难易度等级：★★　书面化等级：★★

【172-2】［副词］分头、各自，不共同、不一起。

（1）一个主体对几个客体。

为了弄清问题，他分别向老王、老张和老李进行了调查。

针对这个关于计算机语言的问题，他分别向计算机老师和语言学老师进行了请教。

（2）几个主体对一个客体。

会长和秘书长分别接见了他。

一班、二班、三班分别讨论了这个问题。

（3）数目相同的主体和客体一一对应。

电、化肥、水泥比去年同期分别增长百分之四、百分之五、百分之二。

老周和老陈分别当上了主任和副主任。

重要性等级：★★　难易度等级：★★　书面化等级：★★

【172-3】［动词］离别，可带"了"。

分别了不到一年又见面了。

分别之前照相留念。

重要性等级：★★★　难易度等级：★　书面化等级：★★

【172-4】［动词］辨别。

分别主次　　分别轻重缓急

在这对双胞胎中，很难**分别**谁是哥哥谁是弟弟。

重要性等级：★★　难易度等级：★★　书面化等级：★

【173】分明　fēnmíng

［副词］表示清清楚楚、确确实实、显而易见。后接动词性词语或者形容词性词语。需要证实时，内容在前文已交代。其对应的通用语体表达形式是"明明""显然"。

她一手提着竹篮，内中一个破碗，空的，一手拄着一支比她更长的竹竿，下端开了裂：她**分明**已经纯乎是一个乞丐了。

我**分明**看见，两个挎着菜篮的老太太直冲她撇嘴。

天**分明**已经亮了，哪里是什么月光。

这发明权**分明**是属于我们的。

这道题**分明**错了，怎么能算对呢？

重要性等级：★★　难易度等级：★★　书面化等级：★★★

【174】纷纷　fēnfēn

【174-1】［形容词］言论、往下落的东西等多而杂乱。

议论纷纷　　落叶纷纷

重要性等级：★★★　难易度等级：★　书面化等级：★★

【174-2】［副词］许多人或事物接二连三地。

大家**纷纷**提出问题。

雪花**纷纷**落下。

树叶**纷纷**地从树枝上飘落。

重要性等级：★★　难易度等级：★★　书面化等级：★★

【175】分外　fènwài

［副词］表示程度不同于一般、特别地。有时指出不同一般的条件或原因。可以加"地"。主要修饰双音节形容词或动词性词语。其对应的通用语体表达形式是"特别"。

分外喜悦

朋友见到我分外热情。

人生易老天难老，岁岁重阳。今又重阳，战地黄花分外香。

对我的答复分外满意。

我分外喜爱西北人的豪爽。

重要性等级：★★　难易度等级：★★　书面化等级：★★

【176】奋力　fènlì

［副词］用最大的力量，用最大的努力。用在动词性短语前。

他奋力跑完了全程。

我们一起奋力实现目标吧！

重要性等级：★★　难易度等级：★★　书面化等级：★★

【177】否　fǒu

［副词］表示否定。常跟"是""能""可"等结合，构成"是否""能否""可否"等格式，用在动词性词语前，分别表示"是不是""能不能""可不可以"等。

我送他的《北京的四合院》画册，不知他是否喜欢。

您能否帮我一个忙？

你的藏品可否容我一观？

重要性等级：★★★　难易度等级：★　书面化等级：★★★

【178】否则　fǒuzé

［连词］表示假设的否定，并由此引出下文的结论。其对应的通用语体表达形式是"如果不是这样，那么"。其较常见的篇章关联形式是"X，否则 Y""幸亏 X，否则 Y""除非 X，否则 Y""宁可 X，否则 Y"等。

桌上那兜吃食证明了这的确是邓元发的包房，否则，他真要向后转了。

幸亏车夫早有点儿停步，否则你定要栽个大跟头，跌到头破血流了。

除非有人陪同，否则他不能去游泳。

除非获得第二名，否则晋级无望。

除非有一笔飞来的横财，否则是不会改变他的生活处境的。

不能保护两个姑娘，已是万分羞愧，怎么还能让姑娘们救咱们出险？我宁可死在狼口里，否则就是留下了性命，也会叫江湖上的朋友们瞧不起。

他宁可受到惩罚，**否则**就算这件事解决掉，他也良心难安。

（1）后接一个陈述句。

自己要稳住阵脚，**否则**，人家就要打我们的主意。

这个问题只能从力学方面去解释，**否则**就很难让人信服。

不管梦想有多好，除非真正身体力行，**否则**，梦想永远只是空想。

（2）后接一个反问句。

搬了许多好东西，又没有自己的份，这全是他的错，**否则**，这次何至于没有我的份呢？

白虹确实长得不美，可是她却偏偏持有一颗感情丰富的心，**否则**，她怎么能写诗呢？

空港现在加强了管理，对饮料控制也严格起来，**否则**，局长怎么能来蹲点呢？

（3）后附"的话"，增强假设语气。

买吧，买电视机要舍得一次性的投资，**否则的话**，过一两年就会落后。

他约你今日午时，在狮子峰上拳剑相会，要是老王厉害，三个条款不必再提。**否则的话**，就请王老镖头答应这三个条件。

重要性等级：★★　难易度等级：★★　书面化等级：★★★

【179】腐败　fǔbài

【179-1】［形容词］（思想）陈旧，（行为）堕落，（制度、组织、机构、措施等）混乱、黑暗。侧重指败坏，语义较轻。

贪污**腐败**是社会的毒瘤，也是老百姓最痛恨的事情。

清代末年，社会动荡，政治**腐败**，民不聊生，中国社会亟待变革。

重要性等级：★★　难易度等级：★★　书面化等级：★★★

【179-2】［动词］腐烂。

已经**腐败**的食品坚决不能吃。

木材涂上油漆，可以防止**腐败**。

重要性等级：★★　难易度等级：★★　书面化等级：★★★

【180】腐朽　fǔxiǔ

［形容词］形容东西变坏或人的思想、生活堕落。侧重指没落的、垂死的，多用来形容社会制度、生活作风、思想观念等，语义较重，也有木料由于长时间的风吹雨打或微生物的侵害遭到破坏的意思。

他脑子中还残留着封建的腐朽思想。

这些木头已经腐朽了，不能再派什么用场了。

重要性等级：★★　难易度等级：★★　书面化等级：★★★

【181】付诸 X　fùzhū X

意思是"付之于 X"，把东西、计划等交给或落实在某处。后面既可以跟动词性词语，也可以跟名词性词语。

付诸实施　　付诸一笑

不能光说不练，要把你所承诺的付诸行动才好。

小张这次又没考上研究生，多年的努力付诸东流，他的心情可想而知。

重要性等级：★　难易度等级：★★★　书面化等级：★★★

【182】赋予 NP　fùyǔ NP

交给（重大任务、使命等）。语义较重，且带有庄重的色彩。"赋予"一般只能同表示抽象意义的名词性词语搭配，使用范围比较窄。

建设好自己的国家，这是时代赋予我们每个中国人的历史使命。

进入新世纪，在经济全球化的背景下，城市综合实力及国际化被赋予了更多内涵的城市竞争力所代替。

经过艺术家的塑造，这个人物被赋予了浓厚的时代色彩。

重要性等级：★★　难易度等级：★★　书面化等级：★★★

G

【183】该 *gāi*

［代词］指示代词，指上文说过的人或事物（多用于公文）。

该生品学兼优。

该地交通便利。

重要性等级：★★　难易度等级：★★　书面化等级：★★★

【184】盖 *gài*

【184-1】［副词］用在句中，表示对理由、原因、情况的申诉与推测。其对应的通用语体表达形式是"大概""也许"。

乐器不分古今，一律配入，盖和周朝的韶乐，该已很有不同。

此书之印行盖在 1902 年。

重要性等级：★　难易度等级：★★★　书面化等级：★★★

【184-2】［连词］承上文申说理由或原因。其较常见的篇章关联形式是"X，盖 Y"等。

此番前来，盖为收复失地。

屈平之作《离骚》，盖自怨生也。

重要性等级：★　难易度等级：★★★　书面化等级：★★★

【185】概 *gài*

【185-1】［副词］一律。只跟否定形式"不""无""莫"等。其对应的通用语体表达形式是"一概"。

当月期刊，概不借出。

本店概不赊账。

钞票当面点清，出门概不负责。

此等名号，乃是他人所加，别有作用。倘见者因此受愚，概与本人无涉。

一切存在的都是合理的，人生和宇宙概莫如此。

重要性等级：★　难易度等级：★★★　书面化等级：★★★

【185-2】 习用语 **一概言之**　总的说来。

这些基础研究项目的内容艰深，很难一概言之。

一概言之，这次的责任在于你。

重要性等级：★★　难易度等级：★★　书面化等级：★★★

【186】敢于 VP　gǎnyú VP

表示有勇气做某事。一般不用在单音节动词前。否定用"不敢"，不用"不敢于"。

敢于斗争　　敢于承担责任

因为得到广泛支持，我们才敢于这么办。

重要性等级：★★　难易度等级：★★　书面化等级：★★★

【187】高度　gāodù

［形容词］表示程度很高。

高度肯定　　高度赞扬

高度集中　　高度评价他的业绩

这个问题应该得到高度重视。

现在的生产过程高度机械化。

我们公司高度重视质量。

重要性等级：★★★　难易度等级：★　书面化等级：★★

【188】格外　géwài

［副词］表示超过寻常。其对应的通用语体表达形式是"特别""非常"。

久别重逢，大家格外亲热。

国庆节的天安门，显得格外庄严而美丽。

今年的春晚格外热闹。

重要性等级：★★　难易度等级：★★　书面化等级：★★

【189】个中　gèzhōng

［名词］此中、其中。

个中原委　　个中甘苦

人们至今感到蹊跷，不解个中原因。

重要性等级：★　难易度等级：★★★　书面化等级：★★★

【190】各各　gègè

［副词］各。逐指的意思更强。多修饰双音节动词、动词性短语。

哲学的定义之所以各各不同，完全在于每个人的哲学观都不同。

现已发现的十来种抄本，文字又各各歧异，绕得人头晕而莫所适从。

这些流派的研究方式和手段各各不同，然而它们都试图对传统美学中的一些重大理论问题做出新的思考和解释。

重要性等级：★　难易度等级：★★★　书面化等级：★★★

【191】给以　gěiyǐ

［动词］使对方得到某些东西或某种遭遇。"给以"通常后接双音节及物动词或者以双音节及物动词为核心的短语，前面多搭配"应当""应该"等助动词或"一定""必须"等副词。"给以"后面不说受动者，若要说出受动者，"给以"要改成"给"。

从以人为本的理念出发，对中秋节这样的中华民族传统节日，应当给以更多的重视。

他生活上有困难，我们应该给以帮助。

重要性等级：★★　难易度等级：★★　书面化等级：★★★

【192】给 NP₁ 以 NP₂　gěi NP₁ yǐ NP₂

"给"是介词，介引事物的接受者。其中，NP₂的中心语可以是动词，但在这个结构中具有名词性。"以"字也可以不用，意思相同。其对应的通用语体表达形式是"给 NP₁ NP₂"。

我们怎样才能给历史人物以公正的评价呢？

孔子的思想给中国以巨大的影响。

母亲的话虽然只有短短的几句，却给了这几个正在成长中的孩子以巨大的推动力量。

这次战斗给敌人以沉重的打击。

重要性等级：★★　难易度等级：★★　书面化等级：★★★

【193】根本　gēnběn

［副词］彻底地。其对应的通用语体表达形式是"彻底""完全"。

问题已经根本解决。

他们根本忘记了这个矛盾。

重要性等级：★★　难易度等级：★★　书面化等级：★

【194】跟 X 似的　　gēn X shìde

用在名词性词语、代词或动词性词语后面，表示跟某种事物或情况相似。

湿得跟落汤鸡似的。

累得跟什么似的。

说得跟见过似的。

重要性等级：★★　难易度等级：★★　书面化等级：★★★

【195】更加　　gèngjiā

［副词］表示在原来的程度上加深，或比另一情况的程度深，含有比较义。其对应的通用语体表达形式是"更"。

（1）用在形容词性词语前。

到了秋天，这里的风景更加迷人。

我的话使他更加慌乱不安。

（2）用在动词性短语前。

这件事更加具有典型性。

小雨过后，古城显得更加春意盎然。

（3）用于"比"字句。

小张做事比小王更加认真。

他今年比去年更加成熟了。

重要性等级：★★★　难易度等级：★　书面化等级：★★

【196】更其　　gèngqí

［副词］更加。

他那时生计更其不堪了，窘相时时显露。

她在香港生活是寂寞的，心境是寂寞的，在医院里她自然更其寂寞了。

将来他们的子孙，营业要比现在的苦人更其贱，去开的矿洞，也要比现在的苦人更其深。

重要性等级：★　难易度等级：★★★　书面化等级：★★★

【197】更为　gèngwéi

［副词］更加。

他的帮助对我们更为有益。

在影响人的身心发展的环境中，社会环境是更为直接的重大因素。

从当前的语言学研究看，跨学科化的倾向更为明显。

重要性等级：★★　难易度等级：★★　书面化等级：★★★

【198】公然　gōngrán

［副词］不用于第一人称，后接动词性词语。表示公开地、无所顾忌地去做一些事情。

　　公然反对　　公然毁约

老师不能容忍的是有些学生公然穿着背心上课。

一些错误的观点被写成文章公然在报刊上发表。

这回听说在北平公然举行了李大钊的葬式，这是极应该的。

重要性等级：★★　难易度等级：★★　书面化等级：★★★

【199】姑　gū

［副词］姑且、暂且。表示将就的意思。常后接一个否定形式。

　　姑置勿论

多半人不同意，姑作罢论。

这里分道里、道外、南岗、马家沟四部分。马家沟是新辟的市区，姑不论。

中年人若还打着少年人的调子，姑不论调子的好坏，原也未尝不可，只总觉"像煞有介事"。

重要性等级：★　难易度等级：★★★　书面化等级：★★★

【200】姑且　gūqiě

［副词］暂且。表示在现在情况下只好如此，暂时地。相当于"暂时""暂时先"。用在动词性短语前，有时含有让步的意思。如果"姑且"用在后一分句，那么前面多有采取该行为的原因。其对应的通用语体表达形式是"暂时"。

在新电脑买来之前，你姑且用这台旧的吧。

姑且算你说得对，不过我还得去核对一下儿。

别让你母亲为难，你姑且答应下来。

我出差有些日子，你们姑且去我房里住着。

重要性等级：★　难易度等级：★★★　书面化等级：★★★

【201】固　gù

［副词］本来、原来。多修饰动词性短语。

敬老爱幼，固当如此。

实业救国，固所愿也。

人固有一死，或重于泰山，或轻于鸿毛。

重要性等级：★★　难易度等级：★★　书面化等级：★★★

【202】固然　gùrán

［连词］表示承认所说的是事实。用于前一分句，后一分句可表不同情况：

（1）下文转折，提出相对立的另一事实。其较常见的篇章关联形式是"固然X，但Y""固然X，但是Y""固然X，然而Y""固然X，却Y""固然X，可是Y"等。

兄嫂待她固然没有什么不好，但她知道应该处处留心。

住郊区固然好，但是上班费时也是事实。

会写写诗固然难得，然而这样的姑娘眼界必定也不低。

暖洋洋的阳光固然驱散了冬日里恼人的寒意，却不可避免地带来了其他问题。

（2）下文顺接，提出并不对立的另一事实。其较常见的篇章关联形式是"固然X，也Y""固然X，还是Y""固然X，更Y""固然X，而且Y""固然X，又Y"等。

铝合金的固然好，钢的、木的也不差。

争到第一固然很好，拿不到也不要气馁。

开大洋行小买卖的固然多，架着汽车沿街兜揽乘客的也不少。

多吸引外资，外方固然得益，最后必然还是我们自己得益。

文章固然要短，内容更须充实。

重要性等级：★★　难易度等级：★★　书面化等级：★★★

【203】故　gù

【203-1】［连词］用在后一分句的开头，引出结果或结论。其较常见的篇章关联形式是"X，故 Y"等。其对应的通用语体表达形式是"所以"。

因有事相告，故深夜前来打扰。

校长因临时有事，故未能出席会议。

我看了这画，留恋之怀，不能自已。故将所感受的印象细细写出，以记录这一段因缘。

重要性等级：★★　难易度等级：★★　书面化等级：★★★

【203-2】［副词］故意。只修饰有限的单音节动词。

"我们不了解情况，把人家结婚被子也借来了，多不合适呀！"我忍不住想给他开个玩笑，便故作严肃地说。

他为人淳朴憨厚，没有沾染上老爹的江湖习气，出场不耍嘴皮子，也不故弄玄虚。

重要性等级：★　难易度等级：★★★　书面化等级：★★★

【204】故而　gù'ér

［连词］因而。用在后一分句的开头，引出结果或结论。其较常见的篇章关联形式是"X，故而 Y""因为 X，故而 Y"等。其对应的通用语体表达形式是"所以"。

听说老人家身体欠安，故而特来看望。

他犯了很严重的错误，故而学校处分了他。

长江泥沙不多，河道变迁不大，故而讲授以湖泊为重点。

他本来学习很好，因为前段时间的松懈，故而没有取得好成绩。

重要性等级：★　难易度等级：★★★　书面化等级：★★★

【205】顾　gù
［动词］转过头看、看。

四顾无人　　左顾右盼　　瞻前顾后　　环顾四周　　相顾一笑

重要性等级：★★　难易度等级：★★　书面化等级：★★★

【206】关乎 NP　guānhū NP

关系到或涉及某种事物。

调整物价是关乎人民生活的大事。

艺术并不只是关乎美或单纯的装饰品。

这不仅关乎教育，还关乎贫穷和正义。

应对气候变化，不仅关乎我们自身，也关乎人类的未来。

这是一个关乎尊重的问题。

重要性等级：★★　难易度等级：★★　书面化等级：★★★

【207】关头　guāntóu

［名词］起决定作用的时机或转折点，前面有时加上"在"构成"在 X 关头"结构，表示"在 X 的时刻"。

　　紧要关头　　要紧关头

和平未到完全绝望时期，决不放弃和平。牺牲未到最后关头，亦不轻言牺牲。

在生死关头，责任感就是不计利害、挺身而出、舍我其谁。

重要性等级：★★　难易度等级：★★　书面化等级：★★

【208】关于　guānyú

［介词］引进关涉的对象。用"关于"组成的介词结构可以做状语，也可以做定语，还可以单独做文章的标题。

　　关于杂文　　关于人生观　　关于提高教学质量的几点意见
　　《关于新形式势下党内政治生活的若干准则》

关于织女星，民间有个美丽的传说。

关于订立公约，大家都很赞成。

他买了几本关于语言学的书。

重要性等级：★★★　难易度等级：★　书面化等级：★★

【209】管制　guǎnzhì

［动词］强制管理。着重于强制、监督、限制和约束，语义比较重。一般用在"实施""实行""加以"等动词后面。可以用于事物，也可以用于人。

　　管制刀具

为了保证这个重大活动的顺利进行，市政府规定在活动举行期间这一带将实行交通<u>管制</u>。

对犯罪分子必须严加<u>管制</u>，以防他们再次危害社会。

发生骚乱以后，国家对这个地区实行了军事<u>管制</u>，以控制局势。

重要性等级：★★　难易度等级：★★　书面化等级：★★

【210】贯彻 NP　guànchè NP

彻底实现或体现方针、政策、精神、方法等。

文件明确要求各部门全面、正确地<u>贯彻</u>党的政策。

今年以来，全国上下认真<u>贯彻</u>党中央、国务院的工作部署。

切实<u>贯彻</u>《会计法》，提高会计信息质量。

重要性等级：★★★　难易度等级：★　书面化等级：★★★

【211】贯注于 / 在 X 上　guànzhù yú / zài X shang

（精神、精力）集中在 X 上。"贯注"也可单独使用，多指精神的集中。

过了几分钟后，她才将所有的心绪收回，全心<u>贯注于</u>他们的谈话<u>上</u>。

他把精力<u>贯注在</u>工作<u>上</u>。

选题一旦确定不要轻易变动，应数年如一日地把全部精力<u>贯注在</u>一个课题<u>上</u>，使之深入下去，定会收到满意的效果。

重要性等级：★★　难易度等级：★★　书面化等级：★

【212】果　guǒ

［连词］果然。假设事实与所说或所料相符。后多有助动词"能"。其较常见的篇章关联形式是"果（能）X，就 Y"等。

<u>果</u>能如此，那么，这件事情完成就有把握了。

<u>果</u>能如此，就可以大大提高业绩。

<u>果</u>有此条件，事情就不难办了。

<u>果</u>想做成这笔生意，便须拿出诚意来。

重要性等级：★★　难易度等级：★★　书面化等级：★★★

【213】果然　guǒrán

【213-1】［副词］强调事实与所说或所料相符。用在谓语动词、形容词或

主语前。

昨天天气预报说今天下雪，<u>果然</u>就下雪了。

听说这部电影很好，看了之后<u>果然</u>不错。

试用这种新药之后，<u>果然</u>病情有了很大好转。

重要性等级：★★★   难易度等级：★   书面化等级：★

【213-2】［连词］假设事实与所说或所料相符，用于假设复句。其较常见的篇章关联形式是"果然 X，那 Y""果然 X，那么 Y"等。

<u>果然</u>你愿意参加，那我们就太高兴了。

<u>果然</u>刮大风的话，那么这趟船就要取消了。

那儿<u>果然</u>像你说的那么冷，我去的时候可得多带衣服。

重要性等级：★★   难易度等级：★★   书面化等级：★

【214】过　guò

［副词］表示程度超过必要的限度。后面只带单音节形容词。

作业<u>过</u>多，会影响孩子们的健康。

他刚刚参加工作，我们对他不能要求<u>过</u>高。

小词典的条目不宜写得<u>过</u>专<u>过</u>深。

重要性等级：★★★   难易度等级：★   书面化等级：★

【215】过于　guòyú

［副词］表示在数量上、程度上超过了一定的标准，多用于贬义。用在形容词性词语或动词性词语前面，后面常跟双音节词语。

有时候<u>过于</u>谨慎反而对自己不利，也容易使别人也紧张。

这篇文章的内容<u>过于</u>艰深，不太适合中学生阅读。

这种材料<u>过于</u>柔软，不适合我们公司的产品使用。

家长要注意培养孩子的独立性，使他们不<u>过于</u>依赖家庭和父母。

重要性等级：★★★   难易度等级：★   书面化等级：★★★

H

【216】毫不 V / A　háobù V / A

"毫"的意思是"一点儿",表示少或小,跟否定词"不"连用形成"毫 +
不 + 双音节 V / A",表示完全否定,一点儿也不。

孔乙己刚用指甲蘸了酒,想在柜上写字,见我<u>毫不</u>热心,便又叹了一口气,
显出极惋惜的样子。

前面是天天走熟的高粱田,他<u>毫不</u>注意,早知道什么也没有的。

车夫听了这老女人的话,却<u>毫不</u>踌躇,仍然挽着伊的臂膊,便一步一步地向
前走。

重要性等级:★★　难易度等级:★★　书面化等级:★★★

【217】毫无 NP　háowú NP

"毫"的意思是"一点儿",表示少或小,跟否定词"无"连用,形成"毫 +
无 + 名词宾语"结构,表示坚决否定,一点儿也没有。

<u>毫无</u>疑问,大家会帮助你克服困难的。

问题最终会解决,这是<u>毫无</u>疑义的。

你也在内,<u>毫无</u>例外。

金秀梅完全没有任何兴致了,那另外十一个人呢,更是<u>毫无</u>兴趣。

重要性等级:★★　难易度等级:★★　书面化等级:★★★

【218】好似　hǎosì

【218-1】[副词] 表示不十分确定的判断或感觉。其对应的通用语体表达形
式是"好像"。

从事实上看,<u>好似</u>没有进城的必要。

一对对眼从眼镜框下边,往下看着烟雾的旋转,轻轻地点头,<u>好似</u>含着多少
诗思与玄想。

重要性等级:★★　难易度等级:★★　书面化等级:★★★

【218-2】[动词] 表示比喻。其对应的通用语体表达形式是"好像"。

那优美的风景<u>好似</u>一幅山水画。

他的动作十分机械，看上去好似机器人。

重要性等级：★★   难易度等级：★★   书面化等级：★★★

【219】**合乎 NP**   héhū NP

符合、合于。

其论调正合乎我们的胃口。

使他们成长为合乎社会需要的人是我的职责。

认为凡是合乎自然、合乎人性的就是理性。

重要性等级：★★   难易度等级：★★   书面化等级：★★★

【220】**何**   hé

【220-1】［代词］表疑问，用来询问人物、时间、地点、情况等。可与其他语素结合成词，如"何在"表示"在哪里""在什么地方"，"何谓"表示"什么叫作"，"何故"表示"什么原因"等。其对应的通用语体表达形式是"什么""哪里"。

何人获奖，最后一刻才能见分晓。

现代技术的危险何在？

何谓"三光"？日、月、星。何谓"五行"？金、木、水、火、土。

重要性等级：★   难易度等级：★★★   书面化等级：★★★

【220-2】［代词］用在某些单音节的动词、副词前面表反问。"何不""何必""何须""何尝"等都已词汇化，表示反问。"何不"等于"为什么不""应该"，"何必"等于"不必"，"何须"等于"无须"，"何尝"等于"未尝"。其对应的通用语体表达形式是"怎么""哪里"。

我命在天，何惧小人陷害。

各人自扫门前雪，别人的事何须多嘴。

重要性等级：★★   难易度等级：★★   书面化等级：★★★

【221】**何必**   hébì

［副词］用反问的语气表示不必。

（1）**何必 + VP / AP**

路又不远，何必坐车呢？

原则问题大家都同意了，又何必在个别字句上争论不休？

失败很正常，何必如此灰心？

（2）何必＋N（＋V）＋呢

何必明天呢？今天就可以动手。

何必他来安装呢？我自己来吧！

（3）何必＋呢

为这点儿小事不高兴，何必呢！

你亲自去？何必呢？

（4）"何必"前可以加"又"，加强语气。

事情已经解决了，又何必再提。

错误已经造成了，又何必谴责他人，积极解决问题是第一要务。

重要性等级：★★　难易度等级：★★　书面化等级：★

【222】何曾　hécéng

［副词］用反问的语气表示不曾，没有发生过。多修饰动词性短语。

对他学习上的用度，我何曾说一个"不"字。

他何曾有过写小说的经历！

十几年了，他对这个又脏又累的差事何曾有半句怨言。

重要性等级：★★　难易度等级：★★　书面化等级：★★★

【223】何尝　hécháng

［副词］用反问的语气表示否定或肯定。很少用在形容词前。句末可以用语气词"呢"，"何尝"前可以加"又"起加强语气的作用。

（1）用在肯定形式前，表示否定。

我何尝说过这样的话？

历史的教训人们何尝忘记？

在那艰苦的条件下，我们何尝叫过一声苦呢？

（2）用在否定形式前，表示肯定。

我又何尝不想去呢？只是没有功夫罢了。

生物都有新陈代谢，细菌又何尝不是如此？

你的建议我何尝没有考虑？可是目前还不能实行。

重要性等级：★　难易度等级：★★★　书面化等级：★★★

【224】何等　héděng

［副词］多么。强调程度深，不同寻常。用于感叹句。后接形容词性词语。可以加"地"。

这种瓷何等细腻，何等均匀。

听他口气，何等专横。

以前我们对于科学的认识是何等肤浅，何等贫乏，现在我们对于这些的认识是深刻得多、丰富得多了。

重要性等级：★★　难易度等级：★★　书面化等级：★★★

【225】何妨　héfáng

［副词］不妨。用反问的语气表示可以这样做，通常用于建议或鼓励对方去做某事。上下文多举出可以这样做的理由、条件。后接动词性词语。

天气这么好，何妨走走。

这里也没有外人，何妨说说。

何妨试试？我看成功的希望很大。

重要性等级：★★　难易度等级：★★　书面化等级：★★★

【226】何况　hékuàng

【226-1】［连词］用反问语气表示比较起来更进一步。用于后一分句句首，后一分句谓语与前一分句谓语相同时，不重复出现。后可接名词性词语、动词性词语。其较常见的篇章关联形式是"X，何况 Y""X 都，何况 Y""连 X 都，何况 Y""尚且 X，何况 Y""连 X 也，何况 Y"等。

再大的困难我们都克服了，何况这么一点儿小事。

连专门学这一行的都不懂，更何况我呢？

学好本民族的语言尚且要花许多力气，何况学习另一种语言呢？

在沙漠里行走本来就够艰难的了，何况又碰上这么大的风。

重要性等级：★★　难易度等级：★★　书面化等级：★★

【226-2】［连词］况且。表示进一步申述或追加理由。其较常见的篇章关联形式是"X，何况 Y"等。

你来接他一下儿，这儿不好找，何况他又是第一次来。

对方实力本就比我们强，何况我们还缺少大赛经验，输了比赛实属正常。

重要性等级：★★　难易度等级：★★　书面化等级：★★

【227】何其　héqí

［副词］多么。表示程度深，后接形容词性词语。

他们的气焰一时何其嚣张。

他说出话来何其刻薄。

《钟声》里的厂长乔光朴和《龙种》里的农场第一书记龙种，这两人从性格到经历何其相似。

这本书的内容何其丰富。

家门何其不幸，出此孽子。

重要性等级：★★　难易度等级：★★　书面化等级：★★★

【228】何须　héxū

［副词］不必。用反问的语气表示不需要。后接动词性词语。

事情明摆着的，何须再问。

你要自信，你要坚定，幸福就握在你的手，何须怨天，何须忧人，何须去诉说。

我来吧！何须你亲自动手。

重要性等级：★★　难易度等级：★★　书面化等级：★★★

【229】何以　héyǐ

【229-1】［副词］用什么。

何以教我　　何以为生　　何以自处

重要性等级：★★　难易度等级：★★　书面化等级：★★★

【229-2】［副词］为什么。

既经说定，何以变卦？

其实这家店的规模并不小，又何以取名为“小小”？

她不晓得他何以用一种奇特的眼光看她，然后又欲言又止地走开。

重要性等级：★★　难易度等级：★★　书面化等级：★★★

【230】和　hé

【230-1】［连词］表示并立的联合关系。其对应的口语语体表达形式是"跟"。

（1）多连接名词性词语。

双喜所虑的是用了八公公船上的盐和柴。

柜房和东间没有灯光。

中华人民共和国年满十八周年的公民，都有选举权和被选举权。

（2）书面上，"和"的功能相当于一个顿号。

中国人口特别多的城市有上海和北京。

中国的直辖市有北京、上海、天津和重庆。

（3）不止一个层次的并列关系，往往用顿号和连词"和"把它们区分开。

那张作战指挥图上画满了山脉、河流、树林、村庄和突破口、火力点。

爸爸和妈妈、姐姐和妹妹各住一间屋。

（4）连接三项以上的成分时，往往在最后一项前用"和"。

国家保护名胜古迹、珍贵文物和其他重要历史文化遗产。

在单身教授的楼上，住着三个人，L、T和我。

它有4个高清摄像机、4个麦克风和1个气象传感器，能测量气压等。

（5）用"和"连接的动词性词语或形容词性词语一般用在非谓语位置上，很少直接做谓语，但是当两个动词有共同的宾语时，"和"也可以出现在谓语的位置上。

典雅和腐朽并存，高尚与没落同在，也许，这才构成了一个真正难忘的慕尼黑之夜。

他一瞪眼和他哈哈一笑，能把人弄得迷迷糊糊的。

他的品质是那样的纯洁和高尚。

我们要继承和发扬优良传统。

重要性等级：★★　难易度等级：★★　书面化等级：★

【230-2】［连词］表示选择关系。其对应的通用语体表达形式是"或""或者"。

（1）跟"无论""不论"等连用。多用于三项中的末项前。

所有工人，不论一线、二线和后勤，都提升了应对紧急状况的能力。

无论过去、现在和将来，真理永远是真理。

（2）单用。这种用法较少出现。

买和不买都在你，又没人强迫你。

依我的观察，一些德高望重的老专家、老作家、老艺术家对退和不退，似乎不大以为然，退也专业，不退也专业。

重要性等级：★★　难易度等级：★★　书面化等级：★

【231】很是　hěnshì

［副词］表示程度相当高，有强调语气。其对应的通用语体表达形式是"非常"。

冰山在海里移动很是威严壮观，这是因为它只有八分之一露出水面。

他平日态度很是傲慢，对什么事都摆出一副不屑一顾的神态，已显其渊博。

他一个人自斟自饮，很是自在。

重要性等级：★★　难易度等级：★★　书面化等级：★★

【232】很有 NP　hěn yǒu NP

表示数量多，程度深。

该国超级市场吞吐量大，很有潜力。

由于缺乏监督管理，基层站所存在很多问题，当地群众对此很有意见。

他是一个很有想法的演员。

重要性等级：★★　难易度等级：★★　书面化等级：★★

【233】宏大　hóngdà

［形容词］宏伟、巨大。侧重于雄壮而伟大，可以指具体或抽象的事物。常修饰建筑、广场、规模、志愿、理想、目标、气魄、胸怀等。属于褒义词。

天安门广场周围的建筑物都显得雄伟、宏大，看起来很有气势。

"五岳"之首的泰山气势宏大，高入云天，历来是诗人们赞颂的对象。

公司有一个宏大的目标，就是五年内进入世界企业 500 强。

重要性等级：★★　难易度等级：★★　书面化等级：★★

【234】忽　hū

［副词］忽而。"忽"常用在单音节动词前。

忽见有人飞奔而来。

忽听得林中沙沙作响。

重要性等级：★★　难易度等级：★★　书面化等级：★★★

【235】忽地　hūdì

［副词］突然地。其对应的通用语体表达形式是"忽然"。

我这时又忽地想到这里积雪的滋润，著物不去，晶莹有光，不比朔雪的粉一般干，大风一吹，便飞得满空如烟雾。

吴越忽地出了一头汗。他这才觉出七月的天热死人。

重要性等级：★　难易度等级：★★★　书面化等级：★★★

【236】忽而　hū'ér

［副词］表示事情来得迅速而出乎意外。其对应的通用语体表达形式是"忽然"。

新年才过，她从河边淘米回来时，忽而失了色，说刚才远远地看见一个男人在对岸徘徊，很像夫家的堂伯，恐怕是正为寻她而来的。

下午忽而下起了雨。

重要性等级：★　难易度等级：★★　书面化等级：★★★

【237】忽而 X，忽而 Y　hū'ér X, hū'ér Y

表示行为状态不断地变化，一会儿 X，一会儿 Y。多修饰意义相同、相近或相对立的动词性词语或形容词性词语。

她忽而唱，忽而舞。

部队忽而向东，忽而向南，忽而又折回，迷惑敌人。

观众的心情忽而紧张，忽而平静。

天气忽而冷，忽而热。

重要性等级：★★　难易度等级：★★　书面化等级：★★★

【238】忽 X 忽 Y　hū X hū Y

X 和 Y 为两个意思相反的单音节形容词、动词或方位词，表示一会儿这样，一会儿那样。

声音忽高忽低。

灯火忽明忽暗。

天气忽冷忽热。

大风中，风筝<u>忽</u>上<u>忽</u>下，<u>忽</u>左<u>忽</u>右。

重要性等级：★★　难易度等级：★★　书面化等级：★★★

【239】互　hù

［副词］互相、相互。

（1）一般修饰单音节动词，中间不能加入其他成分。

<u>互</u>谅<u>互</u>让　　　<u>互</u>通有无　　　<u>互</u>致问候

比赛双方<u>互</u>赠队旗。

（2）修饰双音节动词，只用于否定式。

<u>互</u>不信任　　　<u>互</u>不退让

<u>互</u>不干涉内政是国际法中的一项重要原则。

重要性等级：★★　难易度等级：★★　书面化等级：★★★

【240】互相　hùxiāng

［副词］相互。表示彼此同样对待的关系。

我们应当<u>互相</u>帮助、<u>互相</u>学习，共同提高。

球赛开始之前，两国运动员<u>互相</u>交换了纪念品。

全世界各国人民的正义斗争是<u>互相</u>支持的。

重要性等级：★★★　难易度等级：★　书面化等级：★

【241】化 X 为 Y　huà X wéi Y

把 X 变成 Y。X 和 Y 大多是相反或相对的一组词语，且字数相等。

<u>化</u>繁<u>为</u>简　　　<u>化</u>险<u>为</u>夷　　　<u>化</u>敌<u>为</u>友　　　<u>化</u>悲痛<u>为</u>力量

重要性等级：★★　难易度等级：★★　书面化等级：★★★

【242】缓缓　huǎnhuǎn

［副词］表示动作、行为慢慢而平静地进行。用在动词性词语前，动词前可加"地"。其对应的通用语体表达形式是"慢慢"。

车队缓缓前行。

河水缓缓向东流去。

重要性等级：★★　难易度等级：★★　书面化等级：★★

【243】遑论　huánglùn

［动词］不必论及、谈不上。其较常见的篇章关联形式是"X，遑论 Y""连 X，遑论 Y"等。

生计无着落，遑论享乐。

在一个陌生地方找住的地方已经很难了，更遑论是找工作了。

刚装上假肢的小泰迪几乎不能迈步，更遑论在雪地里行走了。

连这点儿小事都做不好，遑论要成大功、立大业。

重要性等级：★　难易度等级：★★★　书面化等级：★★★

【244】或　huò

【244-1】［连词］表示选择，在一组事物或情况中可以选择其中之一。其常见的篇章关联形式是"X 或 Y""或 X，或 Y"等。

同意或反对

叫他老杨或杨老大都行。

或赞成，或反对，或弃权，你必须选择一项。

不管刮风或下雨，他从没缺过勤。

在某些固定格式（如四字语）中，只能用"或"，不用"或者"。

或快或慢　　或前或后

这些年来，他们或多或少地增加了收入。

人固有一死，或重于泰山，或轻于鸿毛。

重要性等级：★★★　难易度等级：★　书面化等级：★

【244-2】［连词］表示几种交替的情况。连接动词性词语。其常见的篇章关联形式是"或 X，或 Y（，或 Z）"等。

同学们下课后或学习，或玩耍。

每天清晨都有许多人在公园锻炼，或跑步，或打拳，或做操。

重要性等级：★★　难易度等级：★★　书面化等级：★

【244-3】［连词］表示等同。其常见的篇章关联形式是"X 或 Y"等。

人们对整个世界的总的看法叫作世界观或宇宙观。

那种红红的圆圆的水果叫作小番茄或圣女果。

重要性等级：★★★　难易度等级：★　书面化等级：★

【244-4】[副词]表示猜测、估计的语气。其对应的通用语体表达形式是"可能"。

他的建议对我们的工作<u>或</u>有帮助。

你现在出发，中午之前<u>或</u>能赶到。

重要性等级：★★　难易度等级：★★　书面化等级：★★★

【245】**或是 X，或是 Y**　huò shì X，huò shì Y

表选择，"或是"后的成分不限于两项，可以是多项。

一眼望去看不清远处的东西，<u>或是</u>一条宽广的马路，<u>或是</u>一座高耸的桥梁，<u>或是</u>弯弯的小溪，<u>或是</u>矮矮的房子。

天上的白云像棉花糖，<u>或是</u>像小白兔，<u>或是</u>像小狗，<u>或是</u>像小猫，有趣极了。

重要性等级：★　难易度等级：★★★　书面化等级：★★★

【246】**或许**　huòxǔ

[副词]表示估计、猜测、有可能，但语气不很肯定。有时可连用几个"或许"。

（1）或许+动词性词语、形容词性词语。

我<u>或许</u>可以帮你点儿忙。

天阴了，<u>或许</u>要下雨。

再等一下儿，他<u>或许</u>能来。

如果你行动快点儿，<u>或许</u>可以赶上这趟车。

故宫<u>或许</u>有趣，要不明天咱们去故宫？

（2）用在句首，后可以停顿。

<u>或许</u>，谁对你的计划都没兴趣。

<u>或许</u>，今天一个人都不来了。

（3）单说。在对话中，用以回答问题。

A：他今天回来吗？

B：<u>或许</u>。

重要性等级：★★　难易度等级：★★　书面化等级：★★

【247】**或则**　huòzé

[连词]或者。表示选择关系。多用于较早的书面语，但现代汉语里仍然使

用。其较常见的篇章关联形式是"X，或则 Y"等。

（1）用于连接动词性短语或分句，可连接两个以至更多，均表示选择关系。

当时我面临两种选择：<u>或则</u>去报社当编辑，<u>或则</u>去学校当教员。

他认为这篇文章<u>或则</u>修改，<u>或则</u>让别人另写。

<u>或则</u>两人结伴而行，<u>或则</u>各走各的。

（2）表示有的 X，有的 Y，用于连接两个或两个以上的动词性短语，表示几种情况并存。

让他表演不外三个：<u>或则</u>叫他唱小调，<u>或则</u>叫他讲笑话，<u>或则</u>叫他表演小品。

我在广东，就目睹了同是青年，而分成两大阵营，<u>或则</u>投书告密，<u>或则</u>助官捕人的事实。

重要性等级：★　难易度等级：★★★　书面化等级：★★★

【248】或者　huòzhě

【248-1】［副词］也许、或许。

这个办法对于解决问题<u>或者</u>能有帮助。

你赶快走，<u>或者</u>还能搭上末班车。

重要性等级：★★　难易度等级：★★　书面化等级：★

【248-2】［连词］表示选择，有时用一个"或者"，有时用"或者 X（，）或者 Y"。其较常见的篇章关联形式是"X，或者 Y"等。

同意<u>或者</u>反对　　男孩子<u>或者</u>女孩子

<u>或者</u>放在外面，<u>或者</u>放在屋里。

<u>或者</u>问他<u>或者</u>问我都可以。

重要性等级：★★　难易度等级：★★　书面化等级：★

【248-3】［连词］表示几种交替或并存的情况。连接动词性词语，可以两个或多个连用，表示"有的 X，有的 Y，有的 Z"等。

同学们下课后<u>或者</u>学习，<u>或者</u>玩耍。

每天清晨都有许多人在公园里锻炼，<u>或者</u>跑步，<u>或者</u>打拳，<u>或者</u>做操。

重要性等级：★★　难易度等级：★★　书面化等级：★

【248-4】［连词］表示等同。

人们对整个世界的总的看法叫作世界观<u>或者</u>宇宙观。

那种红红的圆圆的水果叫作小番茄<u>或者</u>圣女果。

重要性等级：★★   难易度等级：★★   书面化等级：★

J

【249】几　jī

［副词］几乎。表示十分接近，差不多。多修饰单音节动词或数量词。其对应的通用语体表达形式是"差不多"。

几将敌军全数歼灭。

旬日内抵达，几无可能。

歼灭敌军，几近两千。

重要性等级：★　难易度等级：★★★　书面化等级：★★★

【250】几乎　jīhū

【250-1】［副词］表示非常接近。是一种客观叙述，对说话人无所谓企望不企望。因为是"接近于"，所以句中往往有表示既定目标的词语。如表范围最大的"都""全"、表既定结果或可能的补语，宾语里有既定对象或数量，或是本身即有程度之分的形容词。后可接形容词性词语、动词性词语和数量短语。其对应的通用语体表达形式是"差不多"。

树叶子几乎都黄了。

他的头发几乎全白了。

今年搬进的住户几乎所有人家都安上了铝合金门窗。

听说广东有些村子几乎家家户户安上电话了。

就这么个简单的动作，她练了几乎一整天。

重要性等级：★★★　难易度等级：★　书面化等级：★

【250-2】［副词］表示结果眼看就要发生而并未发生。其对应的通用语体表达形式是"差点儿"。

（1）说话人期望发生的事情，后接否定形式，表示肯定。

我的数学几乎没及格。（及格了）

他昨天几乎没赶上火车。（赶上了）

那家伙跑得非常快，人们几乎没逮着他。（逮着了）

（2）说话人不期望发生的事情，后接肯定、否定形式，结果都是否定的。

几乎死／几乎没死（都没死）

几乎摔了一跤 / 几乎没摔一跤（都没摔跤）

几乎打仗 / 几乎没打仗（都没打仗）

论点几乎被推翻 / 论点几乎没被推翻（都没被推翻）

重要性等级：★★　难易度等级：★★　书面化等级：★★

【251】基于　jīyú

［介词］表示以某种事物作为结论的前提或语言行动的基础。后接名词性短语或动词性短语。其对应的通用语体表达形式是"根据"。

他们选择素食，是基于对其他生命的爱和尊重。

基于以上理由，我才表示同意。

基于她的表现，大家选她做代表。

在同一原则下，基于条件的不同而不一。

重要性等级：★★　难易度等级：★★　书面化等级：★★★

【252】及　jí

【252-1】［连词］连接名词性词语。其对应的通用语体表达形式是"和"。

（1）被连接成分前重后轻。

此外，石油、铬、镍、钛及多种稀有金属、贵重金属储量都相当丰富。

本书在校勘过程中决定采用庚辰本为底本，以程本及其他早期刻本为参考本。

（2）被连接成分并重。

图书、仪器及标本

把全部材料提供给省级及中央级新闻单位的记者，并提供一切方便。

（3）兼有区分层次的作用。

光导纤维通信技术、遥感技术、激光技术、超导技术、同位素与辐照技术等新兴技术及基因工程等应用技术前景广阔。

这项工程有开阔学生视野、增加学生知识等看得见的好处及看不见的好处。

（4）及+其，意为"和他（他们）的"。

本人及其配偶

还须填写家庭成员及其收入情况。

要为"十四五"计划及其以后的长远发展做好必要的科学技术储备。

重要性等级：★★★　难易度等级：★　书面化等级：★★★

【252-2】［介词］及至、等到。

溧州起义时他曾率军往援，受阻而退。及北方军政府大都督王金铭遇害，被铁血会诸将推为铁血会行军都督。

该疫苗原则上打两针且两针中间须有一定的间隔时间。及到第二针，已经过去了一个月。

重要性等级：★　难易度等级：★★★　书面化等级：★★★

【253】V及　V jí

"及"是"达到"的意思。

提及　　涉及　　论及　　念及　　谈及

重要性等级：★★　难易度等级：★★　书面化等级：★★

【254】及早　jízǎo

［副词］尽早。其对应的通用语体表达形式是"赶早""趁早"。

他签署这项特赦令的目的，就是要让有犯罪苗头的人及早"刹车"。

为了更好应对托儿问题，不少华人也开始及早上手，尽快规划。

有远见的同志，应及早下决心拿出切实可行的措施来。

重要性等级：★★　难易度等级：★★　书面化等级：★

【255】及至　jízhì

［介词］表示等到某个时间出现某种情况。常用于前一分句的句首，可连接名词性词语、动词性词语或分句，用以说明情况发生变化的时间条件。也可用于后一小句，同样表示前一情况发生变化的时间。其对应的通用语体表达形式是"等到""直到"。其较常见的篇章关联形式是"及至X，才Y""及至X，还Y""X，及至Y"等。

及至到了后山，他才渐渐记起原来那间草屋的位置。

他们一直没有严格的安全检查，及至车间出现了严重的事故，方才重视起来。

及至夜间，火车还没有开出车站。

B公司表示决不改变原来的条件，及至G公司答应赔款。

他说什么也不肯让步，及至对方先承认错误。

重要性等级：★★　难易度等级：★★　书面化等级：★★★

【256】汲取 NP　jíqǔ NP

吸取。后多跟"经验""教训""养分"等。

汲取经验　　汲取营养　　汲取教训

重要性等级：★★　难易度等级：★★　书面化等级：★★

【257】极　jí

［副词］表示程度达到最高点。

（1）极＋单音节或双音节形容词／VP。

文章极长，有两万多字。

周作人先生的"直译"，实在创造了一种新白话，也可以说新文体。翻译方面学他的极多，像样的却极少。

这里的瓜果极便宜。

两层小楼在这里也极普遍。

他对这玩意儿极感兴趣。

你别信他，他极会虚张声势。

（2）极＋不＋形容词／心理动词／VP。表示最大限度地否定。

这事极不容易。

这事办得极不漂亮。

这个人极不老实。

最后，她还是咬着牙，缓慢地、极不情愿地转过身走了。

就算极不喜欢吃包子的人，也会觉得这家店的还不错。

（3）形容词／心理动词＋极＋了。"极"做补语。

高极了　　大极了

这时四无人迹，他俩谈得亲热极了。

那一代领导人的风度让我敬佩极了。

看见别人的小孩活泼可爱，她真是美慕极了。

（4）双音节形容词／心理动词＋之＋极。

教堂里屋顶以全漆花纹界成长方格子，灿烂之极。

此处还有一六二九年初印的定本，书扉雕刻繁细，手艺精工之极。

在这漆黑一片的小路上行走，她害怕之极。

重要性等级：★★　难易度等级：★★　书面化等级：★★★

【258】极度　jídù

［副词］极端、极其。表示程度很深。多修饰表达负面情况的词语。后接双音节形容词或双音节动词，"极度"修饰的动词多是表示心理状态的。其对应的通用语体表达形式是"非常"。

战争过后，老百姓的生活<u>极度</u>贫困。

妈妈由于<u>极度</u>悲伤昏倒了。

这些人都<u>极度</u>害怕贫困。

他对自己的行为<u>极度</u>后悔。

重要性等级：★★　难易度等级：★★　书面化等级：★★★

【259】极力　jílì

［副词］表示花很大力气，用很多办法。

（1）极力（地）+双音节动词。

只要是我说的，她就<u>极力</u>反对。

只要有一点儿希望，我们就<u>极力</u>争取。

（2）极力（地）+不+动词性词语。

<u>极力</u>不让这种情结表现出来。

<u>极力</u>不使大家失望。

重要性等级：★★　难易度等级：★★　书面化等级：★★★

【260】极其　jíqí

［副词］表示程度很高。主要修饰双音节形容词，有时也可修饰双音节或多音节动词。其对应的通用语体表达形式是"非常""十分"。

她对学生的要求<u>极其</u>严格。

她笑得<u>极其</u>开心。

每当他违心地做出这些事的时候，他甚至<u>极其</u>讨厌自己。

在说这些感激的话的时候，她心里却是<u>极其</u>瞧不起他们。

重要性等级：★★　难易度等级：★★　书面化等级：★★

【261】极为　jíwéi

［副词］表示程度达到顶点。其后一般不带结构助词"地"，可加双音节形容词和动词。其对应的通用语体表达形式是"非常""十分"。

极为严重   极为巧妙   极为重视

领导对大家极为爱护。

重要性等级：★★   难易度等级：★★   书面化等级：★★★

【262】即   jí

【262-1】〔动词〕用在判断句里，表示肯定。其对应的通用语体表达形式是"就是"。

（1）NP$_1$＋即＋NP$_2$。

周树人即鲁迅。

红药水即汞溴红溶液。

山后即他的旧居。

（2）"即 X"用作插入语，解释或说明前面的部分。"即"前后多为名词性短语。"即"后的部分较复杂时，也可说成"即是"。

建国的头一年，即一九五〇年，我们乡办了第一所中学。

事物的矛盾法则，即对立统一的法则，是唯物辩证法的最根本的法则。

重要性等级：★★   难易度等级：★★   书面化等级：★★★

【262-2】〔连词〕即使、即便。用于让步复句的前一分句。其对应的口语语体表达形式是"就算""哪怕"。其较常见的篇章关联形式是"即 X，也 Y""即 X，亦 Y"等。

在这样的社会中，不独老者难于生活，即解放的幼者，也难于生活。

不但如此，即在一个根据地内部，因为根据地内的各个区域有发展先后之不同，干部中也有外来本地之别。

重要性等级：★   难易度等级：★★★   书面化等级：★★★

【262-3】〔副词〕表示动作在很短时间内或在某种条件下立即发生。其对应的通用语体表达形式是"就"。

一触即发   一拍即合

考试结束后，我即赶回家中。

服药两三天后即可见效。

大雨凌晨即止。

略一观察即可明了大概。

我跟他一说即妥，没有费很大力气。

重要性等级：★★　难易度等级：★★　书面化等级：★★★

【262-4】[副词] 表示在某种条件下就会有某种结果，含推论意味。其对应的通用语体表达形式是"就"。

招之即来，挥之即去。

还是面谈为好，如有误会即可当面解释清楚。

稍加修改即可使用。

重要性等级：★　难易度等级：★★★　书面化等级：★★★

【262-5】[副词] 加强肯定语气。其对应的通用语体表达形式是"就"。

问题症结即在于此。

犯错误的原因即在于他的马虎。

重要性等级：★　难易度等级：★★★　书面化等级：★★★

【263】即便　jíbiàn

【263-1】[连词] 用于让步复句的前一分句。其对应的通用语体表达形式是"就是""就算"。其较常见的篇章关联形式是"即便 X（，）也 Y""即便 X，还Y"等。

即便你说错了也不要紧。

即便条件再好，也还要靠自己努力。

他们可能不来帮忙了，即便这样，明天也能把麦子割完。

即便"多样化"到了如此的地步，还是不能讨所有人的喜欢。

即便"味飘千里"，有时候还是让人众里寻它千百度，找不着北。

重要性等级：★★　难易度等级：★★　书面化等级：★★

【263-2】[连词] 表示一种极端的情况。其较常见的篇章关联形式是"即便 X，也 Y""即便 X，都 Y"等。"即便"后是名词性短语或介词短语（限于"在 X""对 X""跟 X"）。其对应的通用语体表达形式是"就是""就算"。

即便一口水也好。

即便很细微的情节，我现在都记得清清楚楚。

即便在隆冬季节，大连港也从不结冰。

即便跟我没有直接关系，我也要过问。

重要性等级：★　难易度等级：★★★　书面化等级：★★

【264】即将　jíjiāng

［副词］将要。表示行为或情况不久以后就会发生。其对应的通用语体表达形式是"马上""就要"。

任务即将完成。

大会即将开幕。

双方即将达成协议。

新年的钟声即将敲响。

古代有封建的土地所有制，现在被我们废除了，或者即将被废除。在这点上，我们已经或者即将区别于古代，取得了或者即将取得使我们的农业和手工业逐步地向着现代化发展的可能性。

重要性等级：★★★　难易度等级：★　书面化等级：★★

【265】即刻　jíkè

［副词］立刻、立即。其对应的通用语体表达形式是"马上"。

我们即刻出发。

汽车即刻驶出车站。

重要性等级：★★　难易度等级：★★　书面化等级：★★★

【266】即令　jílìng

［连词］即使、即便。用于让步复句前一分句。其较常见的篇章关联形式是"X，即令Y""即令X，也Y""即令X，又Y"等。

对于那些应当强调的、小观众也有兴趣、能够接受的地方，剧中刻画得比较细腻，而一般过程，则一笔带过。但即令一晃而过，也不马马虎虎。

即令不同情他，又何至辱骂他乎？

重要性等级：★　难易度等级：★★★　书面化等级：★★★

【267】即若　jíruò

［连词］即使、即便。用于让步复句前一分句。其较常见的篇章关联形式是

"X，即若 Y""即若 X，Y""即若 X，也 Y"等。

　　即若买房者今年 5 月贷款，有可能要到明年 5 月才调整利息。

　　前庭中枢在其中起的是双向性调节功能，即若传送进来的一侧声音信号变弱，前庭传出系统便起增强信号的调节作用。

　　即若你有理，也不该发脾气啊！

重要性等级：★★　难易度等级：★★　书面化等级：★★★

【268】即使　jíshǐ

［连词］用于让步复句前一分句。"即使"所表示的条件可以是尚未实现的事情，也可以是与既成事实相反的事情。其对应的口语语体表达形式是"就算""哪怕"。其较常见的篇章关联形式是"即使 X，也 Y""即使 X，还 Y"等。

　　即使明天天气不好，我们也还是要去郊游。

　　即使再忙，也不应该忽视孩子的教育。

　　即使感到非常疲倦，他还坚持完成了任务。

重要性等级：★★★　难易度等级：★　书面化等级：★★

【269】亟　jí

［副词］急迫地。表示行为、动作的急迫。多跟"须""待"连用。"亟"可以构成重叠式合成词"亟亟"，"亟亟"是形容词，表示"急迫""急忙"。

　　亟须纠正

　　这是一个亟待解决并须着重地致力才能解决的大问题。

　　这件事成为全党亟待了解并亟须解决的问题。

重要性等级：★★　难易度等级：★★　书面化等级：★★★

【270】急急　jíjí

［副词］表示动作的急速、仓促。在句中做状语，不能做定语或者谓语。其对应的通用语体表达形式是"急忙"。

　　七连急急沿江涉水，出奇制胜，封锁了敌人难退过江的通道。

　　这时，他俩听说团首长来了，就急急地赶来。

　　事故刚一发生，支部书记就急急地赶往出事地点。

重要性等级：★★　难易度等级：★★　书面化等级：★

【271】急忙　jímáng

[副词] 表示动作急速匆忙，有时还有"忙乱"的意思。"急忙"可以重叠成"急急忙忙"，这时着重表示仓促、忙乱的意思。

汗还没完全落下去，他急忙地穿上衣服，跑了出来。

放下车，他看见曹先生手上有血，急忙往院子里跑，去和太太要药。

他急急忙忙走了。

听说学校出事了，他急急忙忙跑了出去。

重要性等级：★★★　难易度等级：★　书面化等级：★★

【272】几时　jǐshí

[代词] 疑问代词，意思是"什么时候"。

吴琼几时来的，我不知道。

也不知他昨晚几时回来的，今天很早又下工地去了。

重要性等级：★★　难易度等级：★★　书面化等级：★★★

【273】给予　jǐyǔ

[动词] 意思是"给"，后面常跟双音节动词。

给予支持　　给予帮助　　给予援助　　给予补贴

我们应给予孩子更多的空间。

重要性等级：★★★　难易度等级：★　书面化等级：★★★

【274】计　jì

【274-1】[动词] 计算。前面常用由"按""以"组成的介宾短语。"计"后经常不再接其他词语做宾语，但其否定形式"不计"后一般要跟宾语。

按时计价　　不计成本

以每人一百元计，共约三千余元。

长安街上数以千计的街灯一齐放出了光芒。

重要性等级：★★　难易度等级：★★　书面化等级：★★★

【274-2】习用语 不计后果　为了做一件事而不去想结果的好坏。常形容一种极端的决心或承诺，多为贬义。

他总是不计后果地去做事，这样是十分任性的。

只有这种不负责任的人才会口出狂言，<u>不计</u>后果。

重要性等级：★★　难易度等级：★★　书面化等级：★★

【274-3】习用语 **不<u>计</u>成本**　把成本排除在外，不考虑成本。

工厂中"只顾进度，<u>不计成本</u>"的做法是不提倡的。

<u>不计成本</u>、不管代价的发展是毫无意义的。

重要性等级：★★　难易度等级：★★　书面化等级：★★

【275】**既**　jì

【275-1】[副词] 跟"又""且""也"等副词呼应，表示两种情况兼而有之。

<u>既</u>高又大　　　<u>既</u>深且广

<u>既</u>有周密的计划，也有切实的措施。

它<u>既</u>不需要谁来施肥，也不需要谁来灌溉。

重要性等级：★★★　难易度等级：★　书面化等级：★★★

【275-2】[副词] 已经。后接单音节动词。

<u>既</u>得利益　　　<u>既</u>成事实　　　<u>既</u>往不咎

重要性等级：★★　难易度等级：★★　书面化等级：★★★

【275-3】[连词] 既然。只用于前一小句主语后。表示先肯定前者，同时提及或强调后者。其较常见的篇章关联形式是"既 X，也 Y""既 X，就 Y""既 X，则 Y""既 X，又 Y""既 X，还 Y"等

他<u>既</u>如此坚决，我也不便多说。

<u>既</u>要写，就要写好。

<u>既</u>来之，则安之。

重要性等级：★★　难易度等级：★★　书面化等级：★★★

【276】**既而**　jì'ér

[连词] 用于承接复句的后一分句，表示上文所说的情况或动作发生之后不久，另一个事件随之而来。

先是惊叹，<u>既而</u>大家一起欢呼起来。

她和爸爸谈论之后<u>既而</u>想到那个青年的风度。

云开日出，既而大地渐渐变得明亮起来。

重要性等级：★　难易度等级：★★★　书面化等级：★★★

【277】继而　jì'ér

［连词］用于承接复句的后一分句，表示紧随在某一情况或动作之后。

人们先是一惊，继而哄堂大笑。

先是领唱的一个人唱，继而全体跟着一起唱。

重要性等级：★★　难易度等级：★★　书面化等级：★★★

【278】继 X 之后　jì X zhīhòu

"继"有"接着"的意思，表示紧接着某事之后又出现了新的变化。其对应的通用语体表达形式是"在 X 以后"。

继电视连续剧《三国演义》播出之后，又有两部描写历史题材的电视连续剧相继播出。

继"百姓热线"开通之后，本市又有几部热线开通了。

这部著作是继《论市场经济》之后，我校又一部获奖的科研成果。

重要性等级：★★　难易度等级：★★　书面化等级：★★★

【279】加以　jiāyǐ

【279-1】［动词］多用在双音节动词前，表示如何对待或处理前面所提到的事物。

我们正在对这一问题加以研究。

学校决定，对于考试作弊的学生要及时加以处理。

他们对调查结果加以分析之后，发现了产生问题的原因。

重要性等级：★★　难易度等级：★★　书面化等级：★★★

【279-2】［连词］加上。表示进一步的原因或条件。其较常见的篇章关联形式是"X，加以 Y"等。

他本来就聪明，加以特别用功，所以进步很快。

他在课堂上好好听讲，加以课后认真做作业，所以这次考试得了优秀。

重要性等级：★★　难易度等级：★★　书面化等级：★★★

【280】假如　jiǎrú

［连词］如果。用于假设复句的前一分句。其较常见的篇章关联形式是"假如 X，Y""假如 X，就 Y"等。

假如你在爱情上欺骗，受骗的只是一个人；可是在科学上欺骗，受害的将是成千上万的病人。

假如考不上研究生，你打算怎么办呢？

假如得不到奖学金，我就去做兼职。

假如你有时间，就和我们一起去吧。

重要性等级：★★★　难易度等级：★　书面化等级：★★

【281】假若　jiǎruò

［连词］假如、如果。其较常见的篇章关联形式是"假若 X，Y""假若 X，一定 Y""假若 X，就 Y"等。

假若你感到身体不适，一定要马上休息。

假若做这件事情是不道德的，就要立马停止。

假若她不愿意，您就换不成。

假若箱子不空，我早就被压死了。

重要性等级：★★　难易度等级：★★　书面化等级：★★★

【282】假设　jiǎshè

［动词］假如设置、如果有或者姑且认定（某个条件或某种情况）。常用于假设复句的前一分句，设置或提出一个不真实的情况，后一分句根据这个情况提出问题或推出结果。其较常见的篇章关联形式是"假设 X，Y""假设 X，就 Y"等。

假设遇到这种情况，你会怎么办？

假设这些传说都是真的，那么我们就得小心点儿了。

这本书印了十万册，假设每册只有一个读者，那也就有十万个读者。

重要性等级：★★　难易度等级：★★　书面化等级：★★

【283】假使　jiǎshǐ

［连词］如果、假如。用于假设复句的前一分句。其较常见的篇章关联形式是"假使 X，Y""假使 X，那 Y"等。

假使我们能强渡过去，我带着全套仪器，当天就能完成观测任务，大桥就能开工。

假使再有二十年的时间，这座大桥一定能够建成。

假使到了北方，那情绪是截然不同的。

假使让女孩儿来做这样的工作，那再好不过了。

假使我现在碰到的是别的同学，那还好一些。

重要性等级：★★　难易度等级：★★　书面化等级：★★★

【284】兼　jiān

［动词］同时涉及或具有几种事物。

兼管　　兼营　　兼而有之

他是副厂长兼总工程师。

重要性等级：★★★　难易度等级：★　书面化等级：★★★

【285】兼 X　jiān X

由"兼"带上单音节动词性语素或名词性语素构成的"兼任""兼容""兼济""兼职""兼课"等词。

铁道部信息中心负责人吴建中同时兼任 18 家公司负责人。

这款数码相机可以兼容 200 种以上不同传统镜头。

他是关心世运、兼济众生的文人。

这位教授同时在两所学校兼职。

重要性等级：★★　难易度等级：★★　书面化等级：★★

【286】NP₁ 兼 NP₂　NP₁ jiān NP₂

表示一个人或事物同时拥有两种身份。

他被聘为语言研究所研究员兼语言组主任。

他现任某集团有限公司董事局主席兼总经理。

重要性等级：★★　难易度等级：★★　书面化等级：★★

【287】兼及　jiānjí

［动词］并及、同时关联到。

中国近代史各段历史专业课程，都是以史为主、兼及本段历史的一些具体理论问题和研究方法。

他们虽然权位不同，但往往兼及他务。

书中借用道家和阴阳家的语言宣传神仙信仰，<u>兼及</u>天地、五行、灾异、瑞应、养生、巫术及伦理道德、政治主张等等。

重要性等级：★　难易度等级：★★★　书面化等级：★★★

【288】见　　jiàn

【288-1】［动词］**显现出。必带名词性词语、形容词性词语做宾语。**

工作已初<u>见</u>成效。

祖国日<u>见</u>繁荣昌盛。

他的病开始<u>见</u>好了，你就放心吧！

重要性等级：★★★　难易度等级：★　书面化等级：★★★

【288-2】［动词］**指明出处或需要参看的地方。必带名词性宾语。**

鸿门宴的故事<u>见</u>《史记·项羽本纪》。

人体的血液循环系统<u>见</u>右图。

重要性等级：★★★　难易度等级：★　书面化等级：★★★

【289】间或　　jiànhuò

［副词］**偶尔。用在动词性词语前。其对应的通用语体表达形式是"有时"。**

窗外是一片阳光，天空蓝得像海，秋天的白杨树哗哗地响着，<u>间或</u>从明朗的天空里传来远远的、愉快的鸽子哨的声音。

<u>间或</u>泄漏几声短促的，仿佛打架时谁占了优势的痛快的笑声。

只有那眼珠<u>间或</u>一转，还可以表示她是一个活物。

街道上行人不甚多，<u>间或</u>有几辆运货卡车隆隆地驶过。

重要性等级：★★　难易度等级：★★　书面化等级：★★★

【290】间接　　jiànjiē

［形容词］**需通过第三者发生关系的（与"直接"相对）。不能单独做谓语。可修饰名词、动词。可构成"是＋间接＋的"格式，表示对主语的说明。**

多少获得一些间接经验。

这只是间接原因。

有关他的消息，我只是间接知道一点儿。

我们费了好大的劲，才间接打听到你的地址。

当时两国之间的贸易活动还只是<u>间接</u>的。

重要性等级：★★★　难易度等级：★　书面化等级：★★

【291】渐　jiàn

［副词］渐渐、逐渐、逐步。表示程度或数量慢慢地增加或减少。后接单音节形容词或动词，也可以跟"趋"连用后修饰双音节动词或形容词。

光线<u>渐</u>弱

清明以后，天气<u>渐</u>暖，柳树也开始发芽了。

傍晚，来势凶猛的洪水<u>渐趋</u>平息。

重要性等级：★★★　难易度等级：★　书面化等级：★★★

【292】渐次　jiàncì

［副词］渐渐、逐渐、逐步。表示程度或数量随时间缓慢地增减。后接动词性词语，较少修饰形容词性词语。

三月，冰雪<u>渐次</u>消融。

人类社会<u>渐次</u>进化，其欲求亦愈烈。

天真是儿童的利器，希望是妈妈的药片，天赐的天真与妈妈的希望，<u>渐次</u>把家庭间的不和医治好了。

重要性等级：★　难易度等级：★★★　书面化等级：★★★

【293】渐渐　jiànjiàn

［副词］逐渐、逐步。表示程度或数量随时间缓慢地增减。

（1）渐渐（地）+V。V后不能带"着""过"。

走了半天，<u>渐渐</u>接近铁路了。

歌声<u>渐渐</u>停止了。

由近到远，声音<u>渐渐</u>听不见了。

过了一些日子，我对新环境<u>渐渐</u>地习惯了。

（2）渐渐（地）+A。A后常带"了""起来""下去"等表示动态的词语。

风<u>渐渐</u>小了。

天<u>渐渐</u>地暖和起来。

歌声<u>渐渐</u>低了下去。

孩子又<u>渐渐</u>地不安静起来。

（3）"渐渐"有时可用于主语前，必带"地"，有停顿。

渐渐地，我了解了他的脾气。

渐渐地，天黑下来了。

渐渐地，太阳从山后出来了。

重要性等级：★★★　难易度等级：★　书面化等级：★★

【294】渐 V 渐 A　jiàn V jiàn A

第一个"渐"后接单音节动词，第二个"渐"后接单音节形容词，表示随着动作的不断进行，状态进一步加深。其对应的通用语体表达形式为"越 V 越 A"。

鸽子渐飞渐远，终于在视野中消失了。

知识渐积渐多。

毕业后，我们渐行渐远。

重要性等级：★★　难易度等级：★★　书面化等级：★★★

【295】践行　jiànxíng

[动词] 以实际行动去履行或贯彻某种信仰、理念、原则、承诺或规定。

践行诺言　　践行科学发展观

践行国家战略，舍我其谁！

践行群众路线的根本落脚点是真心实意为群众办实事、办好事。

重要性等级：★★★　难易度等级：★　书面化等级：★★★

【296】鉴于　jiànyú

【296-1】[介词] 表示以某种情况为前提加以考虑。后接名词性词语。其对应的通用语体表达形式为"考虑到"。

鉴于学生的需要，出版社及时编印了大量教辅材料。

鉴于上述原因，相关部门建议尽快通过这部法规。

鉴于你的身份，大家认为你不宜过早出面。

重要性等级：★★　难易度等级：★★　书面化等级：★★★

【296-2】[连词] 用在因果复句的前一分句句首，指出后一分句行为的依据、原因或理由。后一分句一般不使用关联词语。其较常见的篇章关联形式是"鉴于 X，Y"。

鉴于他多次违反工作纪律，公司决定让他停职反省。

鉴于目前市场疲软，咱们也得赶紧想办法给产品找出路。

鉴于他的身体还需要恢复一段时间，我们只好请别人先代替他的工作。

鉴于群众反映，我们准备马上开展质量大检查。

重要性等级：★★　难易度等级：★★　书面化等级：★★★

【297】将　jiāng

【297-1】［副词］将要。表示动作或情况不久以后就会发生。其对应的通用语体表达形式是"快要""就要"。

竞赛将分区同时进行。

火车将进站了。

天色将晚。

重要性等级：★★★　难易度等级：★　书面化等级：★★★

【297-2】［副词］表示接近某个时间。

天将黄昏。

时间已将深夜，路上行人稀少。

离开杭州不觉已将十年。

重要性等级：★　难易度等级：★★★　书面化等级：★★★

【297-3】［副词］肯定、一定。表示对未来情况的判断。也可用于"是"字前。

如不刻苦努力，则将一事无成。

随着农业生产的发展，农民的收入将不断增加。

您的教导将永远铭刻在我们的心中。

保持生态平衡，将是我们首先遇到的问题。

在我们的社会里，劳动将永远是光荣高尚的。

重要性等级：★★★　难易度等级：★　书面化等级：★★★

【297-4】［介词］"将"的宾语是后面动词的对象，表示接受某种处置或受到某种影响。其对应的通用语体表达形式是"把"。

将科学试验继续进行下去。

他将钱和药方交给了我。

重要性等级：★★★　难易度等级：★　书面化等级：★★★

【297-5】［介词］引进凭借的事物，意义相当于"拿""用"。除用于成语外，一般少用。

将功折罪　　恩将仇报　　将心比心　　将鸡蛋碰石头

重要性等级：★　难易度等级：★★★　书面化等级：★★★

【298】将次　jiāngcì

［副词］将要。表示动作或情况不久以后就会发生。其对应的通用语体表达形式是"快要""就要"。

船将次傍岸，每船上约有百人。

毕业考试将次到来，我的和她们的来往没有那么紧密了。

重要性等级：★　难易度等级：★★★　书面化等级：★★★

【299】将要　jiāngyào

［副词］表示动作或情况不久以后就会发生。其后主要接动词性词语，较少接形容词性词语。其对应的通用语体表达形式是"快要""就要"。

大厦年初将要交工，各方面都要抓紧。

不少工人将要失业。

下月三号学校将要举办毕业典礼。

卫星将要返回地面。

等红叶将要红了的时候再来吧。

重要性等级：★★　难易度等级：★★　书面化等级：★★

【300】交加　jiāojiā

［动词］（两种事物）同时出现或同时降临在一个人身上。

窗外风雨交加，小王一杯清茶一本书，怡然自得地享受着这雨中的周末。

他最后在贫病交加之中离开了这个世界。

得知自己中了大奖的消息，老李惊喜交加，半天都不敢相信这是真的。

重要性等级：★　难易度等级：★★★　书面化等级：★★★

【301】较　jiào

【301-1】［介词］引进比较对象。其对应的通用语体表达形式是"比"。

（1）较＋表事物的名词性词语。两种不同事物相比较。

堂屋较西厢房明亮。

南段水势较北段高，可利用自然落差发电。

南水北调工程，东线较中线、西线动工早。

（2）较＋表过去的时间词语。同一事物前后不同时期比较。

他们较往常更加孝敬二老。

我国综合国力较以往任何时期都大为增强。

今年我国个人所得税税收较去年有大幅度提高。

朱山根已经知道我必走，较先前安静得多了。

重要性等级：★★★　难易度等级：★　书面化等级：★★★

【301-2】［副词］表示具有一定的程度。其对应的通用语体表达形式是"比较"。

这篇文章较空洞。

最近心情较舒畅。

小女儿较伶俐。

你不妨写一些说明性较强的东西。

这是近年来所写较长的一篇罢了。

重要性等级：★★★　难易度等级：★　书面化等级：★★★

【302】较为　jiàowéi

［副词］表示具有一定的程度（但不深），用在双音节形容词前。其对应的通用语体表达形式是"比较"。

内容较为空洞。

态度较为端正。

这一带地势较为平坦。

况且邹七嫂又和赵家是邻居，见闻较为切近，所以大概伊是对的。

重要性等级：★★　难易度等级：★★　书面化等级：★★★

【303】较之于 X　jiào zhī yú X

与 X 相比。

北方人的身材较之于南方人更高大一些。

这本教材较之于那本教材难多了。

小王较之于小李付出的努力更多，所以小王的收获也就更丰富一些。

重要性等级：★　难易度等级：★★★　书面化等级：★★★

【304】皆　jiē

[副词] 表示总括全部，意思是"都、全"。后可接动词性词语、形容词性词语。也可修饰名词，用得较少。其对应的通用语体表达形式是"都"。

比比皆是

一招不慎，满盘皆输。

个个皆大欢喜。

此事已尽人皆知了。

这里盛产柿子，地里、山上、院子里，柿子树触目皆是。

重要性等级：★　难易度等级：★★★　书面化等级：★★★

【305】接连　jiēlián

【305-1】[副词] 一次跟着一次地、一个跟着一个地。

他接连说了三次。

我们接连打了几个大胜仗。

重要性等级：★★★　难易度等级：★　书面化等级：★

【305-2】[习用语] 接二连三　一个接着一个，接连不断。

发生在她身上的喜事接二连三。

老员工接二连三地离职，却没有新员工的加入。

重要性等级：★★★　难易度等级：★　书面化等级：★

【306】接着　jiēzhe

【306-1】[动词] 连着（上面的话）。

我接着这个话题讲几句。

我们还是接着上一篇论文的思路继续探索。

学生一个接着一个站起来发言。

重要性等级：★★　难易度等级：★★　书面化等级：★

【306-2】［副词］表示跟前面的动作紧相连。

这本书，你看完了我接着看。

哥哥穿旧的衣服，弟弟可以接着穿。

重要性等级：★★　难易度等级：★★　书面化等级：★

【307】截然　jiérán

【307-1】［副词］界限分明地。

也许是我的错觉，甚至觉得星空本身都与刚才的截然有别。

这两种植物在形态和生长习性上截然分开，很容易区分。

真醉和假醉是完全不同的两种情况，愚者和装愚者是截然相异的两种人。

他被震惊了，他的心脏以一种截然陌生的节奏跳动。

重要性等级：★　难易度等级：★★★　书面化等级：★★

【307-2】习用语 截然不同　形容事物之间界限分明，完全不一样。

她和她姐姐的性格截然不同。

这是两种截然不同的事物。

重要性等级：★★★　难易度等级：★　书面化等级：★★

【308】竭力　jiélì

［副词］表示用尽一切力量，想尽一切办法以达到目的，强调为了某个明确的目的而积极主动地去做。常修饰"称赞""主张""夸奖""表示""劝说"等表示言语行为的动词。其对应的通用语体表达形式是"尽力"。

他竭力使自己冷静下来。

我竭力控制住自己的情绪，不让眼泪掉下来。

重要性等级：★★　难易度等级：★★　书面化等级：★★★

【309】借以　jièyǐ

［连词］用在下半句的开头，表示把上半句所说的内容作为凭借，以达到某种目的。其较常见的篇章关联形式是"X，借以Y"等。

我们在先生的墓前三鞠躬，借以表达我们对他的崇敬之情。

我们在编辑先生的论文集时，特意在书后附上先生的诗作，借以展示先生多方面的才华。

重要性等级：★★　难易度等级：★★　书面化等级：★★★

【310】仅　jǐn

【310-1】［副词］仅仅。表示限制在某个范围之内。其对应的通用语体表达形式是"只"。

本卡仅限于校内使用。

我们提出的意见仅供参考。

仅生活费一项就可以节省五千元。

仅硬卧车票还有剩余。

重要性等级：★★★　难易度等级：★　书面化等级：★

【310-2】［副词］仅仅。表示数量少。其对应的通用语体表达形式是"只"。

（1）仅＋数量短语。

仅一年时间就写了两本书。

仅二十天就学会了所有的技术。

（2）仅＋V＋数量宾语。

现在这种瓷瓶，仅存二十五件。

写这两本书仅用了一年时间。

重要性等级：★★★　难易度等级：★　书面化等级：★

【311】仅仅　jǐnjǐn

【311-1】［副词］表示限制在某个范围之内。其对应的通用语体表达形式是"只"。

仅仅副业一项就收入 2 万元。

仅仅收集材料就花了他半年多时间。

重要性等级：★★★　难易度等级：★　书面化等级：★

【311-2】［副词］表示数量少。其对应的通用语体表达形式是"只"。

这座大桥仅仅半年就完工了。

那篇文章我仅仅看了一小部分。

仅仅三天，他就把事情办完了。

重要性等级：★★★　难易度等级：★　书面化等级：★

【312】尽管　jǐnguǎn

【312-1】［连词］虽然。表示姑且肯定或承认某一事实。其较常见的篇章关联形式是"尽管 X，但（是）Y""尽管 X，可（是）Y""尽管 X，却 Y""尽管 X，然而 Y""尽管 X，而 Y""尽管 X，仍（然）Y""尽管 X，还是 Y"等。

（1）用于前一分句，后一分句说明立论并不受上文所说事实的影响。多用在主语前，用在主语后的情况相对要少。

尽管我们的制度还很不完善，不可避免地还有人要朝里头扔脏东西，但我们是能"自我净化"的。

尽管一伸膝盖就会感到巨大的疼痛，但他仍然吃力地慢慢走着。

尽管没有受过高等教育，但他还是成了一名优秀的作家。

尽管十月的天气还是温暖的，可他已经在壁炉里生起了火。

但我究竟是新升格的，梦尽管做，却做不着一个清清楚楚的梦。

尽管他十分努力，然而并没有在那次考试中脱颖而出。

尽管创作的过程无比艰辛，而成功的结果无比荣耀。

（2）用于后一分句句首，有补充、承认事实的意味。

我什么也不想瞒她，尽管我比她大八岁。

他们所以能在当时和以后的艰难困苦中忍耐着，等待着，就是相信那样的日子会回头，尽管等待的时间太长了一点儿。

（3）用于"V/A＋尽管＋V/A"格式，动词、形容词同形。

议论尽管议论，第二天早晨都还得集合。

大河是不能飞渡的。那只有这一条路可走。可是绝望尽管绝望，我的心里却非常镇静。

（4）后跟"如此""这样"，肯定的内容见于上文。

只是由于后来日益繁忙，他才渐渐与老大疏远了书信来往，以致最后竟中断了联系。尽管如此，他心里还是爱着哥哥，常常梦见哥哥。

没到中午，爸和妈妈就为什么事大吵起来，双方态度的激烈是空前的。尽管这样，我再也没有过去关窗子或开录音机。

重要性等级：★★★　难易度等级：★　书面化等级：★

【312-2】[副词] 表示没有条件限制，可以放心去做。其对应的通用语体表达形式是"只管"。

有什么困难尽管说，我们一定会帮你解决。

有意见尽管提，不要客气。

重要性等级：★★　难易度等级：★★　书面化等级：★

【313】尽先　jǐnxiān

[副词] 表示尽可能放在优先位置。

尽先照顾好老年人。

尽先安排灾民就医。

重要性等级：★　难易度等级：★★★　书面化等级：★

【314】谨　jǐn

【314-1】[副词] 表示郑重地、正式地（表达）。多见于公文用语。

我代表公司全体员工谨致谢意。

谨祝阁下身体健康。

我们谨向各位代表表示热烈的欢迎。

重要性等级：★★　难易度等级：★★　书面化等级：★★★

【314-2】[副词] 小心地、仔细地。

谨防规程　　谨防破坏

父母的话你要谨记在心。

重要性等级：★★　难易度等级：★★　书面化等级：★★★

【315】尽　jìn

[副词] 全、都。

尽显

尽是些杂事。

重要性等级：★★★　难易度等级：★　书面化等级：★★★

【316】尽情　jìnqíng

［副词］放开感情，对感情不加控制地。用在动词性词语前。

孩子们尽情歌唱。

比赛结束后，大家尽情地说笑。

重要性等级：★★　难易度等级：★★　书面化等级：★★

【317】进而　jìn'ér

［连词］用于递进复句或承接复句的后一分句，表示在已有行为的基础上进一步行动。其较常见的篇章关联形式是"X，进而 Y"等。

孩子先得了感冒，进而又发展成肺炎。

学生必须先掌握好基础理论和知识，进而才能在工作中加以运用。

这个孩子从小不服从家长和老师的管教，后来与社会上的不良分子混在一起，进而走上了犯罪道路。

先提计划，进而加以落实。

重要性等级：★★　难易度等级：★★　书面化等级：★★★

【318】进行　jìnxíng

［动词］从事（某种活动），用来表示持续性的和正式严肃的行为，短暂性的和日常生活中的行为不用"进行"。

进行讨论　　进行工作　　进行说服教育

会议正在进行。

事情进行得很顺利。

重要性等级：★★★　难易度等级：★　书面化等级：★★

【319】进一步　jìnyībù

［副词］表示事情的进行在程度上比以前有所提高。

为了判断这份工作的工作量，得进一步了解一下儿工厂的整个情况。

在坚持全面打击犯罪的同时，进一步加大对各种经济犯罪案件的查处力度。

作为世界上有影响力的大国，两国应该考虑如何进一步加强彼此友好合作关系。

重要性等级：★★★　难易度等级：★　书面化等级：★

【320】经 X　jīng X

【320-1】经过某个地方。必带处所名词宾语。

这次列车经沈阳、长春开往哈尔滨。

重要性等级：★★　难易度等级：★★　书面化等级：★★★

【320-2】经过某一过程或手续。多用于连动句或复句的前一小句。后接动词性词语。

现金账经核对无误。

经再三催问，他才表示同意。

经反复考虑，决定暂缓处理。

单据未经主管人员签字，不得付款。

房间经他这么一收拾，整齐多了。

重要性等级：★★★　难易度等级：★　书面化等级：★★★

【321】径　jìng

［副词］径直。多修饰单音节动词。其对应的通用语体表达形式是"直接"。

（1）不停留地、不绕道地。

于是架起两支橹，一支两人，一里一换人，飞一般径向赵庄前进了。

我不停地说谢谢，不停地向后退，退了两步便转身，径奔石板桥而去。

（2）不必另费周折、不绕弯子地。

所购书款，可径在稿费中扣除为荷。

凡接洽广告，请径与本台广告部联系。

家父病情，可径告无妨。

重要性等级：★　难易度等级：★★★　书面化等级：★★★

【322】径直　jìngzhí

［副词］后接动词性词语。其对应的通用语体表达形式是"直接"。

（1）表示向某处进发时中途不停留、不绕道。多用于行走、出行等方面。

下了飞机，他便叫车径直回家，并未回公司。

那里摆着一张崭新的烧漆席梦思单人床。……我径直走到它跟前，看出它不是本地产品。

我径直走过去关窗子，关窗子是为了不叫邻居听见，仍然径直回到我们的房间打开录音机，开录音机是为了混淆邻居的听觉。

（2）表示做事说话不必另费周折、不绕弯子地进行。

候选人条件上次已向大家征求过意见。这次开会，他径直向大家宣读入选名单。

会谈一开始，她便向对方径直表明了自己公司的意见。

径直写下去吧。

重要性等级：★★　难易度等级：★★　书面化等级：★★★

【323】径自　jìngzì

［副词］表示独自直接行动。后接动词性词语。

他说着，便跨上马，径自走了。

任务还没有完成，他便径自离开岗位。

重要性等级：★　难易度等级：★★★　书面化等级：★★★

【324】竟　jìng

［副词］竟然。表示出乎意料。

芳芳这个年纪轻轻的小姑娘竟也跃跃欲试，想赌一场了。

车竟横在路中间。

几年没见，她竟长成大姑娘了。

大家估计他老人家不会参加，他竟来了。

重要性等级：★★★　难易度等级：★　书面化等级：★★

【325】迥异　jiǒngyì

【325-1】［形容词］相差很远、极不相同。

他们二人性情迥异。

姐妹俩相貌相似，可是气质迥异。

重要性等级：★★　难易度等级：★★　书面化等级：★★

【325-2】习用语 风格迥异　指作品或设计所表现的思想特点或艺术特点完全不同。

这两个民族的服饰风格迥异。

<u>风格迥异</u>、五彩缤纷的建筑物鳞次栉比，错落有致。

我走过许多地方，见过不少<u>风格迥异</u>、巧夺天工的大小桥梁。

重要性等级：★★　难易度等级：★★　书面化等级：★★

【326】究　jiū

［副词］究竟。其后多接单音节词。

国王惊讶之至，就问年轻人<u>究</u>因何事，忽然憔悴。

杨成协虽然力大，<u>究</u>不及周仲英功力精湛，手中钢鞭竟然便给他硬生生夺去。

此事<u>究</u>应如何办理？

重要性等级：★　难易度等级：★★★　书面化等级：★★★

【327】究竟　jiūjìng

【327-1】［副词］用于问句中，表示进一步的追问，表达了"很想知道"的语气。其对应的口语语体表达形式是"到底"。

中国<u>究竟</u>有多少个姓，至今也没有准确的统计数字。

室内温度<u>究竟</u>多高才对这种鲜花的生长有利？

为什么这段路经常发生车祸？发生车祸的原因<u>究竟</u>是什么？

重要性等级：★★　难易度等级：★★　书面化等级：★

【327-2】［副词］毕竟、归根到底。多用于评价性的陈述句，加强语气。其对应的口语语体表达形式是"到底"。

孩子<u>究竟</u>是孩子，哭了一会儿又高兴起来了。

<u>究竟</u>是大城市来的，生活习惯跟我们这里就是不一样。

他<u>究竟</u>是老教师，教学上特别有经验。

重要性等级：★★　难易度等级：★★　书面化等级：★★★

【328】究其 NP　jiūqí NP

"究"指"探究"，"其"指"他（她/它）的"，"究其NP"即指"追究他（她/它）的NP"。

<u>究</u>其原因　　<u>究</u>其原委　　<u>究</u>其根源　　<u>究</u>其本质

<u>究</u>其实质　　<u>究</u>其缘由　　<u>究</u>其渊源

重要性等级：★　难易度等级：★★★　书面化等级：★★★

【329】久久　jiǔjiǔ

［副词］很长时间。一般修饰否定形式。

听了这话，我心里<u>久久</u>不能平静。

想得太多，使她<u>久久</u>无法入眠。

她的歌声使我<u>久久</u>难以忘记。

重要性等级：★★　难易度等级：★★　书面化等级：★★★

【330】就　jiù

【330-1】［介词］引进动作的对象或范围。

<u>就</u>事论事

本报记者最近<u>就</u>生日礼物的问题做了一项调查。

校长<u>就</u>教学改革计划对学生们进行了解释。

专家们<u>就</u>目前中国经济发展中的问题展开了热烈讨论。

外交部发言人<u>就</u>中国政府在这个问题上的看法回答了中外记者的提问。

重要性等级：★★★　难易度等级：★　书面化等级：★★★

【330-2】［介词］表示从某方面论述，多与其他人相比较。

<u>就</u>我来说，再走二十里也行。可是体弱的同志该休息一会儿了。

<u>就</u>专业知识来说，我远不如你。

重要性等级：★★★　难易度等级：★　书面化等级：★★

【330-3】［介词］挨近、靠近。后接单音节成分时，常构成固定词语，后接多音节成分时，后要加"着"。

<u>就</u>地取材　　<u>就</u>近入学

<u>就</u>着桌子写字。

<u>就</u>着宿舍周围砌了几个花坛。

重要性等级：★★　难易度等级：★★　书面化等级：★

【330-4】［介词］趁着、借着。后多加"着"。

<u>就</u>着这场雨，赶快把苗补齐。

小李<u>就</u>着医疗队仅存的机会，学了不少医学基本知识。

重要性等级：★★　难易度等级：★★　书面化等级：★

【331】就此　jiùcǐ

［副词］就在这里、就在这时。用在动词性词语前。

他的发言就此结束。

他们不会就此放弃努力，还会重新再来。

重要性等级：★★　难易度等级：★★　书面化等级：★★★

【332】就 X 而言 / 来说　jiù X ér yán / lái shuō

引进谈话的对象。

就这件事而言

就我而言

就他考试不及格这件事而言

就那件事来说

就期末考试来说

就我们家来说，家规还是挺严厉的。

重要性等级：★★　难易度等级：★★　书面化等级：★★

【333】居　jū

【333-1】［动词］处在某个位置。

居于领导地位

该省粮食产量居全国之首。

重要性等级：★★　难易度等级：★★　书面化等级：★★★

【333-2】［动词］占据、属于某种情况。

五月的天气里，主要是蜜蜂居多。

百分之零或百分之百，二者必居其一。

重要性等级：★★★　难易度等级：★　书面化等级：★★★

【334】居间　jūjiān

［副词］在双方中间说合、调解。

居间调停　　居间调解　　居间讲和

重要性等级：★　难易度等级：★★★　书面化等级：★★★

【335】举凡　jǔfán

［副词］只要是、凡是。表示总括某一范围内的一类事物。后面常有"无一""无不""都""总"与之呼应。

（1）举凡＋联合短语。

举凡琴棋书画，他无一件不会，无一件不精。

先生酷爱中华艺术，举凡书画辞章，无不诣习。

（2）举凡＋"一切""这些"等。

他最讲究吃，他是个有名的饕餮，精于品味食物的美恶，举凡一切烹调秘方，他都讲得头头是道，说得有声有色，简直像一篇袁子才的小品散文。

举凡一切用品、食物，只要是新发明的、新上市的，她都有兴趣。

重要性等级：★　难易度等级：★★★　书面化等级：★★★

【336】巨大　jùdà

【336-1】［形容词］非常大，大得不同寻常。侧重突出广度、高度、程度超过一般。修饰的对象广泛，可以用于人、具体事物或抽象事物。

一块巨大的广告牌矗立在车水马龙的马路旁边。

听到母亲突然故去的消息，巨大的悲痛一下子把他击倒了。

这次洪水给农民们造成了巨大的损失，半年的辛勤劳作毁于一旦。

重要性等级：★★★　难易度等级：★　书面化等级：★★

【336-2】习用语 巨大无比　形容十分庞大。

白日，阳光普照，反光，折射，活生生展现出一个巨大无比、晶莹剔透而又五颜六色的水晶世界。

李永忠喊出的心声，反映出一种巨大无比的信任感。

重要性等级：★★　难易度等级：★★　书面化等级：★★

【337】具有NP　jùyǒu NP

有某种抽象事物或特征。其中NP的中心语多为具有抽象意义的名词，如"意义""风格""作用""信心""品质""本领"等。

中华民族具有五千年的悠久历史。

他的这幅画具有齐白石的风格。

重要性等级：★★★　难易度等级：★　书面化等级：★★

【338】俱　jù

［副词］全部、都、全。用在单音节动词、单音节形容词前。

这部电影的音乐、摄影俱为世界一流。

商店虽小，各色货物俱全。

重要性等级：★★　难易度等级：★★　书面化等级：★★★

【339】据　jù

【339-1】［动词］占据。

据为己有　　据险固守

重要性等级：★★　难易度等级：★★　书面化等级：★★★

【339-2】［介词］按照、依据。

据理力争　　据实报告　　据民歌改编

你一定要据事实说话。

重要性等级：★★　难易度等级：★★　书面化等级：★★★

【340】距　jù

【340-1】［动词］表示时间或空间上的距离。其对应的通用语体表达形式是"离"。

博物馆距我们的住处约有20公里。

这里距拉萨尚有400公里。

第一届现代奥运会距今已有一百年了。

重要性等级：★★★　难易度等级：★　书面化等级：★★★

【340-2】［动词］表示两个抽象事物之间的差距。其对应的通用语体表达形式是"离"。

我们所取得的进步距时代的要求还差得很远。

我们深知距理想的目标还有较大的差距。

距结婚的日期已近，一些悠闲的问题都搁置了下来

距那个时期并不很久，在冬日的暖阳里，江涛在这里第一次拥抱了她。

重要性等级：★★★　难易度等级：★　书面化等级：★★★

【341】决 　jué

［副词］一定、完全。用在否定词 "不" "无" "没有" "非" 等前面，表示坚决否定。

遵守学生守则，决不迟到早退。

我和曼曼都觉得这是太岂有此理的要求，决不允许。

我想我病得这样难看，你决不能想起我是谁。

重要性等级：★★★　难易度等级：★　书面化等级：★

【342】决不 VP 　jué bù VP

【342-1】坚决不、无论如何不、在任何条件下都不。

对此，我们必须提高警惕，决不上当。

严格地说，他写的都是童话，但成人读者对它们的喜爱，决不亚于青少年。

我们不但热情接待，而且决不 "宰" 客人。

重要性等级：★★★　难易度等级：★　书面化等级：★

【342-2】习用语 决不姑息 　坚决不苟且求安、无原则地宽恕。强调对于某种不良行为在态度上绝对不能容忍，要与之斗争到底。

对于违法犯罪行为，我国决不姑息。

对于这种恶劣行径，我校决不姑息。

重要性等级：★★　难易度等级：★★　书面化等级：★★

【343】决计 　juéjì

【343-1】［动词］表示主意已定、决定。

无论如何，他决计要离开这里。

小公爵这就坐到一把旧太师椅上，决计要好好地教训桃大人一顿。

我决计不再写这样的小说，当编印《呐喊》时，便将它附在卷末，算是一个开始，也就是一个收场。

重要性等级：★　难易度等级：★★★　书面化等级：★★★

【343-2】［副词］表示十分肯定地判断，认为不会有误。其后多跟否定形式。

你要相信，他做事，决计不会吃亏。

至于贵人富户，则因为属于呆鸟一类，所以决计想不出如此雅致的花样来。

重要性等级：★　难易度等级：★★★　书面化等级：★★★

【344】决绝　juéjué

［形容词］十分坚决。其后多加助词"地"，后接动词。

五个月前，一个大人物正式找他谈了话，他决绝地谢绝了。

但是，有些读书人说，我们看这些古东西，倒并不觉得于中国怎样有害，又何必这样决绝地抛弃呢。

重要性等级：★　难易度等级：★★★　书面化等级：★★★

【345】决然　juérán

【345-1】［副词］表示态度很坚决。有时和"毅然"连用，"毅然"在前。

天一时是不会晴的了，老等着谁耐烦？所以决然动身。

他不顾亲戚们的坚留和劝说，毅然决然地于下午六时左右下了船。

重要性等级：★　难易度等级：★★★　书面化等级：★★★

【345-2】［副词］必然、一定。上文或句中有或隐含着一定会如此的理由。多修饰否定形式，极少修饰形容词。

根据地已经缩小，我们便决然不能还像过去那样地维持着庞大的机构。

现在是该城市决然兴起的时候，我们应该更加努力地发展经济。

重要性等级：★　难易度等级：★★★　书面化等级：★★★

【346】决意　juéyì

［动词］表示主意已定。后加动词性短语。

她想了一夜，决意辞工。

他压住小蛇一样钻出来的念头，决意不改变方针。

他决意自己试行编撰。

重要性等级：★　难易度等级：★★★　书面化等级：★★★

【347】绝　jué

【347-1】［副词］绝对。用在否定词前，表示对某种情况或者性质完全地、全部地否定。

（1）绝不 X。

这种事情，我们绝不能参与。

绝不拿原则做交易。

我在倒数上去的二十年中，只看过两回中国戏，前十年是绝不看，因为没有看戏的意思和机会。

（2）绝无 X。

我绝无此意。

要是没有前辈们的付出，中国绝无今天的局面。

他在这件事上绝无私心。

（3）绝没（有）X。意思同"绝无 X"。

在喝醉的时候，他倒想卖个儿子，但是绝没人要。

干这事的绝没有旁人，肯定是他。

认同自己，绝没有不对。

（4）绝非 X。

信仰为人人之自由，而思想乃绝非武力所能压制者。

文学创作是一项寂寞的事业，绝非金钱所能刺激，精品更不能用金钱来衡量。

（5）绝未 X。意思同"绝没（有）X"。用得极少。

我站的地方，离开卫队不过二十余步，绝未听到枪声。

（6）绝 + 其他否定形式。

他们绝考虑不到这一点。

他们也绝想不到自己会这样穷。

重要性等级：★★★　难易度等级：★　书面化等级：★★★

【347-2】［副词］极、最。表示程度非常高。能够受其修饰的单音节形容词数量很少，如"少""妙""佳""早""大""好"等。也可以修饰"大多数""大部分"，表示接近全部。"绝少""绝妙""绝佳"可以出现在谓语位置上，也可以不出现在谓语位置上。

他写文字时，往往拈笔伸纸，便手不停挥地写下去，开始及中间，停笔踌躇时绝少。

在当时绝少有人看到这点。

"何处"二字，看似寻常，实则绝妙。

状物达意，使颂扬之情，寓于对景物的描绘之中，取得了避俗从雅的绝佳艺术效果。

班里绝大多数同学参加了这次语言实践。

而"绝大""绝好""绝早"等不能出现在谓语位置上。

绝大多数　　绝大部分　　绝大的错误

这是一个绝好的机会，千万不要错过。

第三天，起了一个绝早，才看到了日出。

重要性等级：★★　难易度等级：★★　书面化等级：★★★

【348】均　jūn

【348-1】［副词］表示总括全部。后可接动词性词语、形容词性词语。其对应的通用语体表达形式是"都"。

各项任务均已顺利完成。

这件事情纯属意外，双方均不负有责任。

家中均安，不必挂念。

现在军官士兵待遇提高，一般吃穿均较优良。

在敌方兵力及武器均优于我军时，万不可正面对峙。

重要性等级：★★　难易度等级：★★　书面化等级：★★★

【348-2】［形容词］表示平均、均等。用在单音节动词或动词性短语前。

这点儿东西，大家均分了吧。

把鱼均切成三份。

重要性等级：★★　难易度等级：★★　书面化等级：★★★

K

【349】开展　kāizhǎn

〔动词〕使从小向大发展，使展开。可以与"开展"经常搭配使用的词比较有限，常后接"批评""调研""研究""业务""项目""活动"等动词或者名词作为其宾语，或者后接"起来""下去"等趋向动词作为其补语。

开展批评与自我批评

就这个问题多次开展专题调研。

使群众性的体育运动首先在学校、部队和机关中切实地开展起来。

周光召表示，今后这项活动还要深入持久地开展下去。

重要性等级：★★★　难易度等级：★　书面化等级：★★

【350】堪　kān

【350-1】〔动词〕能、可以、足以。

堪称　　堪当重任　　堪称楷模　　苦不堪言

重要性等级：★　难易度等级：★★★　书面化等级：★★★

【350-2】〔动词〕勉强承受（困难、痛苦或遭遇），能忍受。

难堪　　不堪凌辱　　不堪一击

重要性等级：★★　难易度等级：★★　书面化等级：★★★

【351】可　kě

【351-1】〔助动词〕表示许可或可能，同"可以"。

不可分割　　可望而不可即

重要性等级：★★★　难易度等级：★　书面化等级：★

注意：这种用法在口语中只用于正反对举，如"可大可小""可有可无""可去可不去"。

【351-2】〔助动词〕表示值得。可用于"可＋V＋的"格式。

我没什么可介绍的了，就说到这儿吧。

北京<u>可</u>游览的地方不少。

这个展览会<u>可</u>看的东西真多。

重要性等级：★★★　难易度等级：★　书面化等级：★

【352】可谓　kěwèi

【352-1】［动词］可以说。

这个问题<u>可谓</u>一言难尽。

他的医术<u>可谓</u>妙手回春。

这幅画儿画得很逼真，<u>可谓</u>以假乱真。

重要性等级：★　难易度等级：★★★　书面化等级：★★★

【352-2】 习用语 **真可谓是**　真可以说是。在语气上表示强调。

春节期间不仅放长假，而且各种活动最多，文化内涵最丰富，<u>真可谓是</u>中国的第一大节日。

江南一带人杰地灵，物产丰富，<u>真可谓是</u>人间天堂啊！

广西桂林一带有很多岩洞，里面的石头由于时代久远而变化成各种各样的形状，有的美丽，有的壮观，<u>真可谓是</u>天下奇观了。

重要性等级：★　难易度等级：★★★　书面化等级：★★★

【353】刻意　kèyì

［副词］用尽心思，以达目的。后接动词性词语。

<u>刻意</u>打扮　　<u>刻意</u>经营　　<u>刻意</u>追求

不可<u>刻意</u>模仿。

<u>刻意</u>求美，反失其真。

她并不<u>刻意</u>修饰，可是整整齐齐，有模有样。

当时没有<u>刻意</u>去想，只是自己瞬间的一种感觉，其实队里许多队友都具备这样的能力。

重要性等级：★★　难易度等级：★★　书面化等级：★★★

【354】恐　kǒng

［副词］恐怕。往往后接单音节词，如"恐另有重用""恐难两全""恐非易事"中的"另""难""非"等都不宜替换为"另外""难以""不是"。

并非如此，恐另有重用。

读之再三，不忍掩卷。试探其由，恐非读书之功莫属。

此事恐难两全。

买断产权，恐非易事。

绍兴有数以千计的桥，恐穷尽天下画工，无以描其缥缈凌波之态。

重要性等级：★　难易度等级：★★★　书面化等级：★★★

【355】况　kuàng

［连词］何况、况且。其较常见的篇章关联形式是"X，况Y"等。

（1）义近"何况"，用反问的语气表示更进一层的意思。

由此笔者联想到，连改变一下儿陈规旧习都要在一些人心里引起一层不小的涟漪，更况是关系到国计民生大计的那些改革呢。

江河尚能跨越，况此等沟洫乎？

（2）义近"况且"，在阐明主要理由之后，用它来补充说明理由。

她们既被逼的以歌为业，她们的歌必无艺术味的，况她们的身世，我们究竟该同情的。

我们看看古瓷的细润秀美，……胸襟也可豁然开朗。况内地更有好处，为五方杂处，众目具瞻的上海等处所不及的。

重要性等级：★　难易度等级：★★★　书面化等级：★★★

【356】况且　kuàngqiě

［连词］用来进一步说明理由或补充新的理由。其较常见的篇章关联形式是"X，况且Y"等。

商店那么远，况且又要下雨了，明天再去吧。

还是买笔记本电脑吧，方便，况且价格也不贵。

重要性等级：★★　难易度等级：★★　书面化等级：★

L

【357】历程　lìchéng

［名词］表示事物发展变化经过的程序、道路，侧重指人们经历的较长的、不平凡的过程。"历程"适用范围较小，多用于革命、战斗、个人或组织的成长等。一般用于过去的、已经完成的事。

读者透过老作家的人生历程，能看到近百年社会风云变幻的一个侧面。

这就是老将军不平凡的战斗历程的起点。

一般有大成就的人，都有其苦难的心路历程。

重要性等级：★★　难易度等级：★★　书面化等级：★★★

【358】历来　lìlái

［副词］从过去到现在（一直如此）。后接动词性词语或形容词性词语。其对应的通用语体表达形式是"从来"。

对你，我历来支持。

只要是好主意，我历来赞成。

妈妈办事历来公正。

他历来就很大方。

我国西北地区历来雨量稀少。

重要性等级：★★　难易度等级：★★　书面化等级：★★★

【359】历历　lìlì

［形容词］表示物体或景象一个一个都很清楚。强调细致入微、清楚明了的程度。修饰动词性词语。

十年前的往事历历在目。

面对着外白渡桥，往事历历如潮翻滚。

湖水清澈，游鱼历历可数。

重要性等级：★　难易度等级：★★★　书面化等级：★★★

【360】立即　lìjí

［副词］立刻。表示动作行为、情况很快发生，或某个情况紧接着前面的情况发生。修饰动词性词语。其对应的通用语体表达形式是"马上"。

听罢，他立即甩门而去。

妈妈病了，要你立即回家。

到北京后，立即给我来信。

竟忘记了这是水下，张嘴惊叫了一声，立即呛了一嗓子眼儿苦咸的海水。

他说话的时候，我发现其他的几个担架员也都睁大了眼盯着我，似乎我点一点头，这伤员就立即会好了似的。

重要性等级：★★　难易度等级：★★　书面化等级：★★★

【361】立刻　lìkè

［副词］表示动作行为、情况很快发生，或某个情况紧接着前面的情况发生。其对应的通用语体表达形式是"马上"。

芳芳到胡同口接传呼电话，立刻辨出是吴越的声音。

小星把枪放下，蹲下身子，立刻就有一线光亮照到洞里来。

他们发现一个黑皮上带有花白点儿的大个儿西瓜，立刻就挑拣出来，藏到了铺子下边。

那跑堂的一听到朱经理来哉，立刻有两个人应声而出，一边一个，几乎是把个朱自冶抬到头等房间里。

我们一来到街上，立刻就说家里的事。

郝三一辈子也没听人叫他一声"三哥"，听了后，立刻精神大振。

重要性等级：★★★　难易度等级：★　书面化等级：★★

【362】隶属（于）　lìshǔ（yú）

［动词］受管辖、从属。

每位商人该隶属一个老板联合协会，这协会该隶属商会。

原始部落中的每一个成员，都隶属于一个特定的宗族。

一群隶属于军乐队的苏格兰高原士兵从车上七零八落地下来了。

重要性等级：★★　难易度等级：★★　书面化等级：★★★

【363】连连　liánlián

［副词］表示动作行为连续不断、反复出现。

他连连点头，对对方的观点表示认同。

他立刻豪壮地举起了胳膊，连连伸出去打了几拳。

她连连点头说："对对，我同意，说吧。"

重要性等级：★★　难易度等级：★★　书面化等级：★★

【364】连同　liántóng

［连词］和、连。

他的住房连同那条小胡同儿终于要被拆平了。

请大家把这篇课文连同阅读短文再读一遍。

你把货物连同发票一起送来。

今年连同去年下半年，他一共出了四次国。

重要性等级：★★　难易度等级：★★　书面化等级：★

【365】连续　liánxù

［副词］一个接着一个、接连不断。

她连续工作了十五个小时。

她连续演了三十多场戏剧。

最近连续热了三四天，着实让人难受。

重要性等级：★★　难易度等级：★★　书面化等级：★

【366】两　liǎng

［数词］表示双方。

两便　　两利　　两全其美　　两相情愿　　势不两立　　两两相对

重要性等级：★★★　难易度等级：★　书面化等级：★★

【367】令　lìng

［动词］使。"令人"是比较固定的用法，如"令人厌恶""令人害怕""令人烦恼""令人不愉快"等。其对应的口语语体表达形式是"让""叫"。

他们在谈判中提出的条件令对方很为难。

他的话令我想起了我那位死去的朋友。

那是一个令人难忘的夜晚。

他的变化令人吃惊。

重要性等级：★★★　难易度等级：★　书面化等级：★★★

【368】陆续　lùxù

[副词] 表示前后相继、断断续续地。可以重叠为"陆陆续续"，后面可以用助词"地"。

春天来了，院子里的鲜花陆续开放了。

科学大会召开前夕，各地科学家陆续到达北京。

近两年来，我们厂陆续提拔了十多位年轻干部。

学生们陆续地走进教室，坐到座位上准备开始上课。

重要性等级：★★　难易度等级：★★　书面化等级：★

【369】屡　lǚ

【369-1】[副词] 多次。表示相同或类似的行为多次重复。后常接单音节动词。

近年来我国运动员在很多国际大型运动会上屡创佳绩。

这场战役，敌军屡遭重创，损失严重。

这个人屡教不改。

现在这种事情也是屡见不鲜。

重要性等级：★★　难易度等级：★★　书面化等级：★★★

【369-2】习用语 **屡败屡战**　比喻虽然多次遭受挫折和失败，仍然努力不懈。

屡败屡战的精神才是值得我们学习的。

他属于屡败屡战顽强之人。

重要性等级：★　难易度等级：★★★　书面化等级：★★★

【369-3】习用语 **屡战屡败**　多次打仗，次次战败，比喻一个人多次遭受挫折和失败。

他屡战屡败的原因值得探讨。

屡战屡败消磨了他的意志。

重要性等级：★　难易度等级：★★★　书面化等级：★★★

【370】屡 V 不 A / V　lǚ V bù A / V

屡见不鲜　　屡教不改　　屡禁不止　　屡试不爽

重要性等级：★　难易度等级：★★★　书面化等级：★★★

【371】屡次　lǚcì

［副词］一次一次地。表示相同或类似的动作行为多次重复发生。用于已发生的情况，用在动词性词语前。其对应的通用语体表达形式是"多次"。

这个问题我们屡次提出，但都没有得到解决。

她学习很好，屡次被评为优秀。

重要性等级：★　难易度等级：★★★　书面化等级：★★★

【372】屡屡　lǚlǚ

［副词］屡次、一次又一次。

刑讯逼供情况屡屡不止，解决此现象的关键点在哪里？

他写这篇回忆录的时候，屡屡搁笔沉思。

凡此种种现象屡屡上演，令人瞠目结舌、触目惊心。

重要性等级：★★　难易度等级：★★　书面化等级：★★

【373】略　lüè

【373-1】［副词］略微。多修饰单音节的动词或形容词。其对应的通用语体表达形式是"稍微"。

女孩儿的表情略带些哀愁，好像有什么心事。

产量略有提高。

情况略有变化／好转。

此事略有所闻。

晚上略有寒意。

身体略感不适。

文章略加修改，便可刊出。

今天的菜都不错，只是扁豆略老了一些。

而且对付还须谦虚，倘使略不小心，皱一皱眉，就难免有人说是"发脾气"。

重要性等级：★★　难易度等级：★★　书面化等级：★★★

【373-2】习用语 略知一二　大概知道一些，经常用来表示自谦。

我对于计算机编程略知一二。

他对于中文略知一二。

重要性等级：★　难易度等级：★★★　书面化等级：★★★

【374】略略　lüèlüè

［副词］略微。表示程度不高，数量不大，时间不长。其后常出现"（一）下儿""（一）点儿""（一）些""几分"等表示程度的数量短语或者动词重叠形式等。其对应的通用语体表达形式是"稍微"。

他略略交代几句，便匆匆上路。

上午天色开始阴暗，午后略略飘起一些雪花。

微风吹来，湖面上略略起了些波纹。

打开了房门，他略略地看了看就退了出来。

那汉子略略怔了怔说："好。过两年我来接你。"

它们奔行的速度只比白天略略慢了一点儿而已。

重要性等级：★　难易度等级：★★★　书面化等级：★★★

【375】略微　lüèwēi

［副词］表示程度不深或数量不多。其对应的通用语体表达形式是"稍微"。

这条裙子略微长了一点儿。

你来得略微晚了些。

重要性等级：★★　难易度等级：★★　书面化等级：★★★

【376】落实　luòshí

［动词］主要指计划、政策、措施等具体、明确地落到实处，并得以实现。

员工们被要求立即落实三项决定。

计划订得宏伟，却什么也没落实。

从政策到措施，反复研究，反复落实。

重要性等级：★★　难易度等级：★★　书面化等级：★★

M

【377】贸然　màorán

［副词］表示动作、行为轻率鲁莽，不加考虑。

他未同父母商量，就贸然一个人去了广州。

我不理解他的做法，但又不敢贸然提问，怕惹得他不愉快。

他没事先通知，贸然离职。

重要性等级：★★　难易度等级：★★　书面化等级：★★

【378】貌似　màosì

［动词］表面上很像，但实际情况可能并非如此。

貌似公允　　貌似强大　　貌似友好　　貌似单纯　　貌似冷漠

重要性等级：★★★　难易度等级：★　书面化等级：★★

【379】枚　méi

［量词］跟"个"相近。多用于形体较小的片状物或某些武器。

一枚硬币　　一枚铜圆　　三枚邮票　　三枚奖章　　五枚纪念章

一枚金牌　　一枚火箭　　两枚导弹

重要性等级：★★　难易度等级：★★　书面化等级：★★★

【380】每当 X 时　měidāng X shí

每次发生某事或出现某种情况时。其后常接一个主谓句，也可以跟一个复句。常有"都""就"跟它呼应。

每当天使飞到一个地方时，如果发现那里有人需要帮助，他就会立刻帮忙。

每当讲起这件事时，她都会流下眼泪。

每当遇到困难时，我会对自己说："我有信心！"

每当站在前面讲话时，他都会脸红。

重要性等级：★★★　难易度等级：★　书面化等级：★★

【381】每每　měiměi

［副词］表示同样的情况在一定的情境、条件下反复出现、多次发生，一般用于过去的情况或经常性的事情。

（1）用于前一分句中，在表示情境、条件的词语之前，后一句常有"就""都"。

每每在周六或周日，他都到这里来吃顿饭。

每每走过这些橱窗前，她都不由自主地停下脚步看看。

（2）用于后一分句或单独的句子中，表示通常是这样，与"往往"意思接近。

他的基础不大好，考试每每是不及格。

流行感冒每每在秋冬季节发生。

重要性等级：★★　难易度等级：★★　书面化等级：★★★

【382】每一 X　měi yī X

指全体中的任何个体，强调个体的共同点。X 多为双音节名词。省去量词，数词限于"一"。

每一事物都有自己的特点。

人的概念的每一差异都是客观矛盾的反映。

重要性等级：★★　难易度等级：★★　书面化等级：★★★

【383】猛然　měngrán

［副词］动作或事情发生得突然而且迅速，也可以说成"猛然间"。后接动词性词语，或用在句子的主语前面（后面常有停顿）。

他猛然站起来，大叫了一声。

老人猛然回头一看，看见了那个人。

猛然，他的手一甩，那个包就飞出去了。

猛然间，他拔出了手枪。

重要性等级：★★　难易度等级：★★　书面化等级：★★★

【384】弥　mí

［副词］更加。

弥足珍贵　　欲盖弥彰　　意志弥坚

重要性等级：★★　难易度等级：★★　书面化等级：★★★

【385】免　miǎn

【385-1】［动词］去掉、除掉。

免职　　免打扰　　免押金　　免运费　　免签证

为使居民们能吃上较便宜的西非大黄鱼，国家对该公司免税五年。

优秀学生是可以免书本费的。

重要性等级：★★★　难易度等级：★　书面化等级：★

【385-2】［副词］不可、不要。

军事要地，闲人免进。

所谓谈判，实则是不谈只判，除了割地赔款外，免开尊口。

重要性等级：★★★　难易度等级：★　书面化等级：★

【386】莫　mò

【386-1】［副词］不要、不可。表示劝阻。后接动词性词语，动词多为单音节。"莫说"跟"就是"搭配使用，跟"别说""不用说"一样，表示深浅两事对举着说，说明某种情况没有例外。

你莫说，我都知道了。

"莫哭莫哭，我的好孩子。"他弯下腰去抱她。

你们就防止他们逃跑吧，千万莫叫这些东西跑掉了。

小心捉贼，莫令逃脱，更应小心，莫加伤害。

莫说其他小城市，就是上海、北京，也都这样。

重要性等级：★★　难易度等级：★★　书面化等级：★

【386-2】［副词］不、不可。表示否定，多用于成语。

莫如　　　爱莫能助　　　概莫能外　　　望尘莫及

真伪莫辨　　一筹莫展　　　疑团莫释

重要性等级：★★　难易度等级：★★　书面化等级：★★★

【386-3】［副词］表示"没有谁"或"没有哪一种东西"。用于比较，有"没有比……更/再"的意思。多修饰形容词性词语。

你们的帮助是对灾区人民的莫大鼓舞。

首长和老战士的热情关怀使她觉得，就是爹妈也莫过如此。

重要性等级：★　难易度等级：★★★　书面化等级：★★★

【387】莫不　mòbù

［副词］双重否定，没有（谁／一个）不、全都、无不。主语必为多数。

这一千小孩儿到十六岁时，莫不文武双全，人世少见。

在座之人，莫不痛哭流涕。

重要性等级：★　难易度等级：★★★　书面化等级：★★★

【388】莫大　mòdà

［形容词］没有比这个再大、极大。

莫大的光荣　　莫大的幸福

重要性等级：★　难易度等级：★★★　书面化等级：★★★

【389】莫非　mòfēi

［副词］表示揣测或反问。其对应的口语语体表达形式是"别不是"。常和句末的"不成"呼应。

（1）用在反问句中，表示反问语气。

这点儿小事，莫非你要记一辈子？

我们同窗三年，莫非你忘了吗？

老师批评他上课睡觉，莫非错怪了他不成？

（2）用在问句中，表示怀疑、猜测的语气。

怎么一点儿动静都没有？家里莫非没人？

手机不见了，莫非刚才被人偷了？

他将信将疑地说，莫非我听错了？

重要性等级：★★　难易度等级：★★　书面化等级：★★★

【390】莫如／莫若　mòrú／mòruò

［连词］用于比较优劣得失以后所做的肯定选择。其对应的通用语体表达形式是"不如"。其较常见的篇章关联形式是"X，莫如／莫若 Y"等。

你手中既没有积蓄，借钱买车，得出利息，还不是一样？莫如就先赁车拉着。

他想，既然路过，<u>莫如</u>就顺道进去看看。

与其你去，<u>莫若</u>他来。

重要性等级：★　　难易度等级：★★★　　书面化等级：★★★

【391】蓦地　mòdì

［副词］出乎意料地、突然。用在动词性词语和形容词性词语前。其对应的通用语体表达形式是"突然""忽然"。

小鸟<u>蓦地</u>飞走了。

她<u>蓦地</u>站起来。

他<u>蓦地</u>扑向刘老师，抽泣不已。

宋华出了门，<u>蓦地</u>想起刚才广播说下午有阵雨，就又回去拿雨衣。

老伴儿的目光又<u>蓦地</u>柔和下来，甚至出现了从未有过的亲切和爱恋。

韩玉梅悲悲戚戚地抽泣了一会儿，<u>蓦地</u>又面露菜色。

重要性等级：★　　难易度等级：★★★　　书面化等级：★★★

【392】蓦然　mòrán

［副词］表示急促和出人意料、突然、忽然。多表示由景象等触发而突然产生。后接动词性词语。其对应的通用语体表达形式是"突然""忽然"。

我<u>蓦然</u>明白，我们俩不可能再在一起了。

正走着，我<u>蓦然</u>发现草丛中钻出来一只小狗。

今天早上我正准备上公共汽车，<u>蓦然</u>想起有一份重要的文件落在家里了，只好再返回去拿。

吴越<u>蓦然</u>想起了开启"魔匣"那个晚上，他曾经说过"我们是皇帝"的话。

重要性等级：★　　难易度等级：★★★　　书面化等级：★★★

【393】默默　mòmò

［副词］表示动作没有发出声音地进行。后面带"地"的情况较多，"默默"后面多为双音节、多音节动词，如果是单音节动词，动词后要后接助词"着""了"或宾语。

他坐在沙发上<u>默默</u>思考。

两个人<u>默默</u>地坐着，谁也没说话。

重要性等级：★★　　难易度等级：★★　　书面化等级：★

【394】默然　mòrán

［形容词］表示沉默不说话的样子。很少做谓语。

其次是看提篮，有一个包着七元大洋的纸包，打开来数了一回，<u>默然</u>无话。

"疯子！"我们<u>默然</u>相对，暂时无话可说。

重要性等级：★　难易度等级：★★★　书面化等级：★★★

【395】某　mǒu

【395-1】［代词］泛指不确定的人、事物或时间、地点。

（1）某＋数量词＋N。数词限于"一""些""几"，其中"一"和量词均可以省略。

不同学者在<u>某</u>一个学术问题上有争议是十分正常的。

<u>某</u>些腐败分子贪得无厌。

<u>某</u>些地方的地方保护主义应该纠正。

似乎有<u>某</u>种力量促使他奋力前行。

如果你到<u>某</u>小单位去工作，可能就没有这样好的条件了。

（2）某某＋N。指人或团体、机构时，"某"可以重叠为"某某"，但所指仍为单数，且不再后接量词。

现在许多大学领导过度重视学校排名，比如<u>某某</u>大学排名下降了几名，领导就会开始焦虑。

（3）某＋甲/乙/丙。同时并用时分别指两个以上不确定的人。"某甲"也可以单用，代表未说出姓名的人。

<u>某</u>甲比<u>某</u>乙重 1 公斤，两人体重之和是 125 公斤，问各人体重多少？

<u>某</u>甲，山东青岛人。

重要性等级：★★★　难易度等级：★　书面化等级：★★

【395-2】［代词］指确有所指而不便明说的人、事物或时间、地点。

（1）指别人。可以不指名道姓，也可以采用"姓＋某"的形式，这是因为不便提名或只知其姓不知其名。用"某"代替别人的名字，有时含有不客气的意味。

<u>某</u>同学家境贫困，但学习成绩优异。

邻居张<u>某</u>也曾听说此事。

等了好久，我终于见到了许某人。

（2）自称。含有谦虚的意味。

赴汤蹈火，杨某在所不辞。

有我赵某陪同前往，你还不放心？

（3）指事物。

他是上海师范大学某系的教师。

（4）指时间或地点。

去年的某一天，他在马路上被自行车撞了一下儿。

记者偶遇正在江苏某地拍戏的一位大明星。

重要性等级：★★★　难易度等级：★　书面化等级：★★★

N

【396】那么　nàme

【396-1】［连词］表示顺着上文的语义，申说应有的结果或做出判断（上文可以是对方的话，也可以是自己提出的问题或假设）。主要用于推论因果复句或者假设复句的后一分句开头。其较常见的篇章关联形式是"X，那么 Y"等。

你既然不喜欢他了，那么就告诉他吧。

如果我出差的话，那么孩子谁来照顾？

重要性等级：★★★　难易度等级：★　书面化等级：★

【396-2】［代词］指代性质、状态、程度或方式。用在形容词前做状语，或用在数量短语前做定语，表示强调。

他每天都穿得那么讲究。

我真没想到他是那么一个人。

重要性等级：★★　难易度等级：★★　书面化等级：★

【396-3】［代词］指示数量。

借那么二三十个麻袋就够了。

我只见过他那么一两次。

重要性等级：★　难易度等级：★★★　书面化等级：★

【397】乃　nǎi

【397-1】［副词］表示判断，相当于"是""就是""实在是"。其后还可以加"是"。

俨如整个河流乃一宏大爬虫，张其巨口。

《红楼梦》乃一代奇书。

他乃是这个项目的主要负责人。

英国有许多先前的文章不流传，我想，这是总会有的，但竟没有想到它们的消灭，乃是因为不写永久不变的人性。

重要性等级：★★　难易度等级：★★　书面化等级：★★★

【397-2】［副词］表示时间晚，相当于"才"。

且其背身而去时，隐约间传来一声菱唱。当时印象极深，像诗词中艳称南湖菱唱，今乃见于眼前。

胡小姐真是倾国倾城，今乃见到您，才是本人的遗憾。

重要性等级：★　难易度等级：★★★　书面化等级：★★★

【397-3】［副词］表示前者是后者的条件，相当于"才"。

以诚待人，乃能得人。

统一必以团结为基础，团结必以进步为基础，惟进步乃能团结，惟团结乃能统一，实为不易之定论。

重要性等级：★　难易度等级：★★★　书面化等级：★★★

【397-4】［连词］表示后一事承前一事发生，相当于"于是"。其较常见的篇章关联形式是"X，乃 Y"等。

事已至此，乃顺水推舟。

内部不团结，外患乃得乘机而入。

雍正朝《东华录》本名《维止录》，后因将兴大狱，乃急改名《东华录》。

因长期放任自流，乃至于此。

重要性等级：★　难易度等级：★★★　书面化等级：★★★

【398】乃至　　nǎizhì

［连词］甚至。用在并列的词语或分句的最后一项之前，表示需要突出、强调的事例或进一层的意思，更侧重于表示一种延伸。也可以说"乃至于"。其较常见的篇章关联形式是"X，乃至（于）Y"等。

他的这个研究成果，在今天乃至今后都会对社会的发展和人们的生活产生极大的影响。

中国的改革开放政策对整个中国，乃至全世界都是一个很大的震动。

这起案件引起全市人民，乃至全国人民的震惊。

在城市，在乡村，乃至于最偏僻的山区都广为传颂他的英雄事迹。

重要性等级：★★　难易度等级：★★　书面化等级：★★★

【399】难道　nándào

【399-1】［副词］加强反问语气。

古今中外，难道有先例？

江河之水，难道会倒流吗？

难道非他去不成？

重要性等级：★★★　难易度等级：★　书面化等级：★

【399-2】［副词］加强揣测语气。

一直没有收到回复，他难道没有收到我的信？

都半夜了还亮着灯，难道他还没睡？

重要性等级：★★★　难易度等级：★　书面化等级：★

【400】难免　nánmiǎn

［形容词］不容易避开、免不了。表示由于前面所说的情况，往往产生后面不希望出现的结果。

抄写文稿，难免漏字，必须认真核对。

刚参加工作，难免会遇到一些困难。

工作粗枝大叶，难免会出差错。

重要性等级：★★　难易度等级：★★　书面化等级：★★

【401】难以　nányǐ

［动词］不容易、不易于。主要用在动词性词语前。

资料不够，难以下笔。

这样的事真叫人难以启齿。

事情太复杂，目前还难以下结论。

重要性等级：★★　难易度等级：★★　书面化等级：★★★

【402】能够　nénggòu

【402-1】［助动词］表示有能力或有条件做某事。可以单独回答问题。否定用"不能够"或"没能够"。其对应的通用语体表达形式是"能"。

今天我们能够做的事，有许多是过去做不到的。

他的腿伤好多了，<u>能够</u>慢慢儿走几步了。

因为缺教员，暂时还<u>不能够</u>开课。

他的这个愿望始终<u>没能够</u>实现。

重要性等级：★★★　难易度等级：★　书面化等级：★★

【402-2】［助动词］表示善于做某事，前面可以加"最""很"。很少单独回答问题，否定用"不能够"。

我们三个人里，数他<u>最能够</u>写。

他<u>很能够</u>团结周围的人。

重要性等级：★　难易度等级：★★★　书面化等级：★★

【402-3】助动词］表示有某种用途。可以单独回答问题，否定用"不能够"。

橘子皮还<u>能够</u>做药。

大蒜<u>能够</u>杀菌。

这支毛笔<u>能够</u>画画儿吗?

重要性等级：★　难易度等级：★★★　书面化等级：★★

【403】拟　nǐ

［动词］打算、想要。后面多跟动词性短语。

全国金融工作会议<u>拟</u>于1月初召开。

他<u>拟</u>参加足球队，成为一个出名的中卫。

我<u>拟</u>从书法流派及其发展简史谈起。

重要性等级：★★　难易度等级：★★　书面化等级：★★

【404】宁　nìng

［副词］宁可、宁愿。后接一个单音节词，后面常有"不""勿"等否定词与之呼应。

<u>宁</u>死不屈　　<u>宁</u>缺毋滥

我<u>宁</u>死也要这样做。

做这件事<u>宁</u>早勿晚。

重要性等级：★　难易度等级：★★★　书面化等级：★★★

O

【405】偶　ǒu

［副词］只修饰单音节词。

（1）偶尔。表示不经常的、次数很少的。常后接"有"。

我们在会馆时，还偶有议论的冲突和意思的误会。自从到吉兆胡同以来，连这一点也没有了。

偶有所得，立刻记录下来。

（2）偶然。表示不是有必然性的。

眉间尺偶一疏忽，终于被他咬住了后项窝，无法转身。

他偶窃一位置，略识几字，便即文雅起来。

旅行途中偶遇多年未见的老友，欣喜万分。

重要性等级：★　难易度等级：★★★　书面化等级：★★★

【406】偶尔　ǒu'ěr

【406-1】［副词］发生次数少、不是经常的、有时候。后接动词性短语、主谓小句或者复句。

水潭里偶尔发现几条小鱼。

他每天都打篮球、游泳，偶尔也去爬山。

我们很少联系，只是偶尔在路上遇见时打个招呼。

虽然工作很忙，偶尔夫妻俩也出去旅行观光，忙中有乐。

偶尔，我会到酒吧去喝点儿酒，和朋友聊聊天儿。

重要性等级：★★　难易度等级：★★　书面化等级：★★

【406-2】［形容词］很少发生的、偶然发生的。

偶尔的事

这是偶尔的情况。

重要性等级：★★　难易度等级：★★　书面化等级：★★

【407】偶或　ǒuhuò

［副词］偶尔。

客中少有人来，古碑中也遇不到什么问题，……那时<u>偶或</u>来谈的是一个老朋友金心异，将手提的大皮夹放在破桌上，脱下长衫，对面坐下了。

<u>偶或</u>他们仰着的脸上淋到了一滴蚕尿，虽然觉得有点儿难过，他们心里却快活，他们巴不得多淋一点儿。

重要性等级：★　难易度等级：★★★　书面化等级：★★★

P

【408】庞大　pángdà

［形容词］指形体、组织、机构、数量等很大，多含有过大或大而无当意。

这种机器体积庞大，被人们戏称为"巨无霸"，运送起来非常困难。

政府机构庞大臃肿是办事效率低下的主要原因，必须加以改革。

2008 年北京奥运会所需要的志愿者的数量是庞大的，尤其需要小语种方面的人才。

目前庞大的开支需要缩减。

重要性等级：★★　难易度等级：★★　书面化等级：★★★

【409】譬如　pìrú

【409-1】［动词］用来举例，大致相当于"就拿 X 来说"，后面常用语气词"吧"。其对应的通用语体表达形式是"例如"。其较常见的篇章关联形式是"X，譬如 Y"等。

譬如他吧，是因为勤学苦练才掌握了这门技术的。

对了，譬如喝茶吧，我的这位内兄最讲究。

有些问题已经决定，譬如招多少学生，分多少班，等等。

重要性等级：★★　难易度等级：★★　书面化等级：★★★

【409-2】［动词］用来引出比喻。其较常见的篇章关联形式是"X，譬如 Y"等。

许多历史的教训，都是用极大的牺牲换来的。譬如吃东西罢，某种是毒物不能吃，我们好像全惯了，很平常了。

研究问题一定要深入。譬如地质勘探，不打到地层深处，就不能知道那里的结构和有些什么宝藏。

重要性等级：★★　难易度等级：★★　书面化等级：★★★

【410】VP 片刻　VP piànkè

表示行为动作持续很短的时间。

请您稍等片刻，我让他来听电话。

她沉默<u>片刻</u>，拿起笔来，很快就把便函写好。

重要性等级：★★　难易度等级：★★　书面化等级：★★★

【411】频频　pínpín

［副词］屡次地、接连不断地。只修饰双音节动词或动词性短语。

那些年月，水旱灾<u>频频</u>发生。

下半场开始，对方 8 号在篮下<u>频频</u>得手，连进三个球。

分别时，主人向我们频频挥手。

他们点足了苏州名菜，踞案大嚼，<u>频频</u>举杯。

重要性等级：★★★　难易度等级：★　书面化等级：★★★

【412】平素　píngsù

［名词］平日、平时、素日。其对应的通用语体表达形式是"平日"。

他这个人<u>平素</u>不爱说话。

张师傅<u>平素</u>对自己要求很严。

他在<u>平素</u>的言行中表现得非常谨慎。

她主管女军，<u>平素</u>难得见到自己的儿子。

他<u>平素</u>四乡浪迹，行医谋生。

重要性等级：★　难易度等级：★★★　书面化等级：★★★

【413】凭 N VP　píng N VP

身体靠着某物实施某种行为。

<u>凭</u>窗远眺　　<u>凭</u>栏沉思

重要性等级：★　难易度等级：★★★　书面化等级：★★★

【414】凭借 NP　píngjiè NP

依靠某事物（多指抽象的事物）。

他们的成功主要是<u>凭借</u>集体的智慧。

他<u>凭借</u>精湛的演技，把动作和台词结合得很好。

作家总是沉迷于幻想，而且<u>凭借</u>想象使自己如愿以偿。

重要性等级：★★　难易度等级：★★　书面化等级：★★

【415】颇　pō

［副词］表示达到相当高的程度。后接动词性短语，动词以"有"居多。也可接形容词性词语。其对应的通用语体表达形式是"很"。

他在本区的教师队伍中颇有威望。

门楣上方牌匾高悬，颇有横空出世的气魄。

丁力波对中国画颇感兴趣。

初冬已经颇冷，蚊子却还多。

那位房东太太手头颇窘。

我们下矿洞去看的时候，情形实在颇凄凉。

他是一位年轻的、颇具个性的导演，深受电影市场的喜爱。

重要性等级：★★★　难易度等级：★　书面化等级：★★★

【416】颇为　pōwéi

［副词］颇。只修饰形容词性词语，且形容词性词语不能是单音节的。其对应的通用语体表达形式是"很"。

景象颇为壮观。

内容颇为丰富。

交通颇为发达。

价格颇为公道。

重要性等级：★★　难易度等级：★★　书面化等级：★★★

Q

【417】其　qí

【417-1】[代词]他（她、它）的、他（她、它）们的。表示所属。

各得**其**所　　自圆**其**说　　人尽**其**才

凡事要顺**其**自然，不能强求。

其良好的教养来自家庭教育。

重要性等级：★★★　难易度等级：★　书面化等级：★★

【417-2】[代词]他（她、它）、他（她、它）们。这一类"其"的用法限制较严，"其"前面的动词多半是单音节文言词，如"任""令""促"等，"其"后面必须跟有动词性词语。

对于一切坏分子，决不能任**其**胡作非为。

这项工作很重要，必须促**其**早日完成。

重要性等级：★★★　难易度等级：★　书面化等级：★★

【417-3】[代词]那个、那样。

他不堪**其**苦，决定辞职。

老子是模范，儿子是英雄，真是有**其**父必有**其**子。

重要性等级：★★★　难易度等级：★　书面化等级：★★★

【418】岂　qǐ

[副词]难道、哪、哪里、怎么。表示反问语气。

（1）岂＋不／非＋VP。用在否定形式的反问句里，实际表示肯定。"不"后较少修饰形容词。

万一严重起来，此地举目无亲，耽误就医吃药，**岂**不要送掉老命。

有道是钱是胆，未必，**岂**不知钱也会使人懦弱。

我若不去，**岂**不叫他们失望。

"终日言不及义"，诚哉是无益之事，而且**岂**不疲倦。

他们等了这么久，要真看不到这景象，**岂**非白来了？

你既对事情经过知道如此清楚，这一问**岂**非多余？

批评者谓我刻毒，而许多事实，竟出于我的恶意的推测之外，<u>岂</u>不可叹。

当官不与民做主，那么这样的"官"<u>岂</u>不白当了？

（2）岂+单音节动词+宾语。用在肯定形式的反问句里，实际表示否定。

事实俱在，<u>岂</u>容狡赖？

如此而已，<u>岂</u>有他哉？

以为我不准批评者，诬也，我<u>岂</u>有这么大的权力？

重要性等级：★★　难易度等级：★★　书面化等级：★★★

【419】岂但　qǐdàn

［连词］不只是、哪里只是、难道只是、何止。多用于递进复句的前一分句，连接小句，兼表反问语气。后一分句常用"也""还""简直""而且"等与之呼应。其较常见的篇章关联形式是"岂但 X，Y""X，岂但 Y"等。

<u>岂但</u>你我不知道，恐怕连他自己也不清楚呢。

<u>岂但</u>一切古今人，连一个也没有骂倒过。凡是倒掉的，绝不是因为骂，却只为揭穿了假面。

教育事业是全党的事，<u>岂但</u>只是教育部门的事。

重要性等级：★　难易度等级：★★★　书面化等级：★★★

【420】起源于 NP　qǐyuán yú NP

最初产生于何处、何物、何时。常用于描述事物、思想、文化等最初的来源。

秦腔<u>起源</u>于陕西。

这种舞蹈<u>起源</u>于云南的少数民族，后来经过艺术家的加工，就成了现在这个样子。

一般认为象形文字<u>起源</u>于原始图画。

这方面的研究<u>起源</u>于 20 世纪 70 年代。

重要性等级：★★　难易度等级：★★　书面化等级：★★★

【421】迄　qì

【421-1】［动词］到。

从 1893 年写成的第一批著作开始，<u>迄</u> 1923 年最后的一批著作为止。

作者以散文诗般的优美笔调，叙述了上起约 50 万年前人类形成，下<u>迄</u> 20 世纪 70 年代人类与其生存环境的相互关系。

上溯四川雅安、重庆，下沿长江两岸<u>迄</u>上海。

重要性等级：★★　难易度等级：★★　书面化等级：★★★

【421-2】 习用语 <u>迄今为止</u>　到目前为<u>止</u>。

<u>迄今为止</u>，他还没有取得合格证书。

<u>迄今为止</u>，他读了八年书。

重要性等级：★★　难易度等级：★★　书面化等级：★★★

【422】恰　qià

［副词］正好在那一点上（表示时间、空间、顺序、数量等不早不晚、不前不后、不多不少、不大不小、不偏不倚等等）。多修饰单音节动词。

<u>恰</u>到好处　　<u>恰</u>如其分

左边锋疾射入网，<u>恰</u>在此时鸣笛终场。

她那高贵的气质和她丈夫的鄙俗、奸小，<u>恰</u>成一个强烈的对比。

今年五月<u>恰</u>季老九十华诞，望老兄届时能来沪共举盛事。

这两溜房子都是三层，有许多拱门，<u>恰</u>与教堂的门面与圆顶相称。

重要性等级：★★　难易度等级：★★　书面化等级：★★★

【423】恰好　qiàhǎo

［副词］表示正合适。其对应的通用语体表达形式是"正好""刚好"。

（1）恰好 + NP。名词性短语中多有数量词，用于时间、空间、数量、容积等。

今天距香港回归祖国，<u>恰好</u>一年。

下周日老人<u>恰好</u>八十大寿。

我们需要发放三十份问卷，现在班里人数<u>恰好</u>三十名。

（2）恰好 + A。用于程度或事物的比较。

方向<u>恰好</u>相反。

两个人的方案像经过讨论了似的，<u>恰好</u>一致。

衣服肥瘦<u>恰好</u>合适。

两人高矮也<u>恰好</u>一样。

（3）恰好 + VP。

我们那儿恰好要电工，你们不妨去试试。

池塘里的肥泥又恰好用来产生沼气，点灯做饭。

切下的边角料恰好缝成形状各异的小钱包。

你来找他时，他恰好出门了。

重要性等级：★★　难易度等级：★★　书面化等级：★

【424】恰恰　qiàqià

【424-1】［副词］恰好。表示某一行为、事件的发生在时间、条件等方面与另一对应的行为、事物正好吻合。其对应的通用语体表达形式是"正""刚好"。

村民们正盼着下雨的时候，恰恰就下了一场大雨。

我刚打开电脑，恰恰在这时候停电了。

前面一棵大树，恰恰挡住了视线。

正不知如何是好，恰恰队长赶了回来。

重要性等级：★★　难易度等级：★★　书面化等级：★★

【424-2】［副词］表示非常肯定的语气。用在正反对比的句子里，引出与前边小句相反的意思来。"恰恰"后常有"是"。

她这样说不是表扬你，恰恰是批评你。

这样做的结果不是害了别人，恰恰是害了自己。

重要性等级：★★　难易度等级：★★　书面化等级：★★

【425】欠　qiàn

【425-1】［动词］不够、缺乏。

欠佳　　欠妥　　欠火　　欠考虑

万事俱备，只欠东风。

重要性等级：★★★　难易度等级：★　书面化等级：★★

【425-2】习用语 考虑欠周　形容考虑问题不全面、不周到。

我们一致认为你的计划考虑欠周，鲁莽轻率，而且还可能很危险。

不要埋怨教官，错的可能不是他，也不是你，而是这整个考虑欠周的制度。

重要性等级：★★　难易度等级：★★　书面化等级：★★★

【425-3】⟨习用语⟩**思虑欠周**　形容考虑问题不全面、不周到。

这种场面是他<u>思虑欠周</u>的结果。

由于他的<u>思虑欠周</u>，这件事最终以失败告终。

重要性等级：★★　难易度等级：★★　书面化等级：★★★

【426】**悄悄**　qiāoqiāo

［副词］表示动作行为无声地或声音很小地进行，旨在不惊动人或者不想让别人知道。多后接动作动词和言说动词。常加助词"地"。

我<u>悄悄</u>地披了大衫，带上门出去。

同学们<u>悄悄</u>地走进病房，看望生病的老师。

喧闹了一天的城市也早已<u>悄悄</u>地进入梦乡。

重要性等级：★★★　难易度等级：★　书面化等级：★

【427】**悄然**　qiǎorán

［形容词］表示动作行为没有声音或声音很小地进行，旨在不惊动人或者不想让别人知道。后面一般要求是双音节动词。

大家正在忙乱之中，大哥<u>悄然</u>离去。

随着市场经济的发展，劳务市场<u>悄然</u>兴起。

邻居们纷纷涌出，小偷儿见状，只好<u>悄然</u>遁去。

重要性等级：★★　难易度等级：★★　书面化等级：★★

【428】**且**　qiě

【428-1】［副词］暂且、姑且。表示在目前这一段时间内先这样做，暂时这样。

（1）且 + VP。

那么，这件事<u>且</u>交给你们处理。

<u>且</u>停一下儿，听我解释。

（2）且不说 X。表示放下一件事，先谈另一件事。相当于"先不说 X"。

<u>且</u>不说这衣服的式样怎么样，就是大小也不合适。

<u>且</u>不说孩子们能不能上学读书，就是衣食也是一个还未解决的问题。

重要性等级：★★　难易度等级：★★　书面化等级：★★★

【428-2】[连词] 并且、而且。用于递进复句的后一分句开头。其较常见的篇章关联形式是"不但X，且Y""X，且Y"等。

不但她做了，且她全家都做了这坏事。

这比留声机又好了！不但声音更是亲切，且花样日日翻新。

偌大的上海滩，显赫人氏的后代本来就不多，且各人有各人的事，也不是经常就能聚在一起的。

这一节话论现代散文的历史背景，颇为扼要，且极明通。

重要性等级：★★　难易度等级：★★　书面化等级：★★★

【428-3】[连词] 尚且。用于递进复句的前一分句。其较常见的篇章关联形式是"且X，Y"等。

死且不怕，一点儿困难算得什么。

孩童且能如此，况你我堂堂丈夫。

而当时改革的人，个个似乎有"匈奴未灭何以家为"的一种公而忘家、公而忘私的气概，身家且不要，遑说权利思想。

重要性等级：★★　难易度等级：★★　书面化等级：★★★

【429】切　qiè

[副词] 千万、务必。表示一定要这样做。用在有叮嘱、禁止意思的祈使句里。后面常跟单音节否定词或单音节动词，构成"切勿""切不""切莫""切记""切忌"等短语。

仓库重地，切勿吸烟。

这些话要切记在心。

重要性等级：★★　难易度等级：★★　书面化等级：★★★

【430】切切　qièqiè

[副词] 千万、务必。表示一定要这样做。用在有叮嘱、禁止意思的祈使句里。用在动词性词语前。

（1）切切＋否定式

情况非常复杂，切切不可轻率行动。

此乃至理名言，你们兄弟几个切切不能忘记。

（2）切切＋肯定式

这是以生命换来的教训，你们要<u>切切</u>牢记在心。

你远离家乡，孤身在外，<u>切切</u>珍重。

（3）单说

这是我们之间的秘密，不可告诉任何人，<u>切切</u>！

此举关系重大，要谨慎行事，<u>切切</u>！

重要性等级：★　难易度等级：★★★　书面化等级：★★★

【431】切实　qièshí

【431-1】［形容词］切合实际、实实在在。

他对研究西方绘画技法也<u>切实</u>下过苦功。

与会专家畅所欲言，提出很多<u>切实</u>中肯的建议。

要<u>切实</u>"减负"，必须把它与整个教育的发展联系起来，这需要的是一个质变的过程而不仅仅是量变。

重要性等级：★★　难易度等级：★★　书面化等级：★★★

【431-2】习用语 <u>切实可行</u>　从现在的实际看，目标能够达成，事情能够完成。

这个计划<u>切实可行</u>。

我们必须制订一个<u>切实可行</u>的计划。

重要性等级：★★　难易度等级：★★　书面化等级：★★★

【432】亲　qīn

［副词］亲自。能修饰的动词很少，限于单音节。

地震发生后，省委领导<u>亲</u>临震灾现场指挥。

我市大批干部<u>亲</u>赴春耕第一线，参加抗旱春播工作。

重要性等级：★★★　难易度等级：★　书面化等级：★★★

【433】顷刻　qǐngkè

［名词］表示极短的时间。也说"顷刻间"。常用"顷刻＋VP"格式。

暴雨如注，大地上<u>顷刻</u>便是万道小溪。

一阵狂风吹来，江面上顷刻间掀起了巨浪。

重要性等级：★★　难易度等级：★★　书面化等级：★★

【434】区区 NP　qūqū NP

数量少；（人或事物）不重要。有往小里说、弱里说、轻里说之意。后多接表示少量的数量短语。

区区小事，何足挂齿。

与马自达公司区区五个人相比，简直有天壤之别。

这也就是为什么新企业所得税法只有区区六十条。

他的身家至少有几万亿，怎么还在乎区区"两万多"元呢。

重要性等级：★★　难易度等级：★★　书面化等级：★★

【435】趋于　qūyú

［动词］趋向。表示朝着某个方向发展。

近年来，这种"反英雄"形象又有更加趋于"平民化"的倾向。

他回到家，狂喜的感受已趋于一种平静的满足。

大家对基本点的看法差不多趋于一致。

重要性等级：★★　难易度等级：★★　书面化等级：★★

【436】权　quán

［副词］权且、姑且、暂且。表示暂时只好先这样做。"权"用在单音节动词前。多与"当"结合为"权当"，含有"就算""就""当作"的意思。

权将房屋抵押出去，先渡过目前的困难。

父亲让我带来茅台酒一瓶，权表谢意。

死马权当活马医。

重要性等级：★　难易度等级：★★★　书面化等级：★★★

【437】权且　quánqiě

［副词］姑且、暂且。表示暂时只好先这样做。

外出不宜多带东西，行李权且寄放此处吧。

这些文件权且如此处理，上级的指示下来后我们再讨论。

董事长不在，权且由我代表。

你权且用着，等买着了再还给他。

银行贷款只能权且作为启动资金，生产上的用度还须立即筹措。

刚才有几位匆忙地赶来，也因不好拒绝，权且把一间做厨房用的厢房让他们安顿。

重要性等级：★　难易度等级：★★★　书面化等级：★★★

【438】全面 VP　quánmiàn VP

行动完整周密、兼顾各方面的。

全面发展

春节一过，招生工作全面展开。

我们鼓励学生全面参与学院的运作。

全面终止供给将使该国经济瘫痪。

政府已承诺对这次灾难进行全面调查。

重要性等级：★★★　难易度等级：★　书面化等级：★★

【439】全然　quánrán

［副词］整个地、完全地。用于否定句或表示消极意义的句子中。

（1）用在否定句中的情况比较多。

她知道他什么也没听见，他对这些全然不感兴趣。

对于这些变化，我全然不知。

这道题他并非全然不懂。

（2）用在肯定句中时，后面的动词多含有消极意义。

母亲的叮嘱他全然忘记了。

他们俩之间的矛盾已经全然消失了。

重要性等级：★★★　难易度等级：★　书面化等级：★★

【440】却　què

［副词］用于转折复句的后一分句，表示转折关系。有时在表示转折关系的同时，含有对比的意思。

她很喜欢跳舞，跳得却不怎么样。

中药虽苦，却可治病。

虽然天气很冷，大伙儿心里头却是热乎乎的。

北京已经下雪了，广州却还很暖和。

我本来明白，被你这么一说，我却不懂了。

本想帮帮他，到最后却给他添了麻烦。

重要性等级：★★★　难易度等级：★　书面化等级：★

【441】确　què

［副词］的确、确实。一般用在"是""有""如"等单音节动词前。

我知道确有此事。

此事确如他所言。

重要性等级：★★　难易度等级：★★　书面化等级：★★

【442】确乎　quèhū

［副词］确实、的确。多修饰动词性词语。

那时处处都是歌声和凄厉的胡琴声，圆润的喉咙，确乎是很少的。

他现在知道他的宝儿确乎死了。

这样奇妙的音乐，我在北京确乎未曾听到过。

重要性等级：★　难易度等级：★★★　书面化等级：★★★

【443】确实　quèshí

［副词］的确。表示对客观情况的真实性十分肯定。修饰动词性词语、形容词性词语、小句。可以用在主语前边，充当全句的修饰语，而且后边往往有停顿。可以重叠成"AABB"式，表示肯定的语气更重一些。

他俩确实干得不错。

确实，他妹妹是个很能干的姑娘。

他确确实实是个乖孩子。

重要性等级：★★★　难易度等级：★　书面化等级：★

R

【444】然　rán

【444-1】［代词］这样、那样。用于指代上文所说的情况。

南方水灾，北方亦<u>然</u>。

都说运动使人健康，其实不尽<u>然</u>。

重要性等级：★★　难易度等级：★★　书面化等级：★★★

【444-2】［连词］然而，表转折。其较常见的篇章关联形式是"X，然Y"等。

她遭受丧夫失子之痛，<u>然</u>无一人同情。

探险虽然失败，<u>然</u>队员们勇气可嘉，值得钦佩。

重要性等级：★　难易度等级：★★★　书面化等级：★★★

【444-3】副词或形容词后缀，表状态，一般可理解为"X的样子"。

全<u>然</u>　　果<u>然</u>　　居<u>然</u>　　突<u>然</u>　　竟<u>然</u>　　偶<u>然</u>

茫<u>然</u>　　显<u>然</u>　　飘飘<u>然</u>　　超<u>然</u>　　凄<u>然</u>　　欣欣<u>然</u>

重要性等级：★★★　难易度等级：★　书面化等级：★★

【445】然而　rán'ér

［连词］但是。既用于转折复句的后一分句，也可连接词、短语或段落，表示转折关系。提出跟上文对立的论述，或补充、限制、解释上文。后常有"却""并不"相呼应。其较常见的篇章关联形式是"X，然而Y"等。

他曾强迫自己忘了这一段日子，<u>然而</u>遗忘并不是一件容易事。

三峡水利工程是一项非常伟大，<u>然而</u>又非常艰巨的工程。

他微微一笑，<u>然而</u>他的笑容一闪即逝，笑后仍是满面愁云，一脸晦气。

重要性等级：★★★　难易度等级：★　书面化等级：★★

【446】然则　ránzé

［连词］既然如此，那么。多用于承接复句后一分句的句首。表示承认、肯定某一事实的同时得出结论。"如此"所指的内容，上文必有交代。其较常见的

篇章关联形式是"X，然则 Y"等。

儒家思想是奴隶社会的产物，<u>然则</u>中国士大夫的意识观念是什么，也就值得深长思之了。

伤心的话本不该多说，笔又是那么沉重，<u>然则</u>歌也有思，哭也有怀，不说又怎生得过。

重要性等级：★★　难易度等级：★★　书面化等级：★★★

【447】让　ràng

【447-1】［动词］表示允许、许可。用来介引动作的施事。

吃完晚饭，他才<u>让</u>我走。

不<u>让</u>敌人前进一步！

别<u>让</u>他走！

重要性等级：★★★　难易度等级：★　书面化等级：★

【447-2】［动词］使、使得。表示致使的意思。用来介引动作的施事。

应该<u>让</u>孩子们感到：他们有个勇敢的母亲！

<u>让</u>我们高兴的事就这几件吗？

爸爸，你上哪儿去了？<u>让</u>我们到处打电话问。

重要性等级：★★★　难易度等级：★　书面化等级：★

【447-3】［动词］表示支使、支派某人做某事。

金生<u>让</u>灵芝接着说完，灵芝便接着说。

领导<u>让</u>我干什么我从来也没有说过"不"字。

重要性等级：★★★　难易度等级：★　书面化等级：★

【447-4】［动词］用在祈使句中，表示说话人请求做某事的语气。

你别跟他再说了，<u>让</u>我给你嫂子出出气。

现在<u>让</u>我给你讲一个金钥匙的故事吧。

<u>让</u>他休息吧。

<u>让</u>我们的烈士们永垂不朽吧。

重要性等级：★★★　难易度等级：★　书面化等级：★

【447-5】［介词］被。用来介引动作的施事。

云彩让太阳光烧得火红。

行李让雨给淋湿了。

重要性等级：★★★　难易度等级：★　书面化等级：★

【448】人称 NP　rénchēng NP

人们将某个称号赋予某人、某单位或某事物。

人称"智多星"　　人称"白雪公主"

重要性等级：★★★　难易度等级：★　书面化等级：★★★

【449】任　rèn

【449-1】［动词］放任、听凭。表示让别人愿意怎么样就怎么样，听其自然。

任其发展

还是任其自然好，刻意求美，反失纯真。

事情办不成，任你处置。

不能任人宰割。

任水把纸船载走。

春天的树枝可以任人剪接、栽培。

她任鸟儿从自己手中飞去。

重要性等级：★★★　难易度等级：★　书面化等级：★★

【449-2】［连词］无论、不管。用于无条件条件复句前一分句的句首。其较常见的篇章关联形式是"任 X（，）Y"等。

任说啥他都不懂。

任你怎么劝，他就是不听。

重要性等级：★　难易度等级：★★★　书面化等级：★★

【449-3】［连词］即使、尽管。用于让步复句前一分句的句首。其较常见的篇章关联形式是"任 X，Y"等。

任他说得天花乱坠，我总不能轻易相信。

任你有通天的本领，这次再不能跟咱们为难了吧?

重要性等级：★　难易度等级：★★★　书面化等级：★★

【450】任凭　rènpíng

【450-1】[动词] 放任、听凭。表示让别人愿意怎么样就怎么样，听其自然。

老人站在海边，任凭风吹浪打。

这几样东西任凭她挑选。

重要性等级：★★　难易度等级：★★　书面化等级：★★

【450-2】[连词] 无论、不管。用于无条件条件复句前一分句的句首。其较常见的篇章关联形式是"任凭 X（，）Y"等。

任凭谁也说服不了他。

任凭你有天大的本事，此时也无能为力。

重要性等级：★★　难易度等级：★★　书面化等级：★★

【450-3】[连词] 即使、尽管。用于让步复句前一分句的句首。其较常见的篇章关联形式是"任凭 X，Y"等。

任凭他说之再三，文泰来只是不允。

任凭这些贪腐分子跑到国外，也总有一天要逮捕的。

重要性等级：★★　难易度等级：★★　书面化等级：★★

【451】仍　réng

【451-1】[副词] 仍然。表示继续不变。其后往往接一个复杂成分，多由单音节动词或形容词加上动态助词或者补语构成。

秘书走进她的房间，发现灯仍亮着。

他挣扎了许久，仍起不来。

小李坐下后，仍一个劲儿地解释。

重要性等级：★★★　难易度等级：★　书面化等级：★★

【451-2】[副词] 仍然。表示恢复到原状。其后也往往接一个复杂成分，多由单音节动词或形容词加上补语构成。

阅毕请仍放回原处。

事故处理后，他仍当上了部长。

消除了隔阂，他们仍和好如初。

重要性等级：★★★　难易度等级：★　书面化等级：★★

【452】仍然　réngrán

【452-1】［副词］表示情况持续不变、保持原状。含有按照事理可能发生变化而结果并未改变原状的意思。常用于表示转折意义的小句。

　　七十多岁的老王虽然年迈体弱，<u>仍然</u>孜孜不倦地进行研究。

　　虽然生活条件改善了，但是他<u>仍然</u>保持艰苦朴素的生活习惯。

　　今年<u>仍然</u>是一个丰收年。

　　重要性等级：★★★　难易度等级：★　书面化等级：★★

【452-2】［副词］表示恢复原状。含有事情曾一度中断的意思。

　　从国外回来后，他<u>仍然</u>在学校教书。

　　雷阵雨过去了，天空<u>仍然</u>一片蔚蓝。

　　等我的身体好了，<u>仍然</u>要参加球队。

　　重要性等级：★★★　难易度等级：★　书面化等级：★★

【453】日　rì

［名词］每天、一天天。常修饰单音节形容词，或者与"趋""臻"等单音节动词性语素合成"日趋""日臻"等双音节动词、与副词"渐"合成双音节副词"日渐"以后，再修饰双音节形容词。

　　他的病情<u>日</u>重，可能不久于人世。

　　待到藏书<u>日</u>多，藏钱<u>日</u>少的时候，便有做真的破落户文学的资格了。

　　家父年事<u>日</u>高，出行多有不便。

　　金秀梅与大公情感<u>日</u>笃，有目共睹。

　　目前，局势<u>日</u>趋紧张。

　　重要性等级：★★　难易度等级：★★　书面化等级：★★★

【454】日渐　rìjiàn

［副词］一天一天慢慢地。后跟双音节动词或形容词。

　　<u>日渐</u>进步　　<u>日渐</u>减少　　<u>日渐</u>紧张

　　<u>日渐</u>忙碌　　<u>日渐</u>消瘦　　<u>日渐</u>成熟

　　重要性等级：★★　难易度等级：★★　书面化等级：★★

【455】日趋 rìqū

[副词] 一天天地走向、逐渐地。后跟双音节动词或形容词。

当时，两国的局势日趋紧张。

中国的市场经济日趋成熟。

重要性等级：★★　难易度等级：★★　书面化等级：★★

【456】日益 rìyì

[副词] 表示程度一天比一天加深或提高。后跟双音节动词或形容词。

由于种种原因，那两个公司的矛盾日益尖锐。

最近几年，这里物价稳定，市场日益繁荣。

改革开放以来，全市人民的居住条件日益得到改善。

建交后，两国贸易关系日益密切。

农村的交通日益发达。

城乡人民的消费水平日益提高，消费结构发生明显变化。

重要性等级：★★　难易度等级：★★　书面化等级：★★

【457】容 róng

【457-1】[副词] 或许、可能、也许。修饰单音节动词。

辗转传抄，容有异同。

我只计算了一次，字数容有不准确处，但大体是不会错的。

重要性等级：★　难易度等级：★★★　书面化等级：★★★

【457-2】[动词] 允许、让。

原则问题绝不容让步。

这件事情容我再想想。

这项工作容不得一丝一毫的差错。

重要性等级：★★★　难易度等级：★　书面化等级：★★★

【458】容或 rónghuò

[副词] 表示可能、也许。其对应的通用语体表达形式是"或许"。

此事为他们亲见，容或可信。

事隔多年，张冠李戴，容或有的。

这自然是"顺"的，虽然略一留心，即容或会有多少可疑之点。

重要性等级：★　难易度等级：★★★　书面化等级：★★★

【459】如　rú

[连词]如果。用于假设复句的前一分句。其较常见的篇章关联形式是"如X，就Y""如X，则Y""如X，便Y"等。

如遇到坏人，就立刻给我打电话。

如采用此项新技术，则可提高三倍以上的效率。

以上各点，如有不妥之处，请批评指正。

如不能按期离开上海，务请尽早电告。

如不费事，此书望借我一阅。

重要性等级：★★　难易度等级：★　书面化等级：★★

【460】A如N　A rú N

N具有A这一性质或品质。

聪明如她　　大方如淑女　　清澈如镜

重要性等级：★★　难易度等级：★★　书面化等级：★★

【461】如此　rúcǐ

[代词]这样。指上文提到的某种情况，有强调和约束的意味。可做谓语、宾语、状语。

要言之有物，写文章如此，做报告也如此。

但愿如此。

他们竟然如此不负责任，真是令人气愤。

重要性等级：★★★　难易度等级：★　书面化等级：★★★

【462】如果　rúguǒ

[连词]用于假设复句的前一分句。"如果"一般不能省略，"如果X（的话）"也可用于后一小句，其对应的口语语体表达形式是"要是"。其较常见的篇章关联形式是"如果X，就Y""X，如果Y"等。

如果你再这样的话，我就不理你了。

我明天再来，如果你现在有事。

他今天该到了，如果昨天动身的话。

重要性等级：★★★　难易度等级：★　书面化等级：★

【463】如何　rúhé

［代词］怎么、怎样。其对应的口语语体表达形式是"怎么样"。

（1）做谓语、宾语、补语，询问状况。

近来身体如何？

现在感觉如何？

你自己做得如何？

（2）用于句末，征求意见。

你来写一篇，如何？

你来谈谈这个问题如何？

我们开个座谈会如何？

（3）表示虚指。

商店要考虑如何方便顾客。

我不知道将来的情形如何。

对于受贿的人，无论地位如何，都应该依法严惩。

重要性等级：★★　难易度等级：★★　书面化等级：★★

【464】如期　rúqī

［副词］表示按照规定的时间、期限。

由于经费问题，这项工程没有如期完成。

借银行的钱，必须如期归还。

重要性等级：★★　难易度等级：★★　书面化等级：★★

【465】如若　rúruò

［连词］如果。用于假设复句的前一分句。其较常见的篇章关联形式是"如若 X，则 Y""如若 X，Y"等。

如若此次无功，则甘愿受罚。

如若不能到会，请提前告知。

重要性等级：★★　难易度等级：★★　书面化等级：★★★

【466】如是　rúshì

【466-1】［代词］如此、这样。

其他历代的史书也往往都有<u>如是</u>的统计与记录。

所以，这部分史料出现<u>如是</u>问题是可以理解的。

<u>如是</u>，则兵劲城固，敌国畏之。

重要性等级：★　难易度等级：★★★　书面化等级：★★★

【466-2】｜习用语｜**不外<u>如是</u>**　不外乎这样，指所有的都包括在前面阐述的内容里了。

有需求就有市场，教育产业化<u>不外如是</u>。

人生难得知音，高山流水<u>不外如是</u>。

重要性等级：★　难易度等级：★★★　书面化等级：★★★

【467】如 X 所 V　rú X suǒ V

像 X 说的那样（那么）。

<u>如前所述</u>，我们在上半年的工作中取得了很大进步，希望以后继续努力，把工作做得更好。

<u>如他所言</u>，我们不能放弃这次机会。

重要性等级：★★　难易度等级：★★　书面化等级：★★★

【468】若　ruò

【468-1】［连词］如果。用于假设复句的前一分句。位于主语后，其较常见的篇章关联形式是"若 X，就 Y""若 X，便 Y""若 X，则 Y"等。

他<u>若</u>不肯来，我们就一起去请他。

大家<u>若</u>能积极配合，工作便会很快完成。

语言学习<u>若</u>不注重积累，则很难学到真才实干。

人不犯我，我不犯人；人<u>若</u>犯我，我必犯人。

<u>若</u>要人不知，除非己莫为。

重要性等级：★★★　难易度等级：★　书面化等级：★★★

【468-2】［动词］像。常用于成语或固定格式中。

　　若无其事　　若有所失　　若隐若现　　欣喜若狂

　　恍若隔世　　旁若无人　　天涯若比邻

重要性等级：★★★　难易度等级：★　书面化等级：★★★

【469】若非　ruòfēi

［连词］要不是。用于假设复句的前一分句，表示如果事情不像假设的那样，会有什么结果。其较常见的篇章关联形式是"若非 X，Y"等。

　　若非他帮助，事情怎能办得如此顺利。

　　若非亲身经历，岂知其中甘苦。我感叹大自然的神奇造化。

　　若非亲眼所见，简直不能让人相信。

重要性等级：★★　难易度等级：★★　书面化等级：★★★

【470】若干　ruògān

［代词］指一个不定数。如果用于询问，则与疑问代词"多少"意义相同。

　　这时，我才知道自己做了若干年的井底蛙。

　　有若干问题需要我们去解决。

　　没走的人还有若干。

　　这个村子里的住户有若干？

重要性等级：★★　难易度等级：★★　书面化等级：★★★

【471】若何　ruòhé

［代词］如何。其对应的通用语体表达形式为"怎么样""怎样"。

　　前景若何，尚难预料。

　　这件事的结果若何，还不得而知。

重要性等级：★　难易度等级：★★★　书面化等级：★★★

【472】若是　ruòshì

［连词］如果。用于假设复句的前一分句。其较常见的篇章关联形式是"若是 X，Y""若是 X，就 Y"。

　　若是喜欢的音乐，必是自己灵魂的回声，是真正属于自己的。

　　这一局若是我输了，就心服口服。

　　若是你能找到证人，那么问题就很容易解决。

<u>若是</u>没有你们的帮助，我们就不会成功。

重要性等级：★★　难易度等级：★★　书面化等级：★★★

【473】若 X 若 Y　ruò X ruò Y

表示既好像是某种情况，又好像是另一种与之相反的情况，X 和 Y 所表示的意义相反。

<u>若</u>即<u>若</u>离　　<u>若</u>有<u>若</u>无

远处的山峰<u>若</u>隐<u>若</u>现。

重要性等级：★★　难易度等级：★★　书面化等级：★★★

S

【474】霎时　shàshí

［名词］极短的时间、一眨眼。表示动作行为发生或状态变化得极快。"霎时"也可以说成"一霎时""霎时间"。其对应的口语语体表达形式为"一眨眼""一时间"。

看着赛车还在远处，霎时已从眼前晃过。

先是一声巨响，接着劈劈啪啪的，霎时五彩纷呈。节日礼花开始了。

叶子与花有一丝的颤动，像闪电般，霎时传过荷塘的那边去了。

流星从夜空中划过，一霎时就不见了。

这鬼天气说变就变，刚才还天和气朗，霎时间就狂风大作，飞沙走石。

重要性等级：★★　难易度等级：★★　书面化等级：★★★

【475】善加　shànjiā

［副词］更好地、更充分地。多和"利用"搭配使用。

大家必须对这些材料善加利用。

主持人请工作组善加利用会议上拟交流的分股信息。

重要性等级：★★　难易度等级：★★　书面化等级：★★

【476】擅自　shànzì

［副词］表示对不应该由自己处理的事或不是自己职权范围内的事自作主张。用在动词性词语前。"擅自"带有贬义色彩。

领导不在，我们不能够擅自决定。

不要擅自修改这篇文章。

重要性等级：★★★　难易度等级：★　书面化等级：★★

【477】商榷　shāngquè

【477-1】［动词］（就不同意见）进行商量、研讨。其对应的通用语体表达形式是"商量"。

这是一个值得进一步研究和商榷的问题。

笔者认为，上述观点均值得商榷。

该会议记录在内容上有<u>商榷</u>余地。

重要性等级：★　难易度等级：★★★　书面化等级：★★★

【477-2】[习用语] 有待<u>商榷</u>　表示对某事尚未达成共识，需要以后经过商量、研讨，才能得出结论或确定解决方案。

这个计划的可行性<u>有待商榷</u>。

这个问题的最终解决方案<u>有待商榷</u>。

重要性等级：★★　难易度等级：★★　书面化等级：★★★

【478】尚　shàng

【478-1】[副词] 仍然。表示动作行为或某种状态持续不变。

事故原因至今<u>尚</u>未查明。

这些问题<u>尚</u>待解决。

离毕业<u>尚</u>有数月。

离放假的日子<u>尚</u>远，不用着急。

她年纪<u>尚</u>小，干不了这种活儿。

我认为现在下结论，为时<u>尚</u>早，我们还需进一步观察。

重要性等级：★★★　难易度等级：★　书面化等级：★★★

【478-2】[副词] 表示程度不高、过得去，有委婉的语气。此时，"尚"后往往跟助动词或形容词。常用于转折复句前一分句。对应的通用语体表达形式是"还"。

目前蔬菜供应<u>尚</u>能满足市场的需要。

这篇文章内容<u>尚</u>好，但结构有些混乱。

表达<u>尚</u>好，只是普通话欠佳。

想法<u>尚</u>可，细节还需进一步完善。

这篇文章文句<u>尚</u>佳，但内容终嫌贫乏了些。

重要性等级：★★　难易度等级：★★　书面化等级：★★★

【478-3】[连词] 尚且、都。用于递进复句前一分句，提出程度更高的事作为后一分句的衬托，说明前面的事如此，后面的事更应如此。其较常见的篇章关联形式是"尚 X，（更）何况 Y""尚 X，Y"等。

他对别人尚如此关心，何况对自己的亲人。

这些工作一人尚可完成，更何况三个人呢？

重要性等级：★★　难易度等级：★★　书面化等级：★★★

【479】尚且　shàngqiě

［连词］用于表示推论的前一分句，举出显而易见或程度更甚的事例或已有事实，比况或陪衬后一分句中的对照项，表示结论合乎事理或情理。后一分句多用反问句。其较常见的篇章关联形式是"尚且 X，（更）何况 Y""尚且 X，而况 Y""尚且 X，哪里 Y""尚且 X，当然 Y""尚且 X，难道 Y"等。

身历其境的小事，尚且参不透、说不清，更何况那些高尚伟大、不甚了然的事业？

一个婴儿的诞生，尚且要经过几次阵痛，而况一个新社会。

还有一层，是那时民生凋敝，一心寻面包吃尚且来不及，哪里有心思谈文学呢？

台词尚且背不下来，当然谈不上彩排了。

考试作弊尚且为人所不齿，难道抄袭论文就能被大众接受吗？

重要性等级：★★　难易度等级：★★　书面化等级：★★★

【480】稍　shāo

［副词］表示数量不多或程度不深。

（1）多修饰单音节形容词、动词，形容词、动词后面不加"一点儿""一些""一下儿"等词语。

雨已稍停。

来客请稍等。

稍有不慎，即将招致失败。

稍一放松，就会被别人挤掉。

他稍显恐慌。

（2）可以用在少数单音节方位词前。

稍前　　稍后　　稍左　　稍右

重要性等级：★★★　难易度等级：★　书面化等级：★★★

【481】稍许　shāoxǔ

［副词］稍微。表示程度浅、数量不多或范围不大。常与"些""点儿"等配合使用。

打探到了他的消息，她的心里稍许安定了些。

他凝神构思之后，便提起笔稍许蘸了点儿墨汁，开始慢慢地写起来。

您拔根汗毛也比我们腰粗，稍许给我们一点儿帮助，就够我们支应一年半载。

重要性等级：★★　难易度等级：★★　书面化等级：★★

【482】设　shè

［连词］假如、如果。表示假设。其较常见的篇章关联形式是"设 X，则 Y""设 X，亦 Y""设 X，Y"等。

设七月无去湘南一举，则可免边界的八月之败。

设有之，亦是凤毛麟角。

设有难处，我必当鼎力相助。

重要性等级：★★　难易度等级：★★　书面化等级：★★★

【483】设若　shèruò

［连词］假如、如果。表示假设。其较常见的篇章关联形式是"设若 X，则 Y""设若 X，就 Y""设若 X，便 Y""设若 X，Y"等。

设若第一方案不能奏效，则采用第二方案。

设若苦瓜是花瓣，那籽就是花蕊了。

他最可靠的希望是买车，设若一旦忘了这件事，他便忘了自己。

设若他还活着，至少打死百八十来个敌人。

重要性等级：★　难易度等级：★★★　书面化等级：★★★

【484】设使　shèshǐ

［连词］假如、如果。表示假设。其较常见的篇章关联形式是"设使 X，则 Y""设使 X，Y"等。

设使第一方案不能奏效，则采取第二方案。

设使大楼年底建成，明年即可投入使用。

设使他没有时间，可以派别人去。

重要性等级：★　难易度等级：★★★　书面化等级：★★★

【485】涉足　shèzú

［动词］指进入某种环境、氛围或领域。通常形容某人或某组织踏足新的领域或从事新的活动。"涉足"后面的名词性词语往往是抽象的。

涉足政界　　涉足商界　　涉足影视圈

重要性等级：★★　难易度等级：★★　书面化等级：★★

【486】谁知　shéizhī

［连词］不料。其对应的口语语体表达形式是"谁知道"。其较常见的篇章关联形式是"X，谁知 Y"等。

去年买了一盆小红石榴，谁知今年就开花了。

大家以为他会同意，谁知他竟提出了许多修改意见。

早上天气晴朗，谁知下午下起雨来了。

我们正要去找他，谁知他却找上门来了。

重要性等级：★★　难易度等级：★★　书面化等级：★

【487】深　shēn

［副词］很、十分。表示程度大。可以构成词或短语，前者如"深信""深入"，后者如"深受""深挖"。

他深信十年、二十年后，他们当中必定会出现新学科和高科技研究的领头人。

只有深入基层，才能听到群众最真实的声音，准确把握他们最真实的诉求。

他的做法让我深受感动。

深挖大数据应用，实现警力科学配置。

重要性等级：★★★　难易度等级：★　书面化等级：★★

【488】深入　shēnrù

【488-1】［动词］透过外部，达到事物内部或中心。

孤军深入　　深入生活　　深入社会

重要性等级：★★★　难易度等级：★　书面化等级：★★

【488-2】［形容词］深刻、透彻。

深入地分析

这个问题需要做深入的调查。

由于篇幅所限，这里不能深入阐释这个问题。

我们有必要与父母深入地讨论教育的意义。

重要性等级：★★★　难易度等级：★　书面化等级：★★

【488-3】习用语 **深入人心**　指某种形象、概念、观念、思想等深深地进入人们的心里，被多数人熟悉、理解、信仰和拥护。

他演出过不少港剧，不少戏中的形象已深入人心。

"科学技术是第一生产力"的思想日益深入人心，亿万群众共同参与科技进步的伟大实践。

重要性等级：★★　难易度等级：★★　书面化等级：★★

【489】**甚**　shèn

［副词］很、非常。表示程度很高。修饰双音节形容词时，"甚"必须与"是""为""不"等连用，构成"甚是""甚为""不甚"等格式。

景色甚是壮观。

他处理问题甚是谨慎。

内蒙古草原甚为辽阔。

他们对客人甚为热情。

人的生命在历史长河中甚为短暂。

他平时不甚注意打扮。

这里的环境不甚整洁。

重要性等级：★★　难易度等级：★★　书面化等级：★★★

【490】**甚而**　shèn'ér

［连词］甚至。其较常见的篇章关联形式是"X，甚而 Y"。

时间久了，我甚而连他的名字都忘了。

他不仅在家中热情接待我们，甚而亲自驾车带我们兜风。

他们付出的劳动甚而要超过我们。

重要性等级：★　难易度等级：★★★　书面化等级：★★★

【491】**甚或**　shènhuò

［连词］甚至。其较常见的篇章关联形式是"X，甚或 Y"等。

憋闷、混沌的日子太久了，人们盼望一声雷、一场雨<u>甚或</u>是一场地震。

某些商品不宜多用，<u>甚或</u>最好不用，否则将给人们带来不良后果<u>甚至</u>灾祸等等。

重要性等级：★　难易度等级：★★★　书面化等级：★★★

【492】甚且　shènqiě

［连词］甚至。其较常见的篇章关联形式是"X，甚且 Y"等。

影响所及，不但足使生产停顿，社会紊乱，<u>甚且</u>使国本动摇，危及世界和平。

他的复述和原文不大相似，<u>甚且</u>不相干。

重要性等级：★　难易度等级：★★★　书面化等级：★★★

【493】甚至　shènzhì

［连词］表示递进关系。强调突出的事例（有更进一层的意思）。既可以连接小句，又可以连接短语和词。如果连接两项及以上成分，则用在并列成分中末项之前。其较常见的篇章关联形式是"甚至 X，也 Y""甚至 X，都 Y""X，甚至 Y"等。

我们认为<u>甚至</u>像他这样的人，也无法完成这项挑战。

他说<u>甚至</u>要花一万块，也要回家。

全国各地群众，<u>甚至</u>国际友人，都常常到这儿来参观访问。

技术革新以后，生产率成倍<u>甚至</u>两三倍地增长。

不认真学习就要落后、倒退，<u>甚至</u>犯错误。

重要性等级：★★★　难易度等级：★　书面化等级：★

【494】甚至于 X　shènzhì yú X

犹甚而至于某种比较极端或出乎意料的情况或程度。

许多市民诉苦城市的公交车太少，<u>甚至于</u>他们要花半个小时等一辆公交车，而车上可能已满载乘客。

许多中国人用拼音输入法发送手机短信，在电脑上打字，<u>甚至于</u>连中文的盲人点字法也基于这套方案。

重要性等级：★★★　难易度等级：★　书面化等级：★★★

【495】胜　shèng

【495-1】［动词］打败（别人）。

以少胜多　　以弱胜强　　战胜敌人

重要性等级：★★　**难易度等级：**★★　**书面化等级：**★★

【495-2】［动词］比另一个优越（后面常带"于""过""出"等）。

事实胜于雄辩。

实际行动胜于空洞的言辞。

一分预防胜过十分补救。

巴西队的实力确实很强，其阵容无疑要胜出对手很多。

重要性等级：★　**难易度等级：**★★★　**书面化等级：**★★

【496】失之 X　shīzhī X

"失之"的"失"是"缺陷"之义，意指"存在某方面的缺陷"。"失之"后接的 X 多为贬义词。

失之盲目　　失之偏颇　　失之片面

失之荒谬　　失之轻浮　　失之仓促

重要性等级：★　**难易度等级：**★★★　**书面化等级：**★★★

【497】十分　shífēn

［副词］表示程度很高。用在形容词或动词前面做状语。其对应的通用语体表达形式是"很"。

十分有意思

这些经验都十分宝贵。

一个飞碟快速自转着，那橙红色的光亮十分耀眼。

留学的机会十分难得，一定要好好珍惜。

看到我的画儿被挂在展览橱窗里，我十分高兴。

他十分沉得住气。

这是朋友送给我的生日礼物，我十分喜欢。

重要性等级：★★★　**难易度等级：**★　**书面化等级：**★

【498】时　shí

［副词］经常、常常。多修饰单音节动词、形容词。

此类事件，时有发生。

因其家庭负担之重，工资和生活费用之不相称，时有贫困的压迫和失业的恐慌。

由于观念不同，他们中间时有争论。

重要性等级：★★★　难易度等级：★　书面化等级：★★★

【499】时常　shícháng

［副词］表示多次出现而且相隔时间不久。其对应的通用语体表达形式是"常常"。

我时常去图书馆看书。

我们几个人时常在一起讨论问题。

我小时候很淘气，时常惹祸。

前些时候，同学们时常聚会。

重要性等级：★★★　难易度等级：★　书面化等级：★★

【500】时而　shí'ér

［副词］不时。

（1）单用一个"时而"。表示行为动作不定时地重复发生或出现。

出了马六甲海峡，只见时而有海鸥追逐着我们的轮船。

席间，他时而探过头来提问。

屋外，主人蓄养的白鸽成群地在云霄里盘旋，时而随着秋风吹下一片冷冷的鸽哨响，异常嘹亮悦耳。

（2）两个或多个"时而"并列连用。表示不同的行为、状态在某个时间内交互发生或出现。

卖"硬面饽饽"的老人叫卖声，被那忽急忽缓的风，荡漾得时而清楚，时而模糊。

就是思想上，也何尝不中些庄周韩非的毒，时而很随便，时而很峻急。

他听我说时，时而皱眉，时而叹气，时而擦掌。

约两个密友，吸着烟卷儿，尝着时新果子，促膝谈心，随兴趣之所至。时而上天，时而入地，时而论书，时而评画，时而纵谈时局，品鉴人伦，时而剖析玄理，密诉衷曲。

　　重要性等级：★★　难易度等级：★★　书面化等级：★★

　　【501】时时　shíshí

　　【501-1】［副词］表示事情经常发生或出现。其对应的通用语体表达形式是"常常"。

　　偌大的剧场内时时爆发出潮水般的掌声、笑声和叫好声。

　　我时时提醒自己，不要忘记那次教训。

　　老师的话时时在我耳边响起。

　　虽然我们很少见面，但我时时会想起他。

　　山下有一条公路，时时有汽车经过。

　　重要性等级：★★　难易度等级：★★　书面化等级：★★

　　【501-2】［副词］行为状态持续进行。其对应的通用语体表达形式是"一直"。

　　父亲的话我时时记心上。

　　植物和动物一样，时时在呼吸。

　　爱情必须时时更新，生长，创造。

　　重要性等级：★★　难易度等级：★★　书面化等级：★★

　　【502】时 X 时 Y　shí X shí Y

　　表示不同的行为、状态在某个时间内交互发生或出现。

　　窗外沙沙沙的，是雨是风？也许是雨，时停时下。

　　夜气乍暖乍凉，飘忽不定，时强时弱地送来黄河深沉而哀婉的滔滔声。

　　王一生倒很入戏，脸上时阴时晴，嘴一直张着，全没有在棋盘前的镇静。

　　重要性等级：★★　难易度等级：★★　书面化等级：★★★

　　【503】实　shí

　　【503-1】［副词］确实、的确。

　　实不足效法

　　他这种做法实不可取。

　　重要性等级：★　难易度等级：★★★　书面化等级：★★★

【503-2】 习用语 **实属不易**　确实不容易。

他能够一个人做完这件事，**实属不易**。

他一个人在外漂泊，能够活得很好，**实属不易**。

重要性等级：★★　难易度等级：★★　书面化等级：★★

【503-3】 习用语 **实非所宜**　实在是不合适。

出版旧诗，招人口实，**实非所宜**。

小小年纪谈恋爱，**实非所宜**。

重要性等级：★　难易度等级：★★★　书面化等级：★★★

【504】始终　shǐzhōng

［副词］表示从头到尾、一直。

始终不懈

我**始终**不赞成他的看法。

物价**始终**保持稳定。

宴会**始终**充满亲切友好的气氛。

他**始终**密切关注慈善工作。

整个研究**始终**是秘密进行的。

重要性等级：★★★　难易度等级：★　书面化等级：★★

【505】N 式微　N shìwēi

【505-1】"式"是文言的语气助词，"微"是衰微的意思，"式微"原为《诗经·邶风》篇名，借指国家衰落，也泛指事物衰落。

家道式微

家境**式微**，中断学业。

令人心惊的是，民间传统文化的**式微**具有普遍性。

二战结束以来，英语风靡世界，法语日益**式微**。

重要性等级：★　难易度等级：★★★　书面化等级：★★★

【505-2】 习用语 **日趋式微**　指事物逐渐地由兴盛而衰落。

即便是像惠山泥人这样已经有一定知名度的传统旅游纪念品，也面临着**日趋式微**的严峻挑战。

在当前主题公园日趋式微的大背景下，如此高额投入的景区，其生命力会如何呢？

重要性等级：★★　难易度等级：★★　书面化等级：★★★

【505-3】习用语 **日渐式微**　指事物逐渐地由兴盛而衰落。

方言日渐式微是不可逆转的趋势。

由于网络的发展，实体店日渐式微。

重要性等级：★★　难易度等级：★★　书面化等级：★★★

【506】**势**　shì

［副词］势必。多用来修饰单音节词。

此等现象，不速制止，势将同归于尽，抗战胜利云乎哉。

自己虽能冲出，香香公主仍在奸贼之手，那么自己也必不忍离去，势非重回火圈不可。

重要性等级：★　难易度等级：★★★　书面化等级：★★★

【507】**势必**　shìbì

［副词］根据事情的发展，推测一定会产生某种结果，结果多是不利的。"势必"后面一般是动词性短语。其对应的通用语体表达形式是"一定"。

不认真听课势必影响考试成绩。

原材料涨价势必提高成本。

结果势必如此。

背后议论势必会影响团结。

看样子你势必得亲自去一趟了。

一出兵，局势势必紧张。

重要性等级：★★　难易度等级：★★　书面化等级：★★★

【508】**是**　shì

【508-1】［代词］指示代词。其对应的通用语体表达形式是"这""这个""这样"。

如是　　由是可知

是可忍，孰不可忍。

是日天气晴朗。

在牛羊圈上摆列三块冰，是谓敬奉天、地、神，以祈求风调雨顺，牲畜兴旺。

离别故乡十八年后，我又一次踏上了故乡的土地，是日风和日丽，祥云万里。

重要性等级：★　难易度等级：★★★　书面化等级：★★★

【508-2】［形容词］对、正确（跟"非"相对）。主要用在成语和固定格式中。

凡事要实事求是。

我觉得我各方面表现还是挺不错的，可他把我说得一无是处。

他水平有限，然而总是自以为是。

你说得极是。

应当早做准备才是。

重要性等级：★★　难易度等级：★★　书面化等级：★★★

【509】是否　shìfǒu

［副词］是不是。

（1）用以构成正反问句，大都放在主语和谓语之间。

我们是否废除讽刺？不是的，讽刺是永远需要的。

朋友，你是否意识到你是在幸福之中呢？

（2）在叙述句中，用以提出尚待判定的某个事情的正反两面。

检验一个作家的主观愿望即其动机是否正确，是否善良，不是看他的宣言，而是看他的行为在社会大众中产生的效果。

是否读书，要看他的个人意愿。

重要性等级：★★★　难易度等级：★　书面化等级：★★

【510】是 X，还是 Y　shì X, háishi Y

表示对两种以上的事物或者情况进行选择。

为什么岭南春意这么浓，春天来得这么早？是气候变了？品种改了？还是其他的原因？

你是站在他们的朋友面支持他们呢？还是站在他们的敌人面反对他们呢？

重要性等级：★★★　难易度等级：★　书面化等级：★

【511】首次 / 个 / 届 / 例 / 位　shǒucì / gè / jiè / lì / wèi

第一次、第一个、第一位、第一届、第一例、第一位。常做定语，"首例 /
位"也常做宾语。

这是本地首次举办的大型展览会。

中国首次成功研制出了原子弹。

这是他工作以来签订的首个大项目。

全球首个 3D 招聘会即将上线。

这是中国举办的首届残奥会。

这是他主持的首届诗歌朗诵比赛。

这个手术在全国尚属首例。

他是首位登天的宇航员。

他是首位研制出该种药物的科学家。

重要性等级：★★★　难易度等级：★　书面化等级：★★★

【512】首先 X，其次 Y　shǒuxiān X，qícì Y

表示叙述对象间的主次关系。

领导学校，首先是教育思想上的领导，其次才是行政上的领导。

经典首先要经得起人心的筛选，其次要经得起时间的筛选。

学习首先要努力，其次要讲究方法。

重要性等级：★★　难易度等级：★★　书面化等级：★★

【513】首先 X，然后 Y　shǒuxiān X，ránhòu Y

表示叙述对象间的承接关系。

每天我放学回到家，首先写作业，然后才看电视。

洗衣服时，首先把衣服打湿，然后打上香皂，漂洗干净。

要想成功，首先你得确定一个目标和计划，然后努力为之奋斗。

重要性等级：★★★　难易度等级：★　书面化等级：★★

【514】受制于 NP　shòuzhì yú NP

受到某种条件、情况或者人物的辖制、管束、控制。

凡人造的东西都要受制于种种规律，破坏了规律就会酿成不良后果。

我时时处处得受制于我的领导。

寄人篱下，受制于人。我们得学会自立自强，才能摆脱束缚，展翅高飞。

人发明了机器，却又常常受制于机器。

重要性等级：★★　难易度等级：★★　书面化等级：★★★

【515】殊　shū

【515-1】［副词］很、极。

一个时期以来，他殊感拮据，这钱是越来越拿不出来了。

道德学问皆无所成就，殊觉惶惭不安。

重要性等级：★　难易度等级：★★★　书面化等级：★★★

【515-2】习用语 殊不料　没有想到。

走私分子变换手法改从邮寄渠道走私盗版光盘，殊不料为海关人员拿了个正着。

司徒明月和成楠等只道这又是一番凶险大战，殊不料他雷声大，雨点小。

重要性等级：★★　难易度等级：★★　书面化等级：★★

【516】殊不知　shūbùzhī

【516-1】［动词］竟然不知道。用于纠正别人。用在下文开头，对上文所说予以纠正或否定。

许多厂家宣传生产出了宫廷配方的御用酒、药膳，殊不知国家权威机构早就宣布，有关这方面的档案，一件也没有外泄。

杜甫途径骊山时，玄宗、贵妃正在大玩儿特玩儿，殊不知安禄山叛军已闹得不可开交。

重要性等级：★★　难易度等级：★★　书面化等级：★★

【516-2】［动词］竟然没想到。用于纠正自己。用在下文开头，对上文所说予以纠正或否定。

原本让他俩搭我们的车一起去的，殊不知他们已先走了。

都说艺高人胆大，殊不知无知的人胆子可能更大。

原以为他精通武术，殊不知只是些花拳绣腿。

重要性等级：★★　难易度等级：★★　书面化等级：★★

【517】倏地　shūdì

［副词］突然地、很快地。用在动词性词语前。其对应的通用语体表达形式是"突然""忽然"。

他倏地从椅子上跳起来。

黑暗中，倏地跑出一个人来。

汽车倏地一闪而过。

野兔倏地消失了。

重要性等级：★★　难易度等级：★★　书面化等级：★★★

【518】倏忽　shūhū

［副词］主要表示发生得迅速而突然。常构成"倏忽＋VP"格式，可说"倏忽（之）间"。其对应的通用语体表达形式是"突然""忽然"。

水面上，浪涛一个跟着一个，每一排浪尖上都绽出一丛丛金色的花朵，倏忽即灭，倏忽又起，漩涡一圈连着一圈，一串串漩涡千姿百态。

倏忽之间，我们已毕业五年。

重要性等级：★　难易度等级：★★★　书面化等级：★★★

【519】倏然　shūrán

［副词］倏忽。表示发生得迅速而突然，多修饰动词性词语。其对应的通用语体表达形式是"突然""忽然"。

在这风云突变面前咬紧了牙关，她没有哭天抹泪，没有倏然变色，更没有头晕体凉。

他们像刚才突然出现一样，又从这里倏然消失了。

喷气机从人们头上掠过，倏然不见。

她为自己倏然而来飘然而逝的某种好奇意识所吸引，吃了点儿惊。

重要性等级：★　难易度等级：★★★　书面化等级：★★★

【520】树　shù

［动词］建立。多用于抽象的、好的事物。

抓廉政，树形象，从严治警。

树立助人为乐的风尚。

明荣辱，树新风，创和谐。

重要性等级：★★　难易度等级：★★　书面化等级：★★

【521】率先　shuàixiān

［副词］表示行动走在前面、带头、首先。常用"率先＋VP"格式。

率先响应　　率先发难　　率先起事

北京电视台率先举办了这种节目。

重要性等级：★★　难易度等级：★★　书面化等级：★★

【522】丝毫　sīháo

［形容词］小、极少。其对应的口语语体表达形式是"一点儿"。跟否定词"不""没有""未""无"连用，表示完全否定。

（1）丝毫＋未／不＋VP

这么大年纪了，脾气丝毫未改。

说到输赢，他丝毫也不放在心上。

（2）丝毫＋没有＋VP／NP

练了两个月，技艺丝毫没有长进。

管理工作丝毫没有变化。

（3）丝毫＋无＋动词性语素／名词性语素（＋于）

他们的恶意攻击，丝毫无损于我们的光荣。

该公司跟我们丝毫无干。

外国政界人士纷纷表示：单方面提起南海仲裁无效，丝毫无助于解决问题。

粗暴执法丝毫无益于问题解决。

本博言论与供职单位丝毫无涉。

（4）丝毫＋不＋AP

取钱的人多了，他也能丝毫不乱。

他的棋艺丝毫不弱于你。

重要性等级：★★　难易度等级：★★　书面化等级：★★

【523】似乎　sìhū

【523-1】［副词］好像是、大概是。表示不太肯定的语气。其对应的通用语体表达形式是"好像"。

他们似乎是从美国来的。

看起来似乎要下雪了。

他穿的衣服似乎很旧了。

妈妈似乎胖了一点儿。

似乎每个人都很喜欢他。

听了这番话，似乎大家都明白了。

重要性等级：★★★　难易度等级：★　书面化等级：★★

【523-2】［副词］表示某种感觉像真的（实际上并不是）。其对应的通用语体表达形式是"好像"。

才来中国三个月，似乎很久了。

我似乎在哪里见过他。

重要性等级：★★　难易度等级：★★　书面化等级：★★

【524】似 X 非 X　sì X fēi X

表示又像又不像。X 为单音节动词、形容词或名词。

似醒非醒　　似醉非醉　　似懂非懂　　似笑非笑

似红非红　　似蓝非蓝　　似雾非雾　　似绸非绸

重要性等级：★★　难易度等级：★★　书面化等级：★★

【525】诉诸　sùzhū

［动词］"诸"是"之于"的合音字，"诉诸"即"求之于""求助于"，指采用某种方法解决事端、矛盾等。

诉诸武力　　诉诸事实

诉诸理智而非情感。

协商不成，他准备诉诸法律。

重要性等级：★★　难易度等级：★★　书面化等级：★★★

【526】素　sù

［副词］向来、一向。从过去到现在一直是这样。

伦敦素有雾都之称。

北京的胡同在世界上素负盛名。

我们素不相识，你怎么知道我的地址？

两家素不往来，也互不了解。

重要性等级：★★　难易度等级：★★　书面化等级：★★★

【527】素来　sùlái

［副词］向来、一向。表示从过去到现在一直是这样。多用于对某人性格习惯方面的叙述。多修饰动词性词语，较少修饰形容词性词语。

我素来不喜欢吃肉。

我素来佩服我的这位老师。

她素来不肯照相。

我素来是不大喜欢猫的。

她素来不爱打扮，别给她买。

我和他说，钱先生的学问，是我素来佩服的。

重要性等级：★★　难易度等级：★★　书面化等级：★★

【528】虽　suī

［连词］虽然。用在转折复句的前一分句，表示承认甲事为事实，但乙事并不因为甲事而不成立。其较常见的篇章关联形式是"虽 X，Y""虽 X，但（是）Y""虽 X，可（是）Y""虽 X，却 Y"等。

麻雀虽小，五脏俱全。

虽是盛夏季节，但是山上很凉爽。

我虽很喜欢诗词，可是不会写。

事情虽小，影响却极大。

重要性等级：★★★　难易度等级：★　书面化等级：★★★

【529】虽然　suīrán

［连词］用在转折复句的前一分句，表示承认甲事为事实，但乙事并不因为甲事而不成立。如果"虽然"用于后一小句，必在主语前，且前一小句不能用"但是""可是"。其较常见的篇章关联形式是"虽然 X，但（是）Y""虽然 X，可（是）Y""X，虽然 Y"等。

他虽然工作很忙，但是对学习并不放松。

虽然姐姐喜欢学物理，可是妹妹一点儿也不喜欢

校方没给我回信，虽然我已经发了三封邮件询问。

我仍然主张尽快动手术，虽然保守疗法也有一定疗效。

重要性等级：★★★　难易度等级：★　书面化等级：★

【530】虽则　suīzé

［连词］虽然。其较常见的篇章关联形式是"虽则 X，但（是）Y""虽则 X，却 Y""虽则 X，Y"等。

"五四"时代虽则已经草草地过去，但"五四"精神仍然影响着我们。

虽则有少数党员和少数党的同情者曾经进行了这一工作，但是不曾有组织地进行过。

她们心里虽则着急，却也不敢动。

重要性等级：★　难易度等级：★★★　书面化等级：★★★

【531】随　suí

［动词］跟随。主要带名词性宾语。

他们已经随大伙儿一起走了。

这部法律将随形势的发展和变化，不断地修改、充实和完善。

重要性等级：★★　难易度等级：★★　书面化等级：★

【532】随后　suíhòu

［副词］表示接着前面的动作、行为、情况发生。

你先去，我随后就来。

小肖觉得身子忽然一抖，差点儿倒下去，随后又稳住了。

中秋节过了，随后就是国庆节。

重要性等级：★★　难易度等级：★★　书面化等级：★★

【533】随即　suíjí

［副词］表示某一件事是紧跟在另一件事之后发生的。其对应的通用语体表达形式是"立即"。

骑在马上的战士说完后，随即轻快地跳下马。

"好，就这么办吧。"刘良同意了，随即转身离开了。

宋胜站起来喊了一声，那个人影随即消失了。

重要性等级：★★　难易度等级：★★　书面化等级：★★

【534】随着 suízhe

【534-1】［介词］介引出产生某种结果所依据的条件。

随着生产的发展，人民的生活也有了很大的改善。

随着经济建设高潮的到来，必将出现一个文化建设的高潮。

市场上水果的供应，往往随着季节的更替而变换。

语言是人们交流思想的工具，它随着社会的产生而产生，随着社会的发展而发展。

重要性等级：★★★　难易度等级：★　书面化等级：★

【534-2】［副词］接着、跟着。表示由于前面所说的原因而产生后面的结果。

由于生产的发展，人民的生活随着有了很大的改善。

季节更替了，水果的品种也随着变换了。

天气热了，作息时间随着做了相应的调整。

重要性等级：★★　难易度等级：★★　书面化等级：★

【535】遂 suì

［副词］就、于是。用于承接复句后一分句，承接前句所述原因，表示结果。多修饰动词性短语。

车来了后，他遂上车走了。

近视而不戴镜，久看遂疲劳。

母子俩因苦无依，遂迁在至亲家内，为是有些照顾。

这番话先是把两位老人惊住，后想想也在理，遂止住了眼泪。

重要性等级：★★　难易度等级：★★　书面化等级：★★★

【536】所 suǒ

【536-1】［助词］"所"单独加在及物动词前，构成名词性结构"所V"。"所"也可以与"的"搭配使用，构成名词性结构"所V的"，其中的V仍然必须是及物动词，"所V的"在句中做主语、宾语或定语，做定语时，它所修饰的成分在意念上一定是"所"后及物动词的受事。

大势所趋　　所向披靡　　想群众所想

他所说的，我都记下来了。

这场活动规模之大，是历史上所罕见的。

这正是大家所希望的。

大家所提的意见我们都会认真考虑。

重要性等级：★★★　难易度等级：★　书面化等级：★★

【536-2】［助词］现代汉语中，动词"有"的后面一般不再用动词做宾语，如果要加动词的话，往往在后一动词前加上"所"字，使"有＋所＋V"变成名词性结构。

有所遵循　　有所解释

关于各项具体政策，上级曾经陆续有所指示，这里只综合地指出几点。

"有所"后面可加上"增长""提高""补益""改变""发展"这类变化义动词，表示程度、范围、数量等稍有变化。

粮食、棉布和其他重要消费品如食油、食糖、煤油、煤炭等的供应，都将有所增长。

我想在现在的条件下，你的思想应该有所改变。

重要性等级：★★　难易度等级：★★　书面化等级：★★

【536-3】［助词］"所"可以与表示被动意义的介词"被"或"为"搭配使用。这时，"被""为"所介引的是主动者，"所"后的动词表示这个主动者的动作、行为。

对于这些现象，应认识其严重性，应坚决反抗之，应不被这些现象的威力所压倒。

我平素想，能够不为势力所屈是一件很难的事情。

重要性等级：★★　难易度等级：★★　书面化等级：★★

【536-4】现代汉语中，"所"有时用作构词成分，构成名词"所V"。这些词有个共同特点，即当中不能插入其他修饰成分，用作定语时后面可不加"的"。

倾其所有　　所在地区　　所得甚少

重要性等级：★★　难易度等级：★★　书面化等级：★★

【536-5】习用语 **所见所闻**　看见的和听见的。

你可以和大家分享一下儿这一路上的所见所闻。

他把自己的所见所闻都记录了下来。

重要性等级：★★　难易度等级：★★　书面化等级：★★

【536-6】 习用语 所思所想　头脑中思考的东西。

老师认为他对于这件事情的所思所想都非常正确。

他说出了我的所思所想。

重要性等级：★★　难易度等级：★★　书面化等级：★★

【537】所谓　suǒwèi

【537-1】〔形容词〕所说的。

所谓香花和毒草，各个阶段、阶层和社会集团也有各自的看法。

这就是所谓创造性的工作精神和工作方法。

重要性等级：★★　难易度等级：★★　书面化等级：★★

【537-2】〔形容词〕含有讽刺、否定、不以为然的意思，在书面上，"所谓"后面的词语常加上引号。

他们的原意是想把所谓"国民大会"当作法宝，祭起来。

在乌烟瘴气之中，有官之所谓"匪"和民之所谓"匪"，有官之所谓"民"和民之所谓"民"。

这就是所谓的"代表作"？

重要性等级：★★　难易度等级：★★　书面化等级：★★

【538】所以　suǒyǐ

【538-1】〔连词〕用于因果复句的后一分句，引出结果或得出推论，和上文的"因为""由于"相呼应。其较常见的篇章关联形式是"因为X，所以Y""由于X，所以Y""X，所以Y"等。

因为今天放假，所以我们不去学校了。

由于我和他一起工作过，所以对他比较了解。

今天是满月，天上却有一层淡淡的云，所以不能朗照。

重要性等级：★★★　难易度等级：★　书面化等级：★

【538-2】〔连词〕用于因果关系复句前一分句的主语和谓语之间，引出需要

说明原因的事情，后一分句则说明原因。在这种情况下，"所以"又可以说成"之所以"或"其所以"。其较常见的篇章关联形式是"所以 X，是因为 Y"等。

他所以不喜欢妈妈，是因为妈妈总是在否定他。

我之所以对他比较了解，是因为我和他在一起工作过。

重要性等级：★★　难易度等级：★★　书面化等级：★★

【539】所在　suǒzài

［名词］存在的地方，常用在"是 NP 所在"结构中。

青少年是祖国的希望所在。

这是我们的事业能够取得胜利的关键所在。

我们应当说真话，因为这是我们的力量所在。

重要性等级：★★　难易度等级：★★　书面化等级：★★

【540】索性　suǒxìng

［副词］表示直截了当、干脆的语气。

反正我现在没什么事，索性去你那儿吧。

既然已经来了，索性多玩儿几天再回去。

这些东西没多大用处，索性扔了吧。

等了这么久她还没来，索性不等她了，我们先走吧。

重要性等级：★★　难易度等级：★★　书面化等级：★

T

【541】他　tā

［代词］别的、其他的。

毫无<u>他</u>求　　留作<u>他</u>用

此人已经<u>他</u>调。

<u>他</u>乡遇故知。

<u>他</u>日再来看望。

事必躬亲，不假手<u>他</u>人。

重要性等级：★★　难易度等级：★★　书面化等级：★

【542】倘　tǎng

［连词］用于假设复句的前一分句，表示假设或推论。其对应的通用语体表达形式是"如果""假如"。其较常见的篇章关联形式是"倘 X，则 Y""倘 X，就 Y""倘 X，便 Y"等。

<u>倘</u>依新说，则男女平等，义务略同。

<u>倘</u>一看见两三岁的小孩子，她就想起了自己的儿子。

孩子的世界与成人截然不同，<u>倘</u>不先行理解，一味蛮做，便碍于孩子的成长。

重要性等级：★　难易度等级：★★★　书面化等级：★★★

【543】倘或　tǎnghuò

［连词］用于假设复句的前一分句，表示假设或推论。其对应的通用语体表达形式是"如果""假如"。其较常见的篇章关联形式是"倘或 X，就 Y""倘或 X，Y"等。

<u>倘或</u>他不要这件东西，就作罢。

<u>倘或</u>偶经生疏的村外，一声狂嗥，巨獒跃出，也给人一种紧张。

重要性等级：★　难易度等级：★★★　书面化等级：★★★

【544】倘如　tǎngrú

［连词］用于假设复句的前一分句，表示假设或推论。其对应的通用语体表达形式是"如果""假如"。其较常见的篇章关联形式是"倘如 X，就 Y""倘如 X，

Y"等。

最近听见他们学校里动手开农场，<u>倘如</u>是我家的，我就很乐意。

<u>倘如</u>此病不及早医治，就会变成顽疾。

重要性等级：★　难易度等级：★★★　书面化等级：★★★

【545】倘若　tǎngruò

［连词］用于假设复句的前一分句，表示假设或推论。其对应的通用语体表达形式是"如果""假如"。其较常见的篇章关联形式是"倘若 X，就 Y""倘若 X，便 Y""倘若 X，Y""X，倘若 Y"等。

<u>倘若</u>他们问起此事，你就说不知道。

<u>倘若</u>他的病有传染性，那就要坚决住院治疗。

<u>倘若</u>他不来，便你去。

<u>倘若</u>没有大家的热情帮助，我不会这么顺利地通过考核。

你可以提出申请，<u>倘若</u>你已经考虑成熟。

双方定于 6 月 15 日举行签字仪式，<u>倘若</u>情况没有什么变化。

重要性等级：★★　难易度等级：★★　书面化等级：★★

【546】倘使　tǎngshǐ

［连词］用于假设复句的前一分句，表示假设或推论。其对应的通用语体表达形式是"如果""假如"。其较常见的篇章关联形式是"倘使 X，就 Y""倘使 X，Y"等。

<u>倘使</u>我能够相信真有所谓"在天之灵"，就自然可以得到更大的安慰。

<u>倘使</u>他号叫月亭，或者在八月间做过生日，那一定是阿桂了。

重要性等级：★★　难易度等级：★★　书面化等级：★★★

【547】特此　tècǐ

［副词］用在公文、信函中，表示为某事特地在这里通告、说明等，有强调的意味。用在双音节动词前。

昨天晚报的第一版，"个"字应为"各"字，<u>特此</u>更正。

下个星期的足球比赛因故取消，<u>特此</u>通知。

重要性等级：★★　难易度等级：★★　书面化等级：★★

【548】通常 tōngcháng

［副词］表示在一般情况下，某种事情或行为有规律地出现、发生。

他通常早上六点就起床。

感冒的患者通常有发烧的现象。

这种现象通常出现在老年人身上。

通常我都是坐地铁上班。

春节我们通常放一个星期假。

重要性等级：★★★　难易度等级：★　书面化等级：★★

【549】同 tóng

【549-1】［连词］和。表示平等的联合关系。连接词或短语。

你同他一块儿来。

大脑同身体都需要锻炼。

知觉同感觉，这二者是有差别的。

重要性等级：★★　难易度等级：★★　书面化等级：★★

【549-2】［介词］介引参与行动或比较的对象。"同 NP"主要做状语。

（1）介引参与行动的另一方。动词多为双方共同参与的。双方前后位置不能对换，否则意义有所不同。

我同你一块儿上山打草。

她同她的丈夫分手了。

怎么能把他同我并列？

他同我是初交，说不上熟悉。

这种用法的介词短语往往可以加上"的"做定语，修饰句中的动词。

她同她丈夫的分手没能击倒她。

孙悟空同众天神天将的斗法令小朋友眼花缭乱。

"同"前还可以添加副词、助动词。

她已经同她的丈夫分手了。

党员干部要多同群众商量，一道解决问题。

（2）介引比较的对象，表示二者的异同。

野生的同人工培植的味道确实不同。

他的岁数同我一样大。

进口的同国产的质量差不多。

今年的气候同往年不一样。

重要性等级：★★　难易度等级：★★　书面化等级：★★★

【549-3】［副词］表示大家一起做、一起具有或一起承当，多修饰单音节动词。

人和猿同属哺乳动物。

他们有福同享，有难同当。

后来他结识了同为盲人的小张。

我俩同住一个宿舍。

重要性等级：★★　难易度等级：★★　书面化等级：★★

【549-4】［动词］跟……相同、协同。

用法同前。

奖励办法同第四条。

重要性等级：★★　难易度等级：★★　书面化等级：★★★

【550】同时　tóngshí

【550-1】［连词］并且、而且。同"也""又""还"等副词连用，表示进一步加以说明且用在较长的分句时，后面可以有个停顿（书面上用逗号表示）。其较常见的篇章关联形式是"X，同时Y"。

老师肯定了他们的成绩，同时也指出了一些不足之处。

"和"是个连词，同时又是个介词。

大家知道老赵是个生产能手，可他同时还是个体育健将呢！

各行各业的职工应该具有良好的职业道德，同时，还必须学习和掌握现代化建设的专业知识。

重要性等级：★★★　难易度等级：★　书面化等级：★

【550-2】［名词］表示动作行为在同一个时间发生。

我家的两盆昙花在昨天傍晚同时开放。

咱们学校的六名优等生同时考上了重点大学。

他们俩是 1979 年同时进入我们公司的。

重要性等级：★★★　难易度等级：★　书面化等级：★

【551】统　tǒng

［副词］总起来、全部。"统"后所跟动词多为单音节。

副词、介词、连词、助词等统称虚词。

人们一见笔战，便不问是非，统谓之"互骂"。

古代亲身到过沙漠的人，如晋僧法显、唐僧玄奘，统把沙漠说得十分可怕。

这些问题统归大会秘书处处理。

我们的《莽原》于明天出版，统观全稿，殊觉未能满足。

你们对上述计划意见如何？这个计划有何缺点？执行有何困难？统望考虑电告。

重要性等级：★★★　难易度等级：★　书面化等级：★★★

【552】徒　tú

【552-1】［副词］仅仅、只。限定范围。

家徒四壁

我看他也是徒有虚名。

那时的政府只是徒托空言，对已有的允诺并不实行。

后卫远在中场，鞭长莫及。眼睁睁看他俩轻松地把皮球送入大门，徒唤奈何。

名人名流的书法不一定是佳作，如果字体不伦不类，立下碑来，徒做反面教材而已。

重要性等级：★★　难易度等级：★★　书面化等级：★★★

【552-2】［副词］白白地。表示付出代价而无所得。

与其徒费唇舌，不如直接求助法律来得痛快。

想到那李姓少年和她亲密异常的模样，他又觉未免自作多情，徒寻烦恼。

重要性等级：★★　难易度等级：★★　书面化等级：★★★

【553】徒然　túrán

【553-1】［副词］白白地。

男儿仗剑酬恩在，未肯<u>徒然</u>过一生。

你这样不思进取，<u>徒然</u>浪费时间。

重要性等级：★★　难易度等级：★★　书面化等级：★★

【**553-2**】［副词］仅仅、只是。

自己的青春还在，生命力还丰富，<u>徒然</u>悲伤，有什么意思！

她连忙拭了眼泪，桢是个最温存、最同情的夫婿，被他发觉了，<u>徒然</u>破坏他一天的欢喜与和平。

重要性等级：★★　难易度等级：★★　书面化等级：★★

【**554**】妥善　　tuǒshàn

［形容词］妥当完善。

<u>妥善</u>安排　　<u>妥善</u>安置

事情处理得非常<u>妥善</u>。

重要性等级：★★　难易度等级：★★　书面化等级：★★★

W

【555】万分　wànfēn

［副词］非常、极其。表示最高的程度，有夸张色彩。一般只修饰形容词或表心理活动的动词，可做状语和补语。

能参加这个大会，我感到<u>万分</u>荣幸。

听到试验成功的消息之后，我们都<u>万分</u>高兴。

对你的帮助我<u>万分</u>感激。

他对孩子<u>万分</u>关心和爱护。

孩子获得了第二次生命，他的父母激动<u>万分</u>，决定给孩子改名"再生"。

重要性等级：★★　难易度等级：★★　书面化等级：★★

【556】往往　wǎngwǎng

［副词］表示根据以往的经验，某种情况在一定条件下时常存在或经常发生。

心里有事的时候，她<u>往往</u>一句话也不说。

疏忽大意<u>往往</u>导致意外的发生。

每周一早八点的课，他<u>往往</u>会迟到。

节假日的时候，他<u>往往</u>带全家外出旅游。

重要性等级：★★★　难易度等级：★　书面化等级：★★

【557】为¹　wéi

［介词］被。用于介引施事，常跟"所"搭配，构成被动句。

部分牧民仍<u>为</u>大雪所困。

他<u>为</u>好奇心所驱使，加快了脚步。

废气、废水、废渣将<u>为</u>人们所利用，变腐朽为神奇。

从前线回来的人说到白求恩，没有一个不佩服，没有一个不<u>为</u>他的精神所感动。

他的性格在我的眼里和心里是伟大的，虽然他的姓名并不<u>为</u>许多人所知道。

绝不<u>为</u>其假象所迷惑。

此剧<u>为</u>百姓津津乐道，其中必有可探究之处。

我们不能<u>为</u>强敌吓倒，而要压倒他们，消灭他们。

伤亲害子，<u>为</u>天理不容、国法不容。

重要性等级：★★★　难易度等级：★　书面化等级：★★

【558】为 ² wéi

［动词］做。多用于成语或其他固定词语。

您交给我的事，我会尽力而<u>为</u>。

事在人<u>为</u>，不试试怎么知道不行呢？

重要性等级：★★　难易度等级：★★　书面化等级：★★

【559】为 ³ wéi

［动词］变为、成为。作为连动式的第二个动词，表示前一个动词变化的结果。

陆地植物会逐渐分化<u>为</u>根、茎、叶。

得到这个消息，大家转忧<u>为</u>喜。

经过多年治理，终于变沙漠<u>为</u>良田。

重要性等级：★★★　难易度等级：★　书面化等级：★★

【560】为 ⁴ wéi

［动词］是。

题<u>为</u>《中国农村经济出路何在》的报告

阳光<u>为</u>生命所必须。

十寸<u>为</u>一尺。

重要性等级：★★★　难易度等级：★　书面化等级：★★

【561】V 为 N　V wéi N

V 可以是"誉""称""当选""调整""改""公认""分类""命名""列"等动词，"为"后接名词性词语。

孙中山被称<u>为</u>"民主革命的先行者"。

我们将这一疾病命名<u>为</u>"COVID-19"。

该专业原名"对外汉语"，2012 年改<u>为</u>"汉语国际教育"。

重要性等级：★★　难易度等级：★★　书面化等级：★★

【562】V（X）为 Y　V（X）wéi Y

V 可以是"化""视""称""归结""任命"等动词。

化繁为简　　化险为夷

人们视孔雀为"百鸟之王"。

我不会称它为艺术，它令人讨厌且毫无品味。

整个事件也许会归结为父母的责任问题。

他们任命他为英格兰队队长。

重要性等级：★★★　难易度等级：★　书面化等级：★★★

【563】为 / 被 NP（所）V　wéi / bèi NP（suǒ）V

构成被动句。"为"是介词，相当于"被"，动词必须是及物动词。一般来说，如果动词是多音节的，"所"可用可不用；如果动词是单音节的，"所"就非用不可。能进入这个格式的动词不多，双音节动词主要有"吸引""鼓舞""感动""尊敬""战胜""克服""控制""采纳""驱使""证明""发现""欺骗""泄露""误解""暴露""迷惑""拥护"等。单音节动词主要有"笑""阻""迫""动""知"等。

对于京剧我是外行，所说的话不免为内行所笑。

在调查情况时，必须不为表面现象（所）迷惑。

这支登山队在途中被风雪所阻。

他的话含含糊糊，能不被人误解吗？

重要性等级：★★　难易度等级：★★　书面化等级：★★★

【564】围绕　wéirào

【564-1】［动词］表示行为以某一问题或某一事件为中心进行。"围绕"后可以加"着"。

（1）围绕（着）+ NP

围绕这一问题，大家畅所欲言。

农村中的各项工作都应围绕农业生产开展。

我们要围绕着经济建设这个中心进行一切工作。

（2）围绕（着）+ VP

老师们围绕着提高教学质量展开了热烈的讨论。

围绕着该不该表扬这个学员，存在着不同意见。

重要性等级：★★　难易度等级：★★　书面化等级：★★

【564-2】［动词］围着转动。

地球围绕着太阳转。

孩子们围绕在老奶奶身边听她讲过去的故事。

重要性等级：★★★　难易度等级：★　书面化等级：★

【565】唯　wéi

［副词］只是、单单。可修饰名词性词语、动词性词语或小句。也可写作"惟"。

我身体平安，唯膀子疼痛厉害，举箸提笔，诸多不便。

此钟世上唯一无二。

这种净酒，颜色香味，既皆同水无异，唯力大性烈，不可仿佛。

他学习很好，唯身体稍差。

重要性等级：★★　难易度等级：★★　书面化等级：★★★

【566】唯独　wéidú

［副词］只是、单单。多用于把个别事物与一般情况做对比。其对应的通用语体表达形式是"只有"。

大家都来了，唯独他没有参加这次会议。

他对什么都不在意，唯独这件事，他格外用心。

他没什么爱好，唯独对打乒乓球感兴趣。

他不和别人交往，唯独喜欢他的老师。

三位名将一一败北，唯独卫青大胜而归。

重要性等级：★★　难易度等级：★★　书面化等级：★★

【567】唯其　wéiqí

［连词］正因为。用于因果复句的前一分句，引出事件的原因。其较常见的篇章关联形式是"唯其X，（所以）Y"。

头发略见蓬乱，唯其蓬乱，有格外的风致。

这问题我们了解甚少，唯其如此，所以更须多方探讨。

可是，唯其是文博士，所以他仍然恋恋不舍的，不忍得撒手杨家这门子亲事。

重要性等级：★　难易度等级：★★★　书面化等级：★★★

【568】委实　wěishí

［副词］实在。

我委实是不能忍耐了。

他这样做，委实不可思议。

他这样的人，我委实不太了解。

重要性等级：★　难易度等级：★★★　书面化等级：★★

【569】为（了/着）X 而 Y　wèi（le/zhe）X ér Y

X 表示某种动作的对象、目的或原因，Y 为表示该动作的动词。

我要为他们而写，为他们而唱，为他们讴歌。

再难吃的我们也要吃，为活着而吃。

我们是为查清这个问题而来找你的。

他为了以后在中国开展业务而来学习汉语。

人总是为着一定的理想而生活的。

重要性等级：★★　难易度等级：★★　书面化等级：★★★

【570】为了　wèile

【570-1】［介词］表示目的。

为了我们的子孙后代，现在做些牺牲是值得的。

为了解决这一难题，他们请来了首都的一百多位专家。

为了环境不再受污染，必须把这个厂迁往郊外。

（1）可以跟"而"连用。

为了得高分而连续开夜车，这不是我们所主张的。

我们为了梦想而读书。

（2）可以跟"起见"连用。

为了叙述的便利起见，我在这里先说矛盾的普遍性，再说矛盾的特殊性。

为了慎重起见，还不得不抽出一段时间来讨论今日向何方。

（3）用在"是"字句中，"为了 X"做宾语。

他确实偷过鱼，而且完全是为了莎莎。

他进澡堂并不完全是为了洗澡，主要是找一个舒适的地方消化那一顿丰盛的筵席。

（4）"为了"所引导的介词短语还可以连用，表示多个目的。

就如眼前，为了让儿子过得舒服点儿，为了让他顺利地娶上一个老婆，要他违背年轻时立下的誓言，去向蓝屋里的兄弟求一点儿施舍，他决不。

重要性等级：★★★　难易度等级：★　书面化等级：★

【570-2】[介词] 表示原因。

为了阿二的事情，妈妈可生了我的气。

为了几句话，他差点儿没让儿子吃巴掌。

重要性等级：★★★　难易度等级：★　书面化等级：★

【571】**为了 X 而 Y**　wèile X ér Y

X 表示目的，Y 表示行为手段，行为发出者一般位于句首，即"（某人）为了 X 而 Y"，不能说"为了 X 而（某人）Y"。

有人为了一时的利益或一时的痛快而说谎，却要长时间地担心。

一些年轻姑娘为了防止发胖而免掉早餐，殊不知这样的结果会适得其反。

这家公司为了让更多的人了解他们的产品而在电视上大做广告。

重要性等级：★★★　难易度等级：★　书面化等级：★★★

【572】**为（了）X 起见**　wèi（le）X qǐjiàn

表示"为了达到某种目的"。"为"的后面一般跟动词性词语和形容词性词语。"为（了）X 起见"一般置于句首，并用逗号与后面的部分隔开。

为方便读者起见，图书馆延长了开放时间。

为安全起见，每个进入施工现场的人必须戴上安全帽。

为了慎重起见，最好直接查阅原文而非译文。

重要性等级：★★　难易度等级：★★　书面化等级：★★★

【573】**为着**　wèizhe

[介词] 为了。

他们的十年寒窗，是为着一举成名。

大家为着共同的目的，千方百计地齐心奋斗。

他为着一个老同学的事，忙了四五天，还是没有头绪。

重要性等级：★★　难易度等级：★★　书面化等级：★★

【574】未　wèi

【574-1】［副词］没有、没（跟"已"相对）。表示动作行为还没有发生。有时也可修饰形容词。"未"常常与"尚""还"连用，构成"尚未""还未"。

未卜先知　　未老先衰

他现在还是未婚。

兵马未动，粮草先行。

身体尚未完全康复，还要多加休息。

重要性等级：★★　难易度等级：★★　书面化等级：★★

【574-2】［副词］不。

对于你的想法，我未敢苟同。

他的病久久未能痊愈。

这种做法未可厚非。

重要性等级：★★　难易度等级：★★　书面化等级：★★

【575】未艾　wèi ài

【575-1】表示未尽、未止、未灭、未死。

在微寒未艾、春意初兴的田野里

当她余兴未艾地回到家时，才发现一切都变了。

重要性等级：★　难易度等级：★★★　书面化等级：★★★

【575-2】习用语 方兴未艾　事物正在蓬勃发展，不会很快终止。

旅游业方兴未艾，发展前景广阔。

当前，有关城市的话题方兴未艾。

目前中国的大众文化研究正方兴未艾。

重要性等级：★　难易度等级：★★★　书面化等级：★★★

【576】未必　wèibì

［副词］表示不确定，不能肯定，也不能完全否定。其对应的通用语体表达

形式是"不一定"。

贵的东西未必就好。

这次比赛我们未必能赢。

他一个人未必能控制住全场。

重要性等级：★★　难易度等级：★★　书面化等级：★★★

【577】**未曾**　wèicéng

［副词］不曾、没有过（"曾经"的否定）。表示某种情况或行为动作过去不存在或没有发生过。

她一世未曾享过一天福，临死吃的还是粗粮。

他们虽未曾见过面，但常有书信往来。

这样的事情，他也未曾遇见过。

县志上未曾记载。

他们虽然未曾相见，但彼此都知道对方的名字。

三十年来这里未曾发生过水灾。

重要性等级：★★　难易度等级：★★　书面化等级：★★★

【578】**未尝**　wèicháng

【578-1】［副词］从来没有过。用在动词性词语前。动词后常有"过"。

这样的事，我未尝听说过。

我未尝到过这里。

重要性等级：★★　难易度等级：★★　书面化等级：★★★

【578-2】［副词］不是、并非。与否定词"不""没有""无"连用，构成双重否定，表达肯定，语气较委婉。"未尝"前常有"也"。

他的话也未尝不可信。

我未尝没有想过离开。

重要性等级：★★　难易度等级：★★　书面化等级：★★★

【579】**未免**　wèimiǎn

［副词］不能不说是。表示不以为然。

现在看来这个结论未免保守了些。

但协会的活动只停留在讲座、观影、座谈讨论等形式上，力度<u>未免</u>不足。

你的顾虑<u>未免</u>多了些。

这样对待客人，<u>未免</u>不礼貌。

重要性等级：★★　难易度等级：★★　书面化等级：★★★

【580】未始　wèishǐ

［副词］不是、并非、未尝。与否定词"不""没有""无"连用，构成双重否定。整个句式语气比较委婉。"未始"用于主语后。

他<u>未始</u>不知道这件事，只不过从来不说就是了。

他这样做<u>未始</u>不是好意，咱们应该理解他。

张先生的话<u>未始</u>没有道理。

重要性等级：★　难易度等级：★★★　书面化等级：★★★

【581】稳步　wěnbù

［副词］步子平稳地。多以此比喻动作平稳或某事物发展平稳。

<u>稳步</u>登上山顶　　<u>稳步</u>发展

产量<u>稳步</u>上升。

无论从自身成长还是从全球化走势看，中国企业还是需要<u>稳步</u>"走出去"。

人民政府对蚕丝事业采取了"大力维持""<u>稳步</u>恢复"的方针。

重要性等级：★★★　难易度等级：★　书面化等级：★★

【582】我　wǒ

【582-1】［代词］工厂、机关、学校等组织机构对外称自己，后面只能接单音节名词。

这是<u>我</u>厂新产品。

<u>我</u>厂职工出入大门应出示工作证。

<u>我</u>院开设了八个专业。

<u>我</u>校已迁往和平街三号，来信请寄新地址。

重要性等级：★★★　难易度等级：★　书面化等级：★

【582-2】［代词］我方。常用于敌我相持的场合。

敌疲<u>我</u>打

走私集团已全部被<u>我</u>活捉。

重要性等级：★★★　难易度等级：★　书面化等级：★

【583】无 X　wú X

没有 X。

<u>无理</u>　<u>无节制</u>　<u>无心</u>　<u>无感</u>

重要性等级：★★　难易度等级：★★　书面化等级：★★

【584】无不　wúbù

［副词］没有一个不、全都。用双重否定概括全范围。

矛盾对立着的双方互相斗争的结果，<u>无不</u>在一定条件下互相转化。

历代思想家<u>无不</u>寻找着实现公正理想的制度、体制和手段。

重要性等级：★★　难易度等级：★★　书面化等级：★★

【585】无从　wúcóng

［副词］表示难以进行、没有办法实行。多用在双音节动词前。

这个词的来源已经<u>无从</u>考证了。

这件事太复杂了，<u>无从</u>说起。

这句话出自哪本书，的确<u>无从</u>查找。

没有任何线索，警方<u>无从</u>调查。

重要性等级：★★　难易度等级：★★　书面化等级：★★

【586】无妨　wúfáng

【586-1】［副词］表示某种行为、动作可以进行，没有什么妨碍，实际意思是这样做有好处或比较妥当。

在空余时间，你们<u>无妨</u>看看小说，写写诗，搞搞体育活动。

<u>无妨</u>来说说这位伟大的诗人吧。

我们<u>无妨</u>把这十年来发掘整理出来的优秀民间叙事诗公布于众。

重要性等级：★　难易度等级：★★★　书面化等级：★★★

【586-2】习用语 但说<u>无妨</u>　说出来也没有关系。

有事，<u>但说无妨</u>。

有话但说无妨，不必拘泥。

重要性等级：★★　难易度等级：★★　书面化等级：★★★

【587】无非　wúfēi

［副词］仅仅是、只不过。表示不会超过某个范围。把事情往小里、轻里说，或者强调所说的是常情常理。

（1）无非＋是。常和"罢了""而已"连用。

这无非是件平常小事。

你说的大城市无非也就是这样。

我无非是想给他提个醒罢了。

（2）无非＋VP。

他做这件事，无非想讨父母的欢心。

他这么勤奋地工作，无非想多赚几个钱。

重要性等级：★★　难易度等级：★★　书面化等级：★★

【588】无怪（乎）　wúguài（hū）

［副词］表示明白了原因，对下文所说的情况就不觉得奇怪。

原来炉子灭了，无怪（乎）屋里这么冷。

他病了一个多月，无怪（乎）我们好久没见到他。

国家有此一群虎狼，无怪（乎）国事不可收拾。

人是这样小，无怪（乎）只能在"自己"里绕圈子。但是能知道"自己"的小，便是大了。

重要性等级：★　难易度等级：★★★　书面化等级：★★★

【589】无可 VP　wúkě VP

不能、无法做某事。

无可取代　　无可替代　　无可避免　　无可逆转

无可辩驳　　无可限量　　无可匹敌

重要性等级：★★　难易度等级：★★　书面化等级：★★★

【590】无论　wúlùn

［连词］表示在任何条件下，结果或结论都不会改变或受到影响。多用于前

一分句；也可用在后一分句，这时表结果的分句在前。其较常见的篇章关联形式是"无论 X，也 Y""无论 X，都 Y"等。

无论怎么忙，也不能忽视对家庭的责任。

无论前路怎么坎坷，任务怎么艰巨，我们都要努力前进。

在求职时，无论是自我介绍，还是回答问题，都要面带微笑，举止大方。

总之，倘是咬人之狗，我觉得都在可打之列，无论它在岸上或在水中。

宅子的所有权终归是他的，无论里边住着人或已经改了铺子。

她觉得他是世界上第一个可爱的人，无论哪方面。

重要性等级：★★★　难易度等级：★　书面化等级：★

【591】无任　wúrèn

［副词］十分。表示程度非常高。

大驾光临，无任欢迎。

小女在沪上得先生及尊夫人悉心照料，无任感激。

倘有好事之徒，寄我材料，无任欢迎。

重要性等级：★　难易度等级：★★★　书面化等级：★★★

【592】无如　wúrú

［连词］无奈。

我们十点钟赶到那里，无如他早已离开了。

正要出门，无如天下起雨来了。

无如琐事缠身，行期一延再延。

重要性等级：★　难易度等级：★★★　书面化等级：★★★

【593】无所谓　wúsuǒwèi

【593-1】［动词］说不上。

我只是来谈体会，无所谓报告。

对于敌人，无所谓仁慈的问题，对它们，只有给以致命的打击。

重要性等级：★★　难易度等级：★★　书面化等级：★

【593-2】［动词］不在乎、没有什么关系。

别的倒无所谓，这个问题得马上解决。

大家都替他着急，而他自己倒像是无所谓一样。

重要性等级：★★　难易度等级：★★　书面化等级：★

【594】无暇　wúxiá

【594-1】［动词］没有空闲的时间。

他们理解球员把精力都花在打球上，无暇上课。

在匆忙行走中，他自然无暇专心欣赏橱窗。

她无暇仔细去想，只顾和朋友说话。

重要性等级：★★　难易度等级：★★　书面化等级：★★

【594-2】习用语 **无暇顾及**　没有时间或者精力顾及其他。

三个小孩儿需要她照顾，其他的事情，她无暇顾及。

繁忙的工作让她无暇顾及其他。

重要性等级：★★　难易度等级：★★　书面化等级：★★

【594-3】习用语 **无暇过问**　没有时间或者精力询问其他。

小学领导对幼教业务不熟悉，再加上工作繁忙，对幼儿园往往是不闻不问或无暇过问。

父亲天天在外忙于工作，无暇过问家事。

重要性等级：★★　难易度等级：★★　书面化等级：★★

【595】无须（乎）　wúxū（hū）

［副词］不用、不必。表示从事理或情理上不需要如此。

无须（乎）再说什么，悲痛的眼泪已经表明了一切。

爸爸妈妈，我在这里过得很好，自己能安排好一切，你们无须（乎）牵挂。

她是一个优秀的演员，每次拍戏之前都准备得非常充分，表演也非常到位，无须（乎）导演操心。

我算过了，这无须（乎）多加广告费。

夜黑天里，没人看见他，他本来无须（乎）立刻这样办，可是他等不得。

重要性等级：★★　难易度等级：★★　书面化等级：★★★

【596】无疑　wúyí

【596-1】［副词］没有疑问地。

这个消息对他来说<u>无疑</u>是个晴天霹雳。

他生性谨慎，跨出如此重要的一步，对他来说<u>无疑</u>得慎重考虑。

他能力强，这件事对他来说<u>无疑</u>小菜一碟。

重要性等级：★★　难易度等级：★★　书面化等级：★★

【596-2】［动词］没有疑问。

这地方雪如此之大，必有这类东西<u>无疑</u>。

这一来当然更是深信<u>无疑</u>。

重要性等级：★★　难易度等级：★★　书面化等级：★★

【596-3】 习用语 确凿无疑　真实可靠，不容置疑，没有疑问。

他这次考试不及格是<u>确凿无疑</u>的事情。

它可以证明我说的<u>确凿无疑</u>。

重要性等级：★★　难易度等级：★★　书面化等级：★★

【597】无异于 X　wúyì yú X

与某事没有不同，与之等同。用于类比。

妻子不幸离开了这个世界，这<u>无异于</u>给了他当头一棒。

他把自己养的宠物抛弃了，这<u>无异于</u>把它推进了火坑。

正在紧张备考的时候，他收到了朋友鼓励的信息，这<u>无异于</u>给他打了一针强心针。

重要性等级：★★　难易度等级：★★　书面化等级：★★★

【598】无 X 之分　wú X zhīfēn

没有 X 的分别。X 通常是具有相反或相对意义的一对词语。提问时用"有无 X 之分？"这种表达。

<u>无男女之分</u>　　<u>无内外之分</u>　　<u>无好坏之分</u>

<u>无高下之分</u>　　<u>无长短之分</u>

重要性等级：★★　难易度等级：★★　书面化等级：★★★

【599】毋宁 wúnìng

［副词］不如。用于选择复句的后一分句，表示两者相比，选择后者。其较常见的篇章关联形式是"（与其）X，毋宁Y""（与其说）X，毋宁说Y"等。

跪着生，毋宁死。

与其把钱留给子孙，毋宁捐作慈善基金。

人生是占有不了的，毋宁说，它是侥幸落到我手里的一件暂时的礼物，我迟早要把它交还。

余心言的杂文，与其说来自杂文家落笔时的苦心经营，毋宁说是来自文章之外的平素日积月累的绸缪酝酿。

重要性等级：★ 难易度等级：★★★ 书面化等级：★★★

【600】毋庸 wúyōng

［副词］无须。表示没有必要、不必。其对应的口语语体表达形式是"用不着""没必要"，多修饰动词性短语。

详细的情形，有各报记述可看，毋庸在下再来饶舌。

毋庸讳言，要解决存在的问题，就必须正本清源，从源头入手。

毋庸赘言，关于这个主题的研究实际上涵盖了无数的不同实验，并且所涉及的科学问题会很复杂。

我毋庸说出他的姓名，也不想借此发什么议论。

此外还谈了些事情，我毋庸缕述了。

这个问题书上已有详细说明，这里毋庸赘述。

重要性等级：★ 难易度等级：★★★ 书面化等级：★★★

【601】勿 wù

［副词］表示禁止或劝阻。其对应的口语语体表达形式是"不要""别"。

请勿吸烟　　请勿打扰　　勿携展品　　非礼勿言　　非礼勿行

本府本处言出法随，勿谓言之不预。

前有副词，还可以修饰双音节动词、动词性短语。

星期日公园之游，万勿爽约。

刊物请暂勿寄来。

重要性等级：★★ 难易度等级：★★ 书面化等级：★★

【602】务必　wùbì

［副词］必须。用于表达主观要求和希望，带有请求的意思。其对应的口语语体表达形式是"一定要"。

这是我第一次表演，请您<u>务必</u>光临指导。

这个会议很重要，请<u>务必</u>准时参加。

重要性等级：★★　难易度等级：★★　书面化等级：★★

X

【603】悉　xī

【603-1】［副词］全、完全。常后接单音节动词。

至于寄还之法，当初悉托北新书局。

应如何措手，悉听主裁。

重要性等级：★　难易度等级：★★★　书面化等级：★★★

【603-2】　习用语　悉听尊便　一切听凭您的意愿、随您的便。是一种客套、谦虚的说法。

去与不去，悉听尊便。

什么误解呀，委屈呀，诬告呀，咒骂呀，讥笑呀，悉听尊便。

重要性等级：★　难易度等级：★★★　书面化等级：★★★

【604】悉数　xīshù

［副词］全数、全部。

悉数奉还　　悉数上缴

重要性等级：★　难易度等级：★★★　书面化等级：★★★

【605】悉心　xīxīn

［副词］用尽所有的精力。

悉心研究　　悉心照料　　悉心打扮

重要性等级：★★　难易度等级：★★　书面化等级：★★★

【606】惜败　xībài

［动词］比赛中以很小的差距败给对方（含惋惜意）。

他以一分之差惜败。

山东队惜败于上海队。

重要性等级：★　难易度等级：★★★　书面化等级：★★★

【607】洗雪　xǐxuě

［动词］洗掉耻辱、仇恨、冤屈等。

他们怒不可遏，决心<u>洗雪</u>他们所遭到的耻辱。

我要告诉哥哥与驼大哥，一定要他们<u>洗雪</u>我被你欺骗的耻辱。

重要性等级：★★　难易度等级：★★　书面化等级：★★

【608】系　xì

【608-1】［动词］是。

<u>确系</u>实情

鲁迅<u>系</u>浙江绍兴人。

重要性等级：★★　难易度等级：★★　书面化等级：★★★

【608-2】［动词］联结、联系。多用于抽象事物。

维<u>系</u>　　名誉所<u>系</u>　　观瞻所<u>系</u>

成败<u>系</u>于此举。

重要性等级：★★　难易度等级：★★　书面化等级：★★★

【608-3】［动词］牵挂。

心<u>系</u>故乡　　情<u>系</u>祖国

重要性等级：★★　难易度等级：★★　书面化等级：★★★

【609】系统 V　xìtǒng V

有条理、有系统地做某事。多后接双音节动词。

<u>系统</u>学习　　<u>系统</u>研究　　<u>系统</u>搜查　　<u>系统</u>了解　　<u>系统</u>工作

重要性等级：★★★　难易度等级：★　书面化等级：★★

【610】显著 V　xiǎnzhù V

强调（某种变化）非常明显、突出。"显著"后面跟的动词往往是表示变化类的双音节动词。其对应的通用语体表达形式是"明显"。

发生<u>显著</u>变化

改革开放以来，国家发生了巨大变化，经济实力大为增强，人民生活<u>显著</u>改善。

重要性等级：★★　难易度等级：★★　书面化等级：★★

【611】现　xiàn

［副词］临时、当时。表示动作或行为根据某种需要临时产生，说明由行为动作所产生的事物不是事先就准备好的或者事先就有的。后接单音节动词。

这家铺子的烧饼是现做的。

这孩子太有才了，现编了一段词。

这些墙都是现浇的，不是预制板拼装的。

写了一段，临时现去想下一段，是很危险的。

重要性等级：★★　难易度等级：★★　书面化等级：★

【612】现 VP₁ 现 VP₂　xiàn VP₁ xiàn VP₂

表示为了某个目的而临时采取某种行动。其中后一行为是由于前一行为的影响才发生的，并且前后两个行为是几乎同时发生或紧密相随的关系。格式里的 VP 一般是单音节或者双音节动词、动宾短语。

现编现排　　现想现写　　现做现吃　　现装订现分发　　现开工现备料

重要性等级：★★　难易度等级：★★　书面化等级：★

【613】相　xiāng

【613-1】［副词］互相。用在动词前，"相"和动词中间不能加进别的成分。句子中的主语必须是表示两个或多个事物的词语。

他们俩以兄弟相称。

这两个国家隔海相望。

他俩结婚是两相情愿的。

小王所说和事实不相符合。

他同我的年龄相仿。

理想与现实常常相差很大。

重要性等级：★★　难易度等级：★★　书面化等级：★★

【613-2】［副词］指一方对另一方的行为、态度。用在单音节动词前。

实不相瞒，他已经破产。

我有一事相求。

重要性等级：★★　难易度等级：★★　书面化等级：★★★

【614】相当　xiāngdāng

【614-1】［动词］（数量、价值、条件、情形等）差不多、配得上或能够相抵。

旗鼓相当　　年纪相当

几支球队实力相当。

拦河大坝高达一百一十米，相当于二十八层的大楼。

重要性等级：★★　难易度等级：★★　书面化等级：★★

【614-2】［形容词］适宜、合适。

这个工作还没有找到相当的人。

他一时想不出相当的字眼儿来。

重要性等级：★★　难易度等级：★★　书面化等级：★★

【614-3】［副词］表示程度高。

这个任务是相当艰巨的。

这出戏演得相当成功。

重要性等级：★★　难易度等级：★★　书面化等级：★★

【615】相对 X 而言 / 来说　xiāngduì X ér yán / lái shuō

两种同类事物相比较，一种事物存在与另一种事物相区别的特征。

相对中学而言，大学更自由。

相对红色而言，我更喜欢绿色。

相对上学期来说，这学期更轻松。

相对期中考来说，期末考更简单。

重要性等级：★★　难易度等级：★★　书面化等级：★★

【616】相继　xiāngjì

［副词］一个接着一个。相隔的时间可以很短，也可以较长。如果修饰单音节动词，要有附加成分。

大家相继发言。

赵先生的儿子女儿相继出国学习，但是亲友们常来看望他。

老方的几个孩子相继参加了工作，已经没有什么生活负担了。

他的好几本新书相继出版了。

消防队员们相继冲进了火场，最终这场大火被扑灭了。

重要性等级：★★　难易度等级：★★　书面化等级：★★

【617】想来　xiǎnglái

［动词］表示估计发生的可能性，不能完全肯定。

晾在院子里的衣服都掉地上了，想来夜里是刮风了。

他的妻、一位爱说话的老婆子，想来该是健存着的吧。

想来，在不久的将来，我们一定会成功。

重要性等级：★★　难易度等级：★★　书面化等级：★

【618】向　xiàng

［介词］组成介词短语做状语，引进动作行为的对象。

我已经向老师说明情况了。

老李向我点了点头，打了个招呼。

重要性等级：★★★　难易度等级：★　书面化等级：★

【619】向来　xiànglái

［副词］从过去到现在，表示行为状态一直是如此。

（1）向来 + VP。后可接肯定形式或否定形式。跟"从来"的用法一样，后跟"这么 / 这样"时，表明行为或状态开始发生变化，不再如此。

跟孙女下象棋，向来他输。

对于钱，他向来是不肯放松的一个。

他是向来主张自食其力的。

迅哥儿向来不乱跑，我们又都是识水性的。

他想这些人家向来少不了要帮忙。

我向来没有这样受欺负过。

（2）向来 + AP。后可接肯定形式或否定形式。

这地方向来热闹，等过节，简直人山人海。

那个修鞋的老师傅向来规矩，从不多跟人要钱。

大饭店里的工艺品向来不便宜。

我们这孩子向来忠厚。

重要性等级：★★　难易度等级：★★　书面化等级：★★

【620】向着　xiàngzhe

【620-1】［动词］朝着、对着。

葵花向着太阳。

向着炮火前进。

重要性等级：★★　难易度等级：★★　书面化等级：★★

【620-2】［动词］偏袒。

哥哥怪妈妈凡事向着小弟弟。

你不要老是向着他。

重要性等级：★★　难易度等级：★★　书面化等级：★★

【621】行将　xíngjiāng

［副词］即将、将要。

老朽今年已八十有三，可谓"行将就木"。

他们都是建筑工人，不久行将期满回国。

新年的钟声即将敲响，行将到来的新的一年里，我们将迎来更多的机遇和挑战。

重要性等级：★　难易度等级：★★★　书面化等级：★★★

【622】幸（而）　xìng（ér）

［副词］指由于某种偶然出现的有利条件而避免了某种不良后果。常用在主语前。

幸有各方相助，方不致作难。

此事幸得校方通融。

幸未酿成大祸。

发现及时，幸无大碍。

幸而写得一手好字，便替人家抄抄书，换一口饭吃。

古代人说的话是听不见了，幸而留传下来一些古代的文字。

幸而我没去，不然准后悔。

幸而及时消除了隐患，否则后果不堪设想。

重要性等级：★★　难易度等级：★★　书面化等级：★★★

【623】幸亏　xìngkuī

［副词］表示由于某种偶然出现的有利条件而避免了某种不利的事情。

幸亏他带了雨衣，不然全身都得湿透！

他幸亏抢救及时，才保住了性命。

幸亏有他在，场面才不至于失控。

重要性等级：★★　难易度等级：★★　书面化等级：★★

【624】幸免　xìngmiǎn

［动词］侥幸地避免。

幸免于难

这次裁员，各部门无一幸免。

整块的良田开始荒芜，那一排排的白杨也未能幸免。

重要性等级：★★　难易度等级：★★　书面化等级：★★★

【625】幸喜　xìngxǐ

［副词］幸好、幸亏。因免除不利后果而高兴。

此次台风虽大，幸喜早做防范，损失不大。

幸喜地震中心离我们居住的城市尚远，有惊无险，望二老放心。

幸喜有热心人指点，才没有迷路。

重要性等级：★★　难易度等级：★★　书面化等级：★★★

【626】须　xū

［助动词］一定要、必须。后接动词性词语。

走到那边月台，须穿过铁道，须跳下去又爬上去。父亲是一个胖子，走过去自然要费事些。

巴黎博物院之多，真可算甲于世界。但须徘徊玩索才有味，走马看花是不成的。

事前须做好准备。

重要性等级：★★　难易度等级：★★　书面化等级：★★★

【627】需　xū

［动词］需要。其后宾语可以由名词性词语或动词性词语充当。

受灾地区急需各种救援物资。

病人急需输血。

这份计划还需修改。

重要性等级：★★　难易度等级：★★　书面化等级：★★★

【628】徐徐　xúxú

［形容词］缓慢。用在双音节动词、动词性短语前。其对应的通用语体表达形式是"慢慢"。

列车徐徐开动。

春风徐徐吹来，让人感到十分凉快。

国旗徐徐升起。

重要性等级：★★　难易度等级：★★　书面化等级：★★

【629】旋即　xuánjí

［副词］不久、很快地。表示事情或行为紧接上一件事或上一行为后发生，上文必有另一件事或另一行为。其对应的通用语体表达形式是"随后"。

刚才太阳还照着，旋即下起雨来。

早晨浓雾，旋即开晴，阳景舒长，天气亦热。

他见事情已了结，旋即转身离去。

重要性等级：★　难易度等级：★★★　书面化等级：★★★

Y

【630】X 言之　X yán zhī

表示言说的方式。

【630-1】换言之　换句话说。

所谓认识论和本体论，认识是我们之所以知，本体是我们所知的对象，<u>换言之</u>，便是宇宙。

女性在觉醒，<u>换言之</u>，女主自我意识在增强。

"小于或等于"，<u>换言之</u>就是"不大于"。

重要性等级：★★　难易度等级：★★　书面化等级：★★★

【630-2】简言之　简单来说。

<u>简言之</u>，目前有三个问题亟待解决。

<u>简言之</u>，他被录取了。

<u>简言之</u>，他成了一名老师。

重要性等级：★　难易度等级：★★★　书面化等级：★★★

【630-3】概言之　概括来说。

<u>概言之</u>，我们成功了。

<u>概言之</u>，他成功考取了研究生。

<u>概言之</u>，他拥有了成为一名光荣的人民教师的资格。

重要性等级：★　难易度等级：★★★　书面化等级：★★★

【631】沿　yán

【631-1】[介词]顺着（江河、道路或物体的边）。

<u>沿</u>墙根儿种花　　<u>沿</u>河边走

重要性等级：★★　难易度等级：★★　书面化等级：★

【631-2】[介词]依照以往的方法、规矩、式样等。

<u>沿</u>袭　　相<u>沿</u>成习

重要性等级：★★　难易度等级：★★　书面化等级：★★

【632】沿着　yánzhe

沿、顺着。

<u>沿着</u>大路一直往东就到了。

<u>沿着</u>海岸航行。

<u>沿着</u>先烈们开辟的航路奋勇向前。

你<u>沿着</u>这个思路再去拟一个提纲。

<u>沿着</u>这个方向前进。

<u>沿着</u>这种思路，我们继续往下做。

重要性等级：★★　难易度等级：★★　书面化等级：★★

【633】俨然　yǎnrán

【633-1】［形容词］形容庄严。

<u>望之俨然</u>　　<u>闻之俨然</u>

重要性等级：★　难易度等级：★★★　书面化等级：★★★

【633-2】［形容词］形容齐整。

土地平旷，屋舍<u>俨然</u>。

她们三个珠翠满头，粉黛<u>俨然</u>，衣服也极其闪耀华丽。

重要性等级：★　难易度等级：★★★　书面化等级：★★★

【633-3】［副词］表示非常像。

桂林的山峰参差不齐，<u>俨然</u>是一幅幽美的自然风景画。

这孩子说起话来<u>俨然</u>是个大人。

他<u>俨然</u>成了个严肃的老师。

重要性等级：★★　难易度等级：★★　书面化等级：★★★

【634】要是 X，（就）Y，否则 Z　yàoshi X，（jiù）Y，fǒuzé Z

　表假设，前两分句表示假设推论关系，后一分句表示否定该推论而得到的结果。

<u>要是</u>明天下雨，我们<u>就</u>不去爬山了，<u>否则</u>会冻感冒的。

<u>要是</u>你不带包，我<u>就</u>带一个，<u>否则</u>买的东西没地方放。

重要性等级：★★　难易度等级：★★　书面化等级：★★

【635】X 也似的　X yě shìde

像 X 一样。其中"X"是单音节词，主要是喻体，也可以是比较的对象。

飞<u>也似的</u>跑了进来。

猫<u>也似的</u>悄悄地走过去。

重要性等级：★★　难易度等级：★★　书面化等级：★★★

【636】也许　yěxǔ

[副词] 表示没有把握、不很肯定。也有减弱语气使表达更加委婉的作用。

<u>也许</u>一百年后这里奇特的冰川景象就只存在于人们的记忆中了。

今天的疯言疯语<u>也许</u>十年后就成了现实。

如若做不到万无一失，<u>也许</u>会"一失万无"。

看开一点儿，<u>也许</u>会轻松一点儿。

重要性等级：★★★　难易度等级：★　书面化等级：★

【637】业已　yèyǐ

[副词] 已经。表示事情成为过去。多用于公文。

工程基础建设<u>业已</u>完成。

准备工作<u>业已</u>就绪。

以上三项，为上月所决定，<u>业已</u>分别实行。特此通知。

这三区<u>业已</u>连成一片，共有人口五千万，大约短期内即可完成合并任务。

检查伤势，那王后<u>业已</u>断气多时了。

重要性等级：★　难易度等级：★★★　书面化等级：★★★

【638】一般　yībān

[形容词] 一样。放在词或短语后边，进行比喻或类比。"一般"有时可以说成"般"，但此时后面一定要跟"的"或"地"。

波浪<u>一般</u>的麦田　　潮涌<u>一般</u>的人群

我们有火<u>一般</u>的心、钢铁<u>一般</u>的意志。

火车飞<u>一般</u>地向前驶去。

他那钢铁<u>般</u>的意志和百折不挠的斗争精神，值得我们好好学习。

三天后，姑娘的腿奇迹<u>般</u>地好了。

重要性等级：★★　难易度等级：★★　书面化等级：★★

【639】一边 X，一边 Y　yībiān X, yībiān Y

表示一个动作跟另一个动作同时进行。

他一边答应，一边放下手里的书。

他一边走路，一边唱歌。

重要性等级：★★　难易度等级：★★　书面化等级：★

【640】一并　yībìng

［副词］表示两件或两件以上的事情放在一起处理。用在动词性词语前。

这几张发票一并报销。

书和照片一并寄上，请查收。

数学老师对同学们提出的各种疑问一并进行了解答。

重要性等级：★★★　难易度等级：★　书面化等级：★

【641】一旦　yīdàn

【641-1】［副词］用于已发生的或者惯常性的情况，表示"真的有一天"或者"忽然有一天"。

他从前就想当老师，一旦当上了，又不觉得这个工作好了。

相处三年，一旦离别，怎么能不想念呢？

重要性等级：★★★　难易度等级：★　书面化等级：★

【641-2】［副词］用于未发生的情况，表示"如果有一天""如果什么时候"。其较常见的篇章关联形式是"一旦 X 就 Y"等。

仓库里不能抽烟，一旦着火就麻烦了。

这件事别告诉小张，一旦他知道了就不好办了。

理论研究一旦获得重大突破，迟早会给生产和技术带来极其巨大的进步。

他怕熊一旦追上来，想打开枪保险。

重要性等级：★★　难易度等级：★★　书面化等级：★

【642】一定　yīdìng

【642-1】［副词］表示对某种情况确切的估计或推断。多用于未发生的事，也可用于已发生的事。上下文多有做出判断的或进行推论的理由、根据等。"一

定"多跟能愿动词"能""能够""会""要""得（děi）"或动词"是"连用。其对应的口语语体表达形式是"准""一准"。

跟他约好了，星期六一定来。

这时候还不来，一定有什么事了。

三天打鱼，两天晒网，这英语一定学不好。

你们别胡思乱想了，我相信他一定会没事的。

没别的原因，一定是不好意思。

有那么多国家队队员，这个队一定厉害。

受灾后，部分群众的生活一定困难，务必要妥善解决。

他手头一定宽绰，要不不会这么花钱。

重要性等级：★★　难易度等级：★★　书面化等级：★

【642-2】[副词] 表示决心、意志、态度坚决。要求自己、对方、别人或包括自己在内的"我们""大家"做或不做某事。"一定"常跟"要""得（děi）"连用。

你放心，我一定去。

你告诉他一定按时服药。

路上你一定要小心。

上山的时候大家一定要慢一点儿。

明天你一定得走。

重要性等级：★★　难易度等级：★★　书面化等级：★

【643】一度　yīdù

[副词] 表示行为或事情在过去有段时间发生过，有过一次。前面还可加"曾""曾经"等表时间的副词。

他因家境贫寒，一度失学。

事故造成堵塞，交通一度中断。

出国后，我跟他一度失去联系。

北京曾一度工艺品滞销。

他曾经一度打算出资印这诗稿。

重要性等级：★★　难易度等级：★★　书面化等级：★★

【644】一方面 X，一方面 Y　yī fāngmiàn X, yī fāngmiàn Y

格式中，X 和 Y 是并列的相互关联的两种事物或一个事物的两个方面。

煮粥时里面放点儿红枣，<u>一方面</u>更好吃，<u>一方面</u>对身体也有好处。

这<u>一方面</u>是为了你好，<u>一方面</u>是让你过得舒服。

重要性等级：★★　难易度等级：★★　书面化等级：★★

【645】一概　yīgài

［副词］表示全部一样，没有例外。用于概括前面的人或事物，强调人或事物的范围。其对应的通用语体表达形式是"全部"。

家里的事，他<u>一概</u>不管。

无论是批发还是零售，本店<u>一概</u>欢迎。

重要性等级：★★　难易度等级：★★　书面化等级：★★

【646】一贯　yīguàn

［形容词］（思想、作风等）一向如此，从未改变的。

谦虚、朴素是他<u>一贯</u>的作风。

这是他多年来的<u>一贯</u>信念，已经成为他的生活哲学。

这并非我的新想法，而是我的<u>一贯</u>做法。

重要性等级：★★　难易度等级：★★　书面化等级：★★

【647】一 X 即 Y　yī X jí Y

表示后一事紧接前一事发生。通常用于表达因果关系或条件关系。

<u>一</u>触<u>即</u>发　<u>一</u>拍<u>即</u>合　<u>一</u>发<u>即</u>中

略<u>一</u>观察<u>即</u>可明了大概。

我跟他<u>一</u>说<u>即</u>妥，没有费很大力气。

重要性等级：★★　难易度等级：★★　书面化等级：★★

【648】一经　yījīng

［副词］表示只要经过某个步骤或者某种行为（就能产生相应的结果）。通常引导一个条件或原因，表达某个特定情况下会紧接着发生的事情。其较常见的篇章关联形式是"一经 X，就 Y""一经 X，便 Y""一经 X，应 Y"等。

<u>一经</u>批准，马上就可以动工。

<u>一经</u>介绍之后，他就高高兴兴、恳恳切切地谈起话来。

这种想法一经产生，他便意识到这是一个虚伪的借口。

错误一经发现，我们应马上改正。

重要性等级：★★　难易度等级：★★　书面化等级：★★

【649】一径　yījìng

［副词］直接、一直；不停留地、不间断地；不绕道地、不必另费周折地。

他将信折放在袋里，一径地走了出去。

他一径向东走去。

他脸上有些发热，即刻一径红到耳根。

他一径做着小学教师，从未变过。

重要性等级：★★　难易度等级：★★　书面化等级：★★★

【650】一举　yījǔ

［副词］经过一次行动就完成、一下子。一般用于说明重大事件。多用于双音节动词、动词性短语前。句中动词后常有"了"。

这篇小说发表以后，他一举成名。

我军一举消灭了入侵的敌人。

一举捣毁敌人老巢。

案发后不到一小时，公安干警就将这一伙罪犯一举擒获。

重要性等级：★★　难易度等级：★★　书面化等级：★★

【651】一例　yīlì

［副词］一律、同等。表示行为状态适用于全部对象，没有例外。多修饰动词性词语。

各民族一例平等。

茶房的口，似乎很值得注意。他们的口，一例是练得极其尖刻的。

在学习上，老师对男女学生一例看待。

还未结婚，他们就已约法三章，婚后家事一例平均分担。

重要性等级：★　难易度等级：★★★　书面化等级：★★★

【652】一律　yīlǜ

［副词］全部一样、没有例外。强调行为或情况的一致性。

全部商品一律打折出售。

车票必须在规定时间内使用，过期一律作废。

重要性等级：★★　难易度等级：★★　书面化等级：★★

【653】一面 X，一面 Y　yīmiàn X，yīmiàn Y

表示两种动作行为同时进行。X 和 Y 为动词性词语。

他一面上学，一面打工，很是辛苦。

孩子们一面唱，一面跳，玩儿得很开心。

他一面讲述，一面在黑板上画着图。

重要性等级：★★　难易度等级：★★　书面化等级：★★

【654】一齐　yīqí

【654-1】［副词］同时。指不同的主体同时做同一件事。

大家一齐动手。

大家听我的口令一齐拉。

他一走进来，在座的人一齐站了起来。

表演结束了，观众们一齐鼓掌。

重要性等级：★★　难易度等级：★★　书面化等级：★★★

【654-2】［副词］指同一主体同时做几件事。

要分个轻重缓急，不能所有的工作一齐抓。

这些问题可以提出来一齐研究。

护照、照片一齐交给留学生办公室的老师。

家具、电器一齐搬走。

重要性等级：★★　难易度等级：★★　书面化等级：★★★

【655】一任　yīrèn

［动词］听凭、任从。

不能因为他已经错了，就一任他继续错下去。

置身这宁静的田园，一任我的思绪飞翔。

你的事我们不管，一任你自己做主便了。

浪大水急，她不管不顾，一任浪花溅洒在她身上头上脸上。

重要性等级：★　难易度等级：★★★　书面化等级：★★★

【656】一时 X 一时 Y　yīshí X yīshí Y

表示在某一时间里交错出现的 X 和 Y 两种情况，这两种情况是并列关系。

他的情绪有波动，一时高兴一时悲伤。

年纪大了，身体一时好一时坏。

这段时间一时忙一时闲。

重要性等级：★★　难易度等级：★★　书面化等级：★★

【657】一同　yītóng

［副词］表示同时同地做某事。其对应的通用语体表达形式为"一块儿""一道""一起"。

几位演员一同登上了舞台。

信和照片一同寄给你。

我们几个人一同登上了山顶。

书和衣服一同寄走了。

重要性等级：★★　难易度等级：★★　书面化等级：★★

【658】一味　yīwèi

［副词］单纯地、一个劲儿地。表示不顾其他，专注于某事，或者状态单一。后接成分多带有贬义色彩。

一味追求数量，只能使质量降低。

从前只一味地责备孩子，让他们代我们负起责任，却未免是可耻的。

七八年前，湖里几乎长满了苇子，一味地荒寒，虽有好月光，也不大能照到水上。

重要性等级：★★　难易度等级：★★　书面化等级：★★

【659】一系列　yīxìliè

［形容词］许许多多有关联的（事物）、一连串的（事物）。后常接名词性词语。

各地结合本地实际，采取了一系列"减负"的措施，出现了一些可喜的变化。

因此，关于鸟类的起源、恐龙和早期鸟类的生物学特性等一系列未解之谜都笼罩在困惑之中。

智能手机是指那些能够提供高速上网、收发邮件、音乐播放和全球定位等一系列服务的手机。

重要性等级：★★★　难易度等级：★　书面化等级：★★

【660】一向　yīxiàng

【660-1】［名词］过去的某一段时期。

前一向雨水多。

这一向工程的进展很快。

重要性等级：★　难易度等级：★★★　书面化等级：★

【660-2】［副词］向来、从来。表示某种行为、状态或情况从过去到说话的时候一贯这样，保持不变。

一向俭朴　　一向好客

他一向不习惯一个人生活。

她这人一向不太会交朋友。

重要性等级：★★　难易度等级：★★　书面化等级：★

【661】一一　yīyī

［副词］逐一、逐个、一个一个地。表示动作行为挨次发生或者出现。

临行时妈妈嘱咐的话，他一一记在心里。

情况大致如此，不一一细说了。

老师的提问，他一一做了回答。

重要性等级：★★　难易度等级：★★　书面化等级：★★

【662】一再　yīzài

［副词］一次又一次地。表示在过去某段时间里，动作反复进行。跟"反复""屡次"意义相近，但含有强调的意味。后接动词性词语。

领导一再指示，这座桥一定要赶在雨季之前修好。

当时，他一再强调困难，说实在是抽不出人。

他一再劝她放弃这个听起来不靠谱儿的计划。

重要性等级：★★　难易度等级：★★　书面化等级：★★

【663】一则 X，二则 Y　yī zé X, èr zé Y

列举原因和理由。其对应的通用语体表达形式是"一是 X，二是 Y"。

这项举措一则为满足自身需要，二则为发展我国的民族工业，力求早日赶上世界水平。

不能让他去干，一则年纪大，二则身体弱。

重要性等级：★★　难易度等级：★★　书面化等级：★★★

【664】依　yī

［介词］按照、依据。组成介词短语做状语，引出行为的依据。

政府官员更应当维护法律，依法办事。

依我看，这样办可以。

重要性等级：★★　难易度等级：★★　书面化等级：★★★

【665】依次　yīcì

［副词］表示按着次序。后接动词性词语。

演员们依次出场。

领导们依次就座。

电影快开始了，观众依次入场。

重要性等级：★★　难易度等级：★★　书面化等级：★★

【666】依旧　yījiù

［副词］仍旧。表示某种行为或状态跟原来一样，没有变化。

下班了，他依旧留在办公室工作。

小王还是老样子，走路依旧不爱抬头。

二十年过去了，她依旧年轻。

爷爷已经七十岁了，身子骨依旧很硬朗。

虽是大病初愈，但她精神依旧很好。

十月，北方有些地方已经入冬了，可南方一些地方依旧繁花似锦。

重要性等级：★★　难易度等级：★★　书面化等级：★★

【667】依然　yīrán

［副词］仍然。表示行为、状态维持原样，不因别的因素有所改变，而表示情状的词语上文中已有交代或已隐含其中。

尽管身体不舒服，她也不肯卧床休息，依然坚持去学校上课。

当春天来临的时候，南国已是繁花似锦了，北国却依然千里冰封。

他现在收入颇丰，可依然过着节俭的生活。

八月底的北京，天气依然炎热。

重要性等级：★★　难易度等级：★★　书面化等级：★★

【668】依稀　yīxī

【668-1】［形容词］表示不十分真切，模模糊糊、隐隐约约。后接动词性成分，动词多为表示感知觉的动词。后面可以加"地"。

远处琴声依稀可闻。

虽说是二十年没见面了，他还依稀记得她的模样。

从门外望进去，我依稀看到了一条过道。

我可以依稀地听到些嘈杂的声音，水流声、冲厕所的声音。

重要性等级：★★　难易度等级：★★　书面化等级：★★

【668-2】 习用语 **依稀可见**　模模糊糊、隐隐约约地能看见。

在图片左上角依稀可见美国的海岸线。

那艘船驶出浓雾，依稀可见。

远远的，那岛的轮廓依稀可见。

一百年过去了，这块店牌上的字迹还依稀可见。

重要性等级：★★　难易度等级：★★　书面化等级：★★

【669】依照　yīzhào

［介词］引出行为的标准或依据。后接双音节及多音节词语。

依照命令执行。

依照规定办理。

公民必须依照法律服兵役。

依照这个样子再打一件。

依照实际需要编制年度预算。

依照上级的指示，这项工作必须在一周内完成。

任何事情都要依照国家的政策来处理。

重要性等级：★★　难易度等级：★★　书面化等级：★★

【670】依N之见   yī N zhī jiàn

其中"依"是介词,意思是"按照","见"是"见解、看法"。"依N之见"意思是"根据某人的看法"。

依我之见,他是不会来了。

依你之见,我们该如何处理这件事。

依她之见,他根本是愚忠。

重要性等级:★★   难易度等级:★★   书面化等级:★★★

【671】已   yǐ

[副词]已经。表示动作、行为、变化实现或完成。

"已"和"未"意义相对,如"已婚/未婚""已成年/未成年"。

他的主意已定,就不会再改变。

这件事我已问过三遍了。

秋收已近尾声,田野里一片深秋的景色。

小毛都已五岁了,还不会说话。

临近春节,天色已晚,下班时间已过,路灯已亮。

我再向外看时,他已抱了朱红的橘子往回走了。

重要性等级:★★   难易度等级:★★   书面化等级:★★★

【672】已然   yǐrán

[副词]已经这样、已经成为事实。通常用来表达一种不可避免或不容改变的情况,强调已经到了不可改变的地步。

事情已然如此,还是想开些吧。

名人已然成为流行文化最重要的代表之一。

如此大规模的扩张已然带来问题。

有利于消化健康的纤维已然大受欢迎。

不过,最悲伤的时日已然过去。

重要性等级:★★   难易度等级:★★   书面化等级:★★★

【673】以   yǐ

【673-1】[介词]用。常用格式为"以+X+VP""以X为Y"等。

以毒攻毒   以好言相劝   以不变应万变

以合成橡胶代替天然橡胶　　以他为榜样

重要性等级：★★　难易度等级：★★　书面化等级：★★

【673-2】［介词］凭、依据。

以貌取人　　　以记者身份参加会议　　　以优劣定等级

重要性等级：★★　难易度等级：★★　书面化等级：★★

【673-3】［介词］因为、由于。

以出产竹器著名　　　以能名列前茅而感到高兴

重要性等级：★★　难易度等级：★★　书面化等级：★★

【673-4】［介词］"VP＋以＋NP"是一类固定格式。"VP"限于"给予"一类意义。"以"字也可以不用，格式变为双宾语句，句义不变。

我们供给他们以大量的急需物资。

向朋友们致以衷心的感谢。

重要性等级：★★　难易度等级：★★　书面化等级：★★

注意："加以""予以""借以""难以""足以""用以"都是形式动词，通常后接非名词性宾语。但"给以"不同，以带名词性宾语为主。"予以"在少数情况下可后接名词性宾语。

【673-5】［连词］表示目的。用在两个动词性短语中间。

应该节约开支以降低生产成本。

必须调动一切积极因素，以利于实现四个现代化。

重要性等级：★★　难易度等级：★★　书面化等级：★★

【674】以便　yǐbiàn

［连词］用于目的复句后一分句的开头，表示做了上文所说的事情以后，有利于达到下文所说的目的。其较常见的篇章关联形式是"X，以便Y"等。

我们现在就应该努力学习知识，不断充实自己，以便将来为社会多做贡献。

小脑的主要机能是调节和校正肌肉的紧张度，以便维持姿势和平衡，顺利完成随意运动。

我们要大力开展体育运动，以便进一步增强人民体质。

请在信封上写清邮政编码，<u>以便</u>迅速投递。

重要性等级：★★　难易度等级：★★　书面化等级：★★

【675】以后　yǐhòu

［名词］方位词，现在或所说某时之后的时期。

从今<u>以后</u>　　五年<u>以后</u>　　毕业<u>以后</u>

<u>以后</u>我们还要进一步研究这个问题。

重要性等级：★★　难易度等级：★★　书面化等级：★★

【676】以及　yǐjí

［连词］"以及"连接并列的词语，表示联合关系。

（1）"以及"所连接的成分有主要和次要的分别（"以及"前边的常是主要成分）。

书店有词典、课本<u>以及</u>画报。

这个商店卖摩托车、自行车<u>以及</u>它们的各种零件。

（2）所连接的成分有时间先后的分别（"以及"前边的成分时间常常在先）。

明天什么时候去，<u>以及</u>怎么去都要告诉大家。

在本部分中，您会学到去哪里寻找这些项目，<u>以及</u>怎样处理它们。

（3）所连接的事物可分成两类（"以及"用在后项之前）。

他们选择素食，是基于他们对人类，<u>以及</u>除人以外其他生命的爱和尊重。

他今天买了鸡、鸭、鱼、肉，<u>以及</u>不少蔬菜和水果。

重要性等级：★★★　难易度等级：★　书面化等级：★★

【677】以降　yǐjiàng

［名词］方位词，在某一时期以后。

自唐<u>以降</u>　　晚清<u>以降</u>

重要性等级：★　难易度等级：★★★　书面化等级：★★★

【678】以来　yǐlái

［名词］方位词，表示从过去某时直到现在的一段时期。

他毕业已经五年了，五年<u>以来</u>一直没有放弃学习英语。

台湾自古<u>以来</u>是中国的一部分。

改革开放<u>以来</u>，古老的渔区发生了许多的变化。

重要性等级：★★★ 难易度等级：★ 书面化等级：★★

【679】以免 yǐmiǎn

［连词］免得、省得。用于目的复句后一分句开头，表示使所说的情况不至于发生，多用于不希望发生的事情。其较常见的篇章关联形式是"要 X，以免 Y""应 X，以免 Y""X，以免 Y"等。

要严格按照国家规定标准收费，<u>以免</u>加重学生家长负担。

机动车和非机动车应各行其道，<u>以免</u>影响交通安全。

加强安全措施，<u>以免</u>发生工伤事故。

重要性等级：★★ 难易度等级：★★ 书面化等级：★★

【680】以内 yǐnèi

［名词］方位词，在一定的时间、处所、数量、范围的界限之内。

<u>本年以内</u>　　<u>长城以内</u>　　<u>五十人以内</u>

你们这次写的文章五天<u>以内</u>一定要交。

重要性等级：★★ 难易度等级：★★ 书面化等级：★★

【681】以期 yǐqī

［连词］用于目的复句后一分句的开头，表示后一分句是前一分句所希望达到的目的。其较常见的篇章关联形式是"X，以期 Y"等。

红队队员再接再厉，<u>以期</u>获得全胜。

他绞尽脑汁为公司筹谋，<u>以期</u>得到老板的赏识。

重要性等级：★★ 难易度等级：★★ 书面化等级：★★★

【682】以前 yǐqián

［名词］方位词，现在或所说某时之前的时期。

<u>三年以前</u>　　<u>很久以前</u>

<u>以前</u>他在这里工作过。

我是四天<u>以前</u>得到这个好消息的。

重要性等级：★★ 难易度等级：★★ 书面化等级：★★

【683】以外 yǐwài

［名词］方位词，在一定的时间、处所、数量、范围的界限之外。

十天<u>以外</u>　　五步<u>以外</u>　　办公室<u>以外</u>

除此<u>以外</u>，还有一点要注意。

重要性等级：★★　难易度等级：★★　书面化等级：★★

【684】以 X 为 Y yǐ X wéi Y

【684-1】相当于"把 X 作为／当作 Y"。常构成四字格式。"为"后接的成分为非单音节词语时，"为"可以换成"作为"。

<u>以</u>人<u>为</u>本　　　<u>以</u>苦<u>为</u>乐　　　<u>以</u>瘦<u>为</u>美　　　<u>以</u>校<u>为</u>家

<u>以</u>死者<u>为</u>大　　<u>以</u>老者<u>为</u>尊　　<u>以</u>国际汉语教学<u>为</u>视角

体育锻炼要<u>以</u>有益健康<u>为</u>原则。

青年们<u>以</u>救国救民<u>为</u>己任，发动了震惊中外的五四运动。

要<u>以</u>举办特奥会和国际大活动<u>为</u>抓手和机遇，实现城市发展的阶段性目标。

<u>以</u>信息化<u>为</u>抓手建设国际化城市，可以使本市国民经济继续保持强劲的增长势头。

重要性等级：★★　难易度等级：★★　书面化等级：★★★

【684-2】要算、要数。含比较意味。"为"后多是形容词性词语。

世界各大洋中，<u>以</u>太平洋的面积<u>为</u>最大。

这本小说集<u>以</u>描写现代都市人生活的作品<u>为</u>最多。

重要性等级：★★　难易度等级：★★　书面化等级：★★★

【685】以 X 为例 yǐ X wéi lì

把 X 作为例子。

<u>以</u>上海<u>为例</u>，探讨一下儿中国企业如何"走出去"。

现<u>以</u>钢铁<u>为例</u>谈谈如何进行成功的交易。

这篇论文的题目是《转型和开放条件下政府职能的界定——<u>以</u>中国<u>为例</u>》。

重要性等级：★★　难易度等级：★★　书面化等级：★★★

【686】以 X 之名 yǐ X zhī míng

打着某种旗号、名号，以某人某事作为由头。

以家人之名　　_以"团结友爱"之名_
重要性等级：★★　难易度等级：★★　书面化等级：★★

【687】以至（于）　yǐzhì（yú）

【687-1】［连词］直到、直至。表示在时间、数量、范围、程度等方面的延伸，一般表示从小到大，从少到多，从浅到深，从低到高，有时也用于相反的方向。

严厉打击刑事犯罪活动是一件大快人心的事。先从北京开始，然后上海、天津，_以至（于）_其他城市。

对成绩卓著的学校给予荣誉和物质上的重点支持，办得不好的学校要整顿_以至（于）_停办。

从地球到某些行星的距离要几十、几百_以至（于）_几千光年。

从白天_以至（于）_初夜的疑虑被祝福的空气一扫而空了。

熟练的技能是经十次、百次_以至（于）_上千次的练习才能获得的。

家用电器、服装鞋帽、床上用品_以至（于）_日用百货都已准备齐全。
重要性等级：★★　难易度等级：★★　书面化等级：★★★

【687-2】［连词］连接分句，用在后一分句开头，表示由于上述情况的程度很深而产生的结果。其较常见的篇章关联形式是"X，以至（于）Y"等。

现代科学技术的发展日新月异，_以至（于）_从前神话、童话中的一些幻想故事，现在都有可能成为现实。

哥白尼的学说为越来越多的人所了解，并且得到越来越多的拥护者，_以至（于）_罗马的教会在拟订历法改革方案时，都不能不利用哥白尼的数据。

科学技术发展得如此迅猛，_以至（于）_科学工作者都感到有重新学习的必要。

时间仓促，_以至（于）_我不能做好充分的准备。
重要性等级：★★　难易度等级：★★　书面化等级：★★★

【688】以致　yǐzhì

［连词］用于因果复句后一分句的开头，表示由上文所说事实造成的结果。结果多是不如意的。其较常见的篇章关联形式是"由于X，以致Y""X，以致Y"等。

所购机器性能与当地所产原料不合，以致所产毛织品，质量既差，成本又高。

即如那些以浮游生物、微生物为食物的鲨类，大量捕杀以致数量急剧减少，也将造成可怕的后果。

由于他经营不善，以致企业连年亏损。

他事先没有充分调查研究，以致做出了错误的结论。

重要性等级：★★　难易度等级：★★　书面化等级：★★★

【689】以 NP 自居　yǐ NP zìjū

认为自己具有某种身份。

他总是以领导自居。

他以"香山居士"自居。

重要性等级：★★★　难易度等级：★　书面化等级：★★★

【690】矣　yǐ

【690-1】［助词］了。用在句末。

由来久矣　　悔之晚矣　　阅人多矣　　大势去矣

重要性等级：★　难易度等级：★★★　书面化等级：★★★

【690-2】［助词］表示感叹。

大矣哉　　毒矣哉

重要性等级：★　难易度等级：★★★　书面化等级：★★★

【691】亦　yì

【691-1】［副词］表示两件事情相同或两种现象同时存在。常用于并列复句的后一分句。其对应的通用语体表达形式是"也"。

番茄亦称西红柿。

他精通英语，亦精通法语。

凡事你应有自己的见解，不能人云亦云。

课余时间上网聊聊天儿，亦无不可。

在北京找工作很难，回乡下谋生亦不容易。

重要性等级：★　难易度等级：★★★　书面化等级：★★★

【691-2】［副词］也是。文言词，用于名词之前。

孔子乃思想家，孟子，亦思想家也。

胜者英雄也，败者亦英雄也。

重要性等级：★　难易度等级：★★★　书面化等级：★★★

【692】抑（或）　yì（huò）

［连词］连接词语或小句，表示两项或多项之间的选择、区分或并列关系。连接两项时，用在中间；连接多项时，用在最后一项前。其对应的通用语体表达形式是"或者"。其较常见的篇章关联形式是"无论 X，抑（或）Y""不管 X，抑（或）Y""X，抑（或）Y"等。

这种舞蹈，无论是现代派青年，抑或是传统观念较强的老人，都喜闻乐见。

窗外一棵树，路边一朵花，天上一块云，抑或远处一座山，都能让他有所领悟。

现在却不知道他是回乡，抑已北上了。

重要性等级：★　难易度等级：★★★　书面化等级：★★★

【693】益　yì

［副词］更加。表示程度一步步地加深。后面可跟单音节形容词、动词。常用在成语中。

老当益壮　　多多益善　　相得益彰

经济发展快，社会需求益多。

常吃这种保健品能够延年益寿。

重要性等级：★★　难易度等级：★★　书面化等级：★★★

【694】益发　yìfā

［副词］越发。可以加"地"。其对应的通用语体表达形式是"更加"。

车近城区，行人增多，开得益发慢了。

自父亲病倒，居家用度益发艰难。

站定了时，在静寂清鲜的夜间的空气里，这气味儿益发重，益发难闻，随了一阵阵的晚风直冲扑而来。

这个问题益发突出，成为人们关注的焦点。

重要性等级：★★　难易度等级：★★　书面化等级：★★★

【695】翌　yì

［形容词］次于今日、今年的。后面多跟时间名词。

选举于翌年五月举行。

翌日一整天，母子都不张口说话，到了第三天就和解了。

翌晨，阳光灿烂，余思往事，历历犹在心头。

重要性等级：★　难易度等级：★★★　书面化等级：★★★

【696】意味着　yìwèizhe

含有某种意思、可以理解为。表示某种情况、言论或行为具有特定的含义或暗示。

科学的发展意味着人类的进步。

人造卫星发射成功意味着我们在征服宇宙的道路上又跨进了一大步。

中年人逐渐发胖不见得是好现象，常常意味着衰老。

经济发展意味着人们生活水平的提高。

很多时候"以后再说"就意味着拒绝。

我们提倡科学研究为生产服务绝不意味着可以放松基础理论的研究。

重要性等级：★★　难易度等级：★★　书面化等级：★

【697】毅然　yìrán

［副词］态度坚决、毫不犹豫。用在动词性词语前。

他毅然放弃了国外的工作，回到祖国。

妈妈毅然决定要把存款捐给灾区。

他毅然挑起这副重担。

他毅然离家参加革命。

重要性等级：★★　难易度等级：★★　书面化等级：★★

【698】因　yīn

【698-1】［连词］因为。用于因果复句的前一分句，引出原因。前后分句主语相同时，"因"可以用在主语前或主语后；主语不同时，"因"只能用在主语之前。其常见的篇章关联形式是"因 X，故 Y""因 X，所以 Y""因 X，Y"等。"因"也可以用在单句中。

因身体不爽，故在家静养。

因工作太忙，所以我睡得很晚。

我因血压偏高，近日在家休息。

因气候恶劣，只好更改船期。

因疲劳开车而导致的交通事故有上升的趋势。

重要性等级：★★　　难易度等级：★★　　书面化等级：★★★

【698-2】［介词］凭借、依据。

因人而异　　　因势利导　　　因地制宜　　　因小见大　　　因陋就简

这种安排因民族而异。

重要性等级：★★　　难易度等级：★★　　书面化等级：★★★

【698-3】［介词］因为。

因病请假　　　因故改期

惠山因泉而出名，泉因陆羽而出名。

重要性等级：★★　　难易度等级：★★　　书面化等级：★★★

【699】因此　yīncǐ

［连词］因为这个。用于因果复句后一分句的开头，引出结果或得出结论、做出判断。其较常见的篇章关联形式是"X，因此Y""由于X，因此Y"等。

白居易的诗能反映人民的疾苦，又通俗易懂，因此很受欢迎。

他很久没有去看望生病的父亲了，因此感到十分内疚。

教育对一个国家特别重要，因此，在贫困地区大力发展教育事业是当前的重要任务。

北方不断有冷空气南下，因此气温下降得很快。

由于队员们配合得很密切，因此这一场球踢得很好。

由于改进了操作技能，因此成本降低了很多。

重要性等级：★★★　　难易度等级：★　　书面化等级：★★

【700】因而　yīn'ér

［连词］用于因果复句的后一个分句，引出结果或得出结论、做出判断。"因而"可以放在主语后。多个"因而"可以连用。其较常见的篇章关联形式是"因

为 X，因而 Y""由于 X，因而 Y""X，因而 Y"等。

为什么没有把握呢？因为他对于这项工作的内容和环境没有规律性的了解，或者他从来就没有接触过这类工作，或者接触得不多，因而无从谈到这类工作的规律性。

由于寒潮突然来袭，因而气温骤降。

遇到不顺心的事很快找出罪魁祸首，人们会因而得到施加报复和攻击的目标，因而会大大减轻那种意识到自己的无能为力、无法有所作为的痛苦和困惑，并从而得到一种清明感和充实感。

重要性等级：★★　难易度等级：★★　书面化等级：★★★

【701】因 X 而 Y　yīn X ér Y

由于某种原因 X 而产生某种结果 Y。介词"因"引出原因，连词"而"连接结果。

他们因发生了意外的情况而改变了原来的计划。

这位年轻司机因抢救国家财产而受了重伤。

重要性等级：★★　难易度等级：★★　书面化等级：★★★

【702】因为　yīnwèi

【702-1】［介词］介引出一个表原因的成分，多为名词性词语。

他因为这件事受到了处分。

就因为这么个心思，两位老太太可就惹出一件让人哭笑不得的事来啦。

那位父亲因为虐待孩子受到了惩罚。

重要性等级：★★★　难易度等级：★　书面化等级：★

【702-2】［连词］用于因果复句的前一分句，引出原因。其较常见的篇章关联形式是"因为 X，所以 Y""因为 X，便 Y""因为 X，故 Y""因为 X，因而 Y"等。

因为今天事情多，所以没有去成。

小王以前从不做家务，今天因为丽丽来了，所以他主动去洗菜、做饭。

因为今天下雨，便取消了运动会。

重要性等级：★★★　难易度等级：★　书面化等级：★

【703】因为 X 的缘故　yīnwèi X de yuángù

表示事物发生的原因。其中"X"可以是词语或小句，做"缘故"的定语，也可以说"由于 X 的缘故"。"因为"有时也可省略。

因为贫穷的缘故，父亲连小学都没上过。

这些酸味食品可以帮助你保持纤瘦，也许因为其中有醋的缘故。

这盆花的叶子都黄了，大概是缺水的缘故吧。

重要性等级：★★　难易度等级：★★　书面化等级：★★★

【704】因之　yīnzhī

［连词］跟"因此"略同。"之"所代表的内容已见于上文。用于因果复句的后一个分句，引出结果或得出结论、做出判断。既可位于主语前，也可位于主语后。其较常见的篇章关联形式是"X，因之 Y"等。

文艺是多方面的，正像社会生活是多方面的一样。文学因之也是多方面的。

据科学家预测，人类未来对蛋白质的需求主要靠海洋补给，因之说海洋是人类生命线并不夸张。

重要性等级：★★　难易度等级：★★　书面化等级：★★★

【705】应　yīng

［助动词］表示理所当然。

我认为首先应从印度佛教艺术的变迁中来研究敦煌佛教艺术。

乡财政收入应主要用于教育。

作为大学生，应好好学习，报效祖国。

建设速度应以市场为导向。

重要性等级：★★　难易度等级：★★　书面化等级：★★★

【706】应该　yīnggāi

【706-1】［助动词］情理上必须如此、理所当然。

做事应该认真。

儿女应该赡养父母。

任何人都应该维护自己的权利和义务。

重要性等级：★★★　难易度等级：★　书面化等级：★

【706-2】［助动词］估计情况必然如此。

这项任务<u>应该</u>能够完成。

他今天<u>应该</u>来了。

今天是我生日，他买的礼物<u>应该</u>是给我的。

重要性等级：★★★　难易度等级：★　书面化等级：★

【707】应 X　yìng X

满足（要求、愿望等）、接受（邀请、聘用等）。

<u>应</u>他要求　　<u>应</u>她的愿望　　<u>应</u>你的邀请

重要性等级：★★　难易度等级：★★　书面化等级：★★★

【708】永　yǒng

［副词］永远、久远。表示时间长久、没有终止。指从过去的某个时间或说话时间开始一直到将来。

<u>永</u>垂不朽　　<u>永</u>无止境　　在烈火中<u>永</u>生

重要性等级：★★　难易度等级：★★　书面化等级：★★★

【709】用以 X　yòng yǐ X

利用前面的行为或事物来实施某种行为 X。通常用来表目的。其对应的通用语体表达形式是"用来 X"。

不断开展批评和自我批评，<u>用以</u>增强团结。

大力提倡体育运动，<u>用以</u>提高群众的健康水平。

这笔钱将<u>用以</u>偿还债务。

重要性等级：★★　难易度等级：★★　书面化等级：★★

【710】用于 X　yòng yú X

用来做什么事情、用在什么地方或哪些领域。通常用于介绍一种物品、工具、技术等的用途或应用范围。其对应的通用语体表达形式是"用在 X"。

精密的防伪技术被<u>用于</u> 10 多个国家的护照印制。

尼美舒利不能<u>用于</u> 12 岁以下儿童退热治疗。

记叙文，顾名思义，是<u>用于</u>记叙任务或事件的一种文体。

重要性等级：★★　难易度等级：★★　书面化等级：★★

【711】攸关　yōuguān

【711-1】［动词］关系到、涉及。后接名词性词语，指涉及什么方面。

攸关民生　　攸关人民的福祉

环保是攸关人类生存的大事。

重要性等级：★★　难易度等级：★★　书面化等级：★★★

【711-2】［动词］相关。置于双音节名词后面，指与什么方面相关。

利害攸关　　性命攸关　　命运攸关　　安全攸关

重要性等级：★★　难易度等级：★★　书面化等级：★★★

【711-3】习用语　生死攸关　关系到人的生存和死亡，常用来比喻极其重要的时候。

在这个生死攸关的关头，他选择拯救别人，牺牲自己。

生死攸关的时刻就是考验人性的时刻。

重要性等级：★★　难易度等级：★★　书面化等级：★★★

【712】尤其　yóuqí

表示程度更深一层，常用于两事相比。前边出现被比的事物，后边小句用"尤其"显示比较的结果。

【712-1】［副词］同类事物相比，在全体事物中突出一种。

他喜欢戏剧，尤其喜欢京剧。

今年收成很好，尤其是小麦的收成。

这里的风景迷人，春秋两季的风景尤其使人迷恋。

重要性等级：★★★　难易度等级：★　书面化等级：★

【712-2】［副词］异类事物相比，常与"固然"搭配使用。

添置新机器固然重要，培养熟悉的技术工人尤其迫在眉睫。

飞行员固然要掌握飞机的性能，尤其要知道风云变化的规律。

重要性等级：★★★　难易度等级：★　书面化等级：★

【713】尤为　yóuwéi

［副词］尤其。一般只修饰双音节动词或形容词。

另外时常还有几个人，多则十余人，都是单薄衣裳，正如我，各人看各人的书，这于我<u>尤为</u>合适。

他在公司中的地位<u>尤为</u>重要。

国外客商对品质和服务的环节<u>尤为</u>注重。

此次海滨度假，员工得以充分休息，家属及孩子们<u>尤为</u>满意。

这个产品对易失眠人士、颈椎病患者及孕妇<u>尤为</u>适用。

重要性等级：★★　难易度等级：★★　书面化等级：★★★

【714】由　yóu

【714-1】［介词］归、靠。介引动作行为的发出者。

剧中人物大多<u>由</u>年轻演员扮演。

本办法<u>由</u>人事处负责解释。

会议<u>由</u>副校长主持。

手术<u>由</u>外科主任主刀。

本店<u>由</u>一级厨师掌勺。

此项活动<u>由</u>学生会发起。

系工会主席<u>由</u>全系教职工直接选举。

香山饭店系<u>由</u>华人建筑师贝聿铭先生设计。

这学期<u>由</u>我教他们。

公主殿下<u>由</u>校长陪同参观了本校图书馆。

重要性等级：★★　难易度等级：★★　书面化等级：★★

【714-2】［介词］表示空间、时间、范围、状态、数量等的起点。

八点<u>由</u>学校出发。

<u>由</u>娘子关往西就是山西了。

<u>由</u>本月开始取消限额。

<u>由</u>上周六起发烧，已有三天。

值日<u>由</u>第一小组做起。

天气已经<u>由</u>晴转阴。

该商品价格<u>由</u>100元降到了80元。

重要性等级：★★　难易度等级：★★　书面化等级：★★

【714-3】［介词］表示来源或由来。

（1）由 + NP

蚕先是由蚕子变成蚕宝宝，蚕宝宝长大就吐丝结成蚕茧

青蛙是由蝌蚪变来的。

他是由一个科员提拔上来的。

他由一个普通的战士成长为掌握现代军事科学的军官。

十年不见，他已由一个不懂事的娃娃长成威武高大的小伙子了。

（2）由 + NP + 中/里/上

常委会委员由委员中产生。

职工的房基金由工资中扣除。

获决胜资格的优胜者是由参加初赛的数千名选手中筛选出来的。

医疗费的超出部分由学校的统筹经费中解决。

按正规的选法，应该先选村代表，然后由代表会里产生村主任。

重要性等级：★★　难易度等级：★★　书面化等级：★★

【714-4】［介词］表示经由的处所。常后接表处所的词语。动词后常带趋向补语。

由院子里走过来两个陌生人。

由窗户中间飞进来一只蜜蜂。

阳光由舷窗透过来，下面是一片片白云。

飞机由一片积雨云层中穿过。

游客由哈哈镜里可以领略自己的尊容。

重要性等级：★★　难易度等级：★★　书面化等级：★★★

【714-5】［介词］表示原因。常用格式是"由 + NP / VP"。动词为"造成""引起""所致""发生"等。常跟"而"连用。

书中描写了由第三者插足而造成的这场悲剧。

由吸烟引起了这场火灾。

全世界平均每 10 秒钟就有 1 人死于由吸烟所引起的疾病。

此病多由肝气郁结、血不养肤而致。

此事由我而起，还须由我去解决才是。

重要性等级：★★　难易度等级：★★　书面化等级：★★★

【714-6】［介词］根据、依。表示凭借。

由二月份现金结存情况看，形势不容乐观。

由衣食消费在支出中的比例可以测算出一个国家的生活水平。

由我来说呀，这次准输。

重要性等级：★★　难易度等级：★★　书面化等级：★★★

【714-7】［介词］按、用。表示方式。常用格式是"由 + V"或"由 + NP + VP"，其中 VP 多为"构成""组成""合成""建成"等动结式词语。

卤素由氟、氯、溴、碘、砹五种元素组成，是最强的氧化剂。

班里的各个班干部都由选举产生。

这个饭店由三方集资建成。

由协商推举出五名候选人。

碘化盐由碘和盐加工而成。

退休金由国家、企业、职工三者分摊。

恒星集团由数十颗至数万颗以上的恒星聚集在一起。

具体办法由各省、自治区、直辖市自行规定。

重要性等级：★★　难易度等级：★★　书面化等级：★★

【715】由此　yóucǐ

［连词］从这里、根据这些情况。常跟"可见""看来""可知""可以看出"等词语连用，承接上文，得出结论或做出判断。其较常见的篇章关联形式是"X，由此 Y"等。

北京人过去不吃苦瓜，近几年也有人吃了。由此可见，吃大白菜的习惯是可以改变的。

学开车只需几个月，学修车得花好几年时间。由此可见，学修车比学开车要难得多。

重要性等级：★★　难易度等级：★★　书面化等级：★★

【716】由 X 而 Y　yóu X ér Y

【716-1】介词"由"与连词"而"构成"由 X 而 Y"格式，X 为名词性词语、动词性词语，表示原因，"而"引出产生的结果 Y。

你们必须赔偿由出售伪劣产品而给顾客造成的损失。

由几代人的努力钻研而换来的这些成果是多么宝贵啊！

市政府正在研究由旱灾而产生的群众吃水难问题。

重要性等级：★★　难易度等级：★★　书面化等级：★★★

【716-2】多连接名词性词语（限于意义上可分阶段的），表示从一个阶段（状态）过渡到另一个阶段（状态）。

由春而夏，由秋而冬。

由童年而少年，而壮年。

重要性等级：★★　难易度等级：★★　书面化等级：★★★

【717】由 X 到 Y　yóu X dào Y

从某一个地方到另外一个地方。表示起讫两点。

京九线由北京到九龙。

由这儿到那儿用不了十分钟。

大街由南到北只三里。

他从早到晚，由东到西，由南到北，像被人家抽着转的陀螺。

重要性等级：★★　难易度等级：★★　书面化等级：★★★

【718】由于　yóuyú

【718-1】［连词］用于因果复句中的前一分句，表示原因。其较常见的篇章关联形式是"由于 X，因此 Y""由于 X，所以 Y""由于 X，因而 Y"等。

由于胃疼得厉害，因此我连午饭都没有吃。

由于老师教课认真，因此同学们的汉语水平提高很快。

由于他昨天突然得了重感冒，所以今天没有来上班。

由于市中心的地价很贵，所以很多人选择在郊区买房。

由于那儿的生活条件还不太好，因而很多人都不愿意去那儿工作。

由于事情比较复杂，又由于各人的观点不同，因而意见不完全一致。

由于考试作弊，周明受到了取消学位的处分。

重要性等级：★★　难易度等级：★★　书面化等级：★★

【718-2】［介词］组成介词短语做状语，表示原因。

小李由于经济问题而进了监狱。

这对夫妻由于<u>性格不合</u>而经常吵架。

<u>由于</u>工作的原因，他没有陪我们游览长城。

重要性等级：★★　难易度等级：★★　书面化等级：★★

【719】犹　yóu

【719-1】［副词］还、仍然、尚且。表示动作、状态在持续当中，跟过去比较，没有发生显著变化。

他昨天喝多了酒，到今天中午<u>犹</u>在酣醉中。

慈祥而<u>犹</u>有童心的老祖父是她唯一的伴侣。

重要性等级：★★　难易度等级：★★　书面化等级：★★★

【719-2】［副词］尚且。先引出退一层讲的意思，然后再进一步说出正意。

老年人<u>犹</u>能如此，更何况我们青年人。

四人吃了一惊，怔住了说不出话来，心想这老儿莫非疯了，见了狼群逃避<u>犹</u>恐不及，居然说去捉狼。

重要性等级：★★　难易度等级：★★　书面化等级：★★★

【719-3】［副词］好像。

然则河东乃是人名，<u>犹</u>中国之有梅派、谭派矣。

因为他二人同曹操有关系，非死不可，<u>犹</u>曹操之杀孔融，也是借不孝做罪名的。

重要性等级：★★　难易度等级：★★　书面化等级：★★★

【720】有裨于 X　yǒu bì yú X

对 X 有好处。X 可为名词性词语、动词性词语或主谓小句。

作为一个发展过程汇编成册出版，其<u>有裨于</u>士林，是自不待言的。

我们的贡献虽难表达心意，但或亦<u>有裨于</u>大局。

艺术的价值不同，其<u>有裨于</u>精神满足。

且不论陆游此诗是否另有深意，单就其<u>有裨于</u>当今的父母树立正确的教子观这一点来说，就很值得赞赏。

重要性等级：★　难易度等级：★★★　书面化等级：★★★

【721】有待（于）VP　yǒudài（yú）VP

正等待做某事。表示某事需要将来去做。"有待"后常跟动词性词语做宾语。"有待"和宾语之间一般都可以加上介词"于"，意思不变。

要想取得最后的成功，还有很多艰巨的工作<u>有待</u>我们去完成。

任务要想圆满完成，还<u>有待</u>大家共同努力。

太阳能是<u>有待</u>于开发利用的巨大能源之一。

遇难者的身份<u>有待</u>于 DNA 进一步确定。

这个方案还<u>有待</u>于进一步的完善。

农村的进步<u>有待</u>于长期不断的改革。

重要性等级：★★　难易度等级：★★　书面化等级：★★

【722】有关　yǒuguān

【722-1】［动词］有关系。

<u>有关</u>方面　　<u>有关</u>部门

他重回故乡，眼前的一草一木都与他的童年生活<u>有关</u>。

这些问题都跟哲学<u>有关</u>。

重要性等级：★★★　难易度等级：★　书面化等级：★

【722-2】［介词］涉及。

他研究了历代<u>有关</u>水利问题的著作。

在处理<u>有关</u>垃圾问题的过程中，各单位之间互相推卸责任。

重要性等级：★★★　难易度等级：★　书面化等级：★

【723】有失 X　yǒu shī X

失去 X，在 X 方面有所欠缺。其中 X 多为抽象名词，且多为褒义词，有时为中性词。

<u>有失</u>身份　　<u>有失</u>公允　　<u>有失</u>体面　　<u>有失</u>体统

<u>有失</u>公平　　<u>有失</u>公正　　<u>有失</u>风度　　<u>有失</u>温情

重要性等级：★　难易度等级：★★★　书面化等级：★★★

【724】有所 V　yǒu suǒ V

通常用于表示某种程度上的变化、进展或改善。其中"所 V"做"有"的宾语。

  有所发明 有所创造 有所提高

  有所准备 有所作为 有所凭借

  今年的产品在数量上有所增长，在质量上也有所提高。

  有所不为才能有所为。

  重要性等级：★★ 难易度等级：★★ 书面化等级：★★

【725】有些 yǒuxiē

  ［副词］有点儿。后接形容词性词语或动词性词语。相对于"有点儿"，"有些"多用于书面，很少跟"稍微""多少"连用。

  这个词经他一用，还真有些恐惧。

  我也觉得确实有些过分，这么大的岁数了，临老把好端端的两间大北房腾给儿子媳妇。

  廊道两旁，宝蓝色的落地玻璃有些褪色了。

  她感到有些后怕，又有些不满足。

  那老女人徘徊观望了一回，忽然手脚有些发抖，踉踉跄跄退下几步，瞪着眼只是发怔。

  她望着丈夫的脸，她看出他的脸有些红涨，说话也有些气喘。

  因此想到自己孩子的命运，真有些胆寒。

  重要性等级：★★★ 难易度等级：★ 书面化等级：★★

【726】有 N 于 yǒu N yú

  N 既可为单音节，也可为双音节。

  有益于 有把柄于 有好处于 有意向于

  重要性等级：★★★ 难易度等级：★ 书面化等级：★★

【727】有 V 于 yǒu V yú

  V 大多数为单音节。

  有悖于 有感于 有别于 有助于

  重要性等级：★★★ 难易度等级：★ 书面化等级：★★

【728】有着 yǒuzhe

  ［动词］存在着、具有。

五四运动有着伟大的历史意义。

他有着别人没有的胆识。

这是一座有着六百多年历史的老建筑。

重要性等级：★★★　难易度等级：★　书面化等级：★★

【729】有 X 之别　yǒu X zhī bié

两种事物之间有差别。X 可以是两个表示不同事物的单音节词语，也可以是两个或多个双音节或多音节的词语。也可以说"有 X 之分""有 X 之分别"。

汉字有繁简之别，这两种字体现在世界上都有人使用。

父母常跟我说，家人和外人毕竟是不一样的，说话办事应有内外之别，这样才能做到恰当、得体。

现在市场上的照相机主要有普通和数码之别，而数码相机所占据的市场份额应该最大的。

她们中间所以有等级之分仅仅是靠了她们天生的聪明、审美的本能和脑筋的灵活。

值此道德标准社会风气纷乱变易之时，此转移升降之士大夫阶级之人，有贤不肖拙巧之分别。

重要性等级：★　难易度等级：★★★　书面化等级：★★★

【730】囿于　yòuyú

［动词］局限、拘泥。多跟成见、旧模式等搭配。

讲实事求是，就不能囿于成见，"先入为主"。

进行科学研究，不能囿于成说，要敢于创新。

许多媒体公司囿于旧有的思维模式。

一个具有开拓精神、创造才能的人，才能不囿于传统、安于现状，不盲目从众、唯上、唯书。

国内针灸流派甚多，囿于门户之见，多不肯接纳这一科学的方法。

重要性等级：★★　难易度等级：★★　书面化等级：★★★

【731】于　yú

"于"所组成的介词结构，可放在动词、形容词前做状语，也可放在动词、形容词后做补语。

【731-1】［介词］在。引出时间、处所。

来信于昨日收到。

报表已于三日前呈送上级。

中华人民共和国成立于 1949 年。

鲁迅生于 1881 年。

故事发生于 1990 年的春天。

熊猫产于中国西南山区。

黄河发源于青海。

此文写于上海。

北京大学的前身京师大学堂 1898 年开办于北京。

毕业前他即任教于农林学堂。

他出生于一个贫穷的山村。

重要性等级：★★　难易度等级：★★　书面化等级：★★

【731-2】［介词］对、对于。引出有关的人或事。

无济于事　　施仁政于人民

良药苦口利于病，忠言逆耳利于行。

现在股票走势于散户有利。

他并不满足于现状。

大赛的形势有利于我们。

篮球友谊赛，主队败于客队。

我不大习惯于这种方式。

操之过急，于事无益。

形势于我们有利。

储蓄于公于私都有好处。

取得如此好的成绩，要归功于国家和人民，归功于家庭的教育和自己的努力。

北京队在客场以一比二败于对方。

重要性等级：★★　难易度等级：★★　书面化等级：★★

【731-3】［介词］引出动作的方向或所涉及的事物的某一方面。

献身于事业　　气候趋向于暖和　　致力于技术革新

外商来投资办厂时，也倾向于资本密集型或技术密集型的企业，而对劳动密集型企业的兴趣正在下降。

随着中国人均收入水平的提高，家庭用于保险支出的数额以及保险支出在家庭支出中的比重也将增大。

重要性等级：★★　难易度等级：★★　书面化等级：★★

【731-4】［介词］用于比较。常用在形容词后，也可用于某些动词或数量词之后，引出比较的对象。

浪费别人的时间无异于谋财害命。

某些公园现在的门票价格相当于二十年前的一百倍。

为人民而死，重于泰山。

这是我们区别于他们的一个重要标志。

今年收成好于往年。

水银比重小于黄金，大于锡。

蜀道难，难于上青天，此话已成历史。

该地区经济虽比不上沿海地区，但强于本省其他地区。

沙漠地区的铁路工人更要苦于别处的工人。

球迷们几近于疯狂。

这种篮球板用纤维玻璃制成，不同于一般木质板。

问题已接近于解决。

你不能把自己等同于一般群众。

蚂蚁可以搬动 5 倍于它们体重的食物。

重要性等级：★★　难易度等级：★★　书面化等级：★★

【731-5】动词或形容词的后缀。表示原因、目的。后面用动词性词语。

勇于负责　　忙于收集资料　　乐于帮助大家

最近我忙于找工作，没有时间跟张丽联系。

他勇于负责的精神值得大家学习。

重要性等级：★★　难易度等级：★★　书面化等级：★★

【731-6】［介词］表示被动。

迫于无奈

　　见笑<u>于</u>大方之家。

　　好多房屋毁<u>于</u>炮火，遭劫的人们拖儿带女地沿街乞讨。

　　要主动出击，不可受制<u>于</u>人。

　　重要性等级：★★　难易度等级：★★　书面化等级：★★

【732】X 于　X yú

X 可以为动词或形容词，"X 于"为短语。

<u>生</u>于　　<u>卒</u>于　　<u>发源</u>于　　<u>醉心</u>于　　<u>惊讶</u>于　　<u>迥异</u>于

　　重要性等级：★★★　难易度等级：★　书面化等级：★

【733】于是　　yúshì

［连词］用于承接复句的后一分句开头，表示后一事在前一事之后发生。仅用于连接已经发生的事。其较常见的篇章关联形式是"X，于是 Y"等。

　　写完了作业，<u>于是</u>我们去踢了一场足球。

　　同事们都走了，<u>于是</u>我也走了。

　　看看离开会的时间还早，<u>于是</u>我们去逛书店了。

　　眼看体弱的同学跟不上了，<u>于是</u>队长宣布休息。

　　他察不出大汉的行踪，<u>于是</u>闪进树林，循声查看。

　　这一做法不利于企业规范管理，<u>于是</u>取消了全部优惠措施，保持价格体系稳定。

　　老王知道要裁员后十分恐慌，<u>于是</u>挖空心思讨好上司。

　　重要性等级：★★★　难易度等级：★　书面化等级：★★

【734】逾 N　yú N

【734-1】 超过、越过。其对应的通用语体表达形式是"超过"。

<u>逾</u>期　　<u>逾</u>限　　<u>逾</u>额　　<u>逾</u>矩　　年<u>逾</u>六十

　　重要性等级：★　难易度等级：★★★　书面化等级：★★★

【734-2】 习用语 **年逾古稀**　"古稀"指人七十岁，"年逾古稀"指年纪超过七十岁。

　　这位老人今年七十七岁，已经<u>年逾古稀</u>。

　　<u>年逾古稀</u>的他有许多人生经验。

　　重要性等级：★★　难易度等级：★★　书面化等级：★★★

【735】逾越　yúyuè

［动词］超越。

仅仅是因为语言，人与人的隔阂是那样难于逾越。

无论谁逾越了界限，法律就实施惩罚。

因为她未能逾越他们之间沉默的屏障，她失去了说话的勇气。

重要性等级：★★　难易度等级：★★　书面化等级：★★

【736】与　yǔ

【736-1】［介词］跟。介引出动作的另一施事者，动作涉及的对象、比较的对象及与主语有关系的另一方等。

与此有关　　与此相同

暑假我要与父母一起去旅游。

父亲决定与儿子一道前往。

这件事经理与大家商量过了。

我们要学会与困难做斗争。

她的长相、气质与她姐姐毫无二致。

目前的情况与去年不同。

日本京都市与中国西安市是友好城市。

李先生与此事没有直接关系。

重要性等级：★★★　难易度等级：★　书面化等级：★★★

【736-2】［连词］和。表示并列的联合关系。

（1）连接名词性词语。

父亲与母亲

熊掌与鱼可以得兼。

这里边葬的大都是艺术家与诗人。

木卓伦与霍青桐也即归座。

（2）连接三项以上并列成分时，"与"放在最后一项前。

泥泞、丛林与胜利彼岸

即使遇不上大兵，他自己那身破军衣、脸上的泥与那一脑袋的长头发，能使人相信他是个拉骆驼的吗？

（3）连接动词性词语或者形容词性词语，一般位于谓语以外的位置，较少位于谓语位置。

《语言教学与研究》

成与不成，在此一举。

当初我跟她说清，她再嫁与不嫁都可以。

夜深了，多日的疲乏与逃走的惊惧，使他身心俱疲。

至于谁和谁打，与怎么打，那就一个人一个说法了。

人群是何等兴奋与激动。

重要性等级：★★★　难易度等级：★　书面化等级：★★★

【737】与此 X　yǔ cǐ X

【737-1】"与此"意思为"和这个"。X 多为"同时""相关""无关""相反""相似"等词语。

这使他再次产生了一种孤独感，与此同时，还有一种恐惧。

我所做所说的一切都与此无关。

然而，大多数人的意见都与此相反。

事实真相与此大相径庭。

重要性等级：★★　难易度等级：★★　书面化等级：★★★

【737-2】 习用语 **与此同时**　同时。做插入语，连接小句或句子。

湖人连胜止步，与此同时步行者也终止了自己的八连败。

中央一方面需主导反吸烟的行动，但与此同时，也要集中力量发展和管理中国烟草市场。

重要性等级：★★　难易度等级：★★　书面化等级：★★★

【738】X 与否　X yǔfǒu

其中，"与否"是助词，X 为动词或形容词。"X 与否"表示对有关的行为、状态或性质提出正反两方面的情况，以供选择或指出可能性。其对应的口语语体表达形式是"X 不 X"。"X"一般为双音节词，而且只能是肯定形式。

精干与否　　平衡与否　　北上与否

可行与否，望批示。

见面与否，悉听尊便。

作家结集，意在传世，然传世与否，实在难说。

不管缺点严重与否，一经发现就应立即克服。

重要性等级：★　　难易度等级：★★★　　书面化等级：★★★

【739】与其　yǔqí

［连词］用于选择复句的前一个分句，表示在比较之后不选择某事而选择另一事。其较常见的篇章关联形式是"与其 X，不如 Y""与其 X，毋宁 Y"等。"不如"前可以加"还""倒""真"等。

与其这样等着，不如找点儿事情做做。

天气这么好，与其待在家里，倒不如出去走走。

与其临渊羡鱼，毋宁退而结网。

与其在这里等他，毋宁去找他更好。

重要性等级：★★　　难易度等级：★★　　书面化等级：★★

【740】与 X 相 Y　yǔ X xiāng Y

引出两个动作主体，并说明两者的对照关系。

这个结果与之前得出的结论相悖。

与银行业相比，广告业显然较少受常规的约束。

与普遍的看法相反，许多猫不喜欢牛奶。

人曾经将自己与神相攀附，把自己看作"神人"。

因为"云"飘来飘去，"水"总是不断地流向他方而不知去处，和尚行踪与此相类，故以云水名堂。

重要性等级：★★　　难易度等级：★★　　书面化等级：★★★

【741】与 X 相比　yǔ X xiāngbǐ

跟 X 进行比较。

中国是一个古老而年轻的国家，她与其他国家相比，有很多相同的地方，也有很多相异之处。

与 20 年前相比，人们的生活水平有了很大的提高。

今年与去年相比，来这里旅游的人数减少了不少。

重要性等级：★★　难易度等级：★★　书面化等级：★★

【742】予　yǔ

给。常用格式是"单音节动词＋予＋双音节名词或动词"。

| 授予奖状 | 免予处分 | 请予批准 | 赐予幸福 |
| 给予支持 | 寄予希望 | 准予入境 | 赋予称号 |

由于他出色的工作表现，公司授予他"优秀员工"的称号。

全家人都对小明寄予了很大的期望，希望他今后成为一名优秀的律师。

在我的人生道路上，父母亲给予我的支持和帮助是最大的。

重要性等级：★★　难易度等级：★★　书面化等级：★★★

【743】予以　yǔyǐ

［动词］给以。带动词性词语或形容词性词语做宾语。

他们购买的产品数量很大，应该予以优惠。

对身体有残障的人士，我们应该予以照顾。

重要性等级：★★　难易度等级：★★　书面化等级：★★★

【744】预先　yùxiān

［副词］在事情发生或进行之前。其对应的通用语体表达形式是"提前"。

我已预先申明，出了差错我概不负责。

我们要在国庆之前预先布置会场。

活动流程都须预先研究确定。

他预先没料到会碰到这样的大钉子。

他预先没有想到事情这么容易办成。

重要性等级：★★　难易度等级：★★　书面化等级：★★

【745】愈　yù

［副词］更加。其对应的通用语体表达形式是"越来越"。

她化了妆，愈显得漂亮了。

往前走，路愈泥泞了。

离北京很近了，我的心愈不能平静。

时间已是初秋，一阵小雨过后，天气变得愈凉爽了。

重要性等级：★★　难易度等级：★★　书面化等级：★★★

【746】愈发　yùfā

[副词] 更加、越发。表示程度加深。其对应的通用语体表达形式是"越来越"。

这种无私奉献的精神显得愈发可贵。

这样的结尾愈发体现出普通观众的审美心理。

流水的嘈杂声在黑暗中愈发显得震耳欲聋，阴森的冷气使他们浑身打战。

人到八十，听力更差了，视力愈发减弱。

重要性等级：★★　难易度等级：★★　书面化等级：★★★

【747】愈加　yùjiā

[副词] 越发。其对应的通用语体表达形式是"越来越"。

听到了这个消息，我们的心情愈加不能平静了。

工作愈紧张，心中反而愈加感到愉快。

说着说着，他愈加难过起来。

经过了那一次，我对他愈加不相信了。

你愈往深处钻研，就愈加会发现里面奥妙无穷，其乐也无穷。

我愕然了。"不认识了吗？我还抱过你咧！"我愈加愕然了。

阿Q看见自己的勋业得了赏识，便愈加兴高采烈起来。

重要性等级：★★　难易度等级：★★　书面化等级：★★★

【748】愈来愈 X　yù lái yù X

表示事物在发展过程中，某种性质、程度进一步加深。其对应的通用语体表达形式是"越来越"。

我们的事业也一定会取得愈来愈大的胜利，世界上没有任何力量可以阻止我们的胜利。

由于长期坚持锻炼，他的身体愈来愈强壮了。

重要性等级：★　难易度等级：★★★　书面化等级：★★★

【749】愈益　yùyì

[副词] 越发。其对应的通用语体表达形式是"越来越"。

该市自开埠以来，商业愈益发达。

又见他对长辈出言不逊，愈益不能忍耐。

愈益增加了我们的士气，愈益团结了我们的内部。

重要性等级：★　难易度等级：★★★　书面化等级：★★★

【750】愈 X（，）愈 Y　yù X（，）yù Y

表示两种以上行为、性状之间的倚变关系：后边的动作、性状随前边的动作、性状变化而变化。其对应的通用语体表达形式是"越 X（，）越 Y"。

愈演愈烈

结果我发现，温度愈低，冻得愈快，冻豆腐里面的窟窿就愈多、愈小。

风雨愈大，雨中青松愈显得挺拔。

听到的表扬愈多，愈应谦虚谨慎。

重要性等级：★　难易度等级：★★★　书面化等级：★★★

【751】远　yuǎn

【751-1】[形容词] 表示程度相差很大。前者高于后者还是低于后者，由后边跟的成分决定。

《通俗小说》每篇引用诗词之多，实远过于讲史。

他们远比那些舱房里的客人镇静，也不准备躲藏。

重要性等级：★★　难易度等级：★★　书面化等级：★★

【751-2】[形容词] 表示空间距离长。"远"直接跟动词连用。

这画儿远看漂亮，近看就不知道怎么样了。

恨不得和你面谈一番，但我远在四川，只能将我的想法写在这封信上了。

在表示程度及空间距离的时候，"远"还可以重叠。

我们从清早动身，坐到午后三点钟的时候，远远看见有座很高的塔隐隐约约地从水平线上耸立出来。

事情的发展，远远超出人们的预料。

重要性等级：★★　难易度等级：★★　书面化等级：★★

【751-3】［形容词］表示事情发生的时间早。总是跟"在"连用。

远在宋朝，我国就发明了活字版印刷术。

远在土地革命时期，这里就是革命根据地。

重要性等级：★★　难易度等级：★★　书面化等级：★★

【752】约　yuē

［副词］大概。表示对数量的估计。

（1）约＋有/占/为/等于/可/能 X。"约"后的动词为单音节动词或能愿动词。

参加考试的学生约有三百人。

这套房子的价钱约为我二十年的工资。

（2）约＋数量词语。

这条路长约三十公里。

那本书约六十万字。

（3）约＋在/于 X。构成的介词短语表示对时间的估计。

10 月份的考试成绩约在下周公布。

英国首相约于下月访华。

重要性等级：★★★　难易度等级：★　书面化等级：★

【753】约略　yuēlüè

【753-1】［副词］大约、大概。表示对数量、时间等的估计。后接数量短语或含有数量、时间的动词性短语。

有两位中年的胖胖的大员出现，约略二十个穿虎皮的武士簇拥着。

大家定了定神，便在殿门外商议打捞办法。约略费去了煮熟三锅小米的工夫，总算得到一种结果。

重要性等级：★★　难易度等级：★★　书面化等级：★★★

【753-2】［副词］大致。表示某种感觉隐隐约约，不十分清楚、详尽。多修饰表示心理活动和认知相关的动作动词（如"记得""觉得""感觉""听到""看到"等）。

树伯告诉她高小里曾遇到风潮，说信里写不尽那些，所以索性不写。金小姐说从城里的报上也约略看到一点儿，可是不详细，没头又没尾。

新的生路自然还很多，我约略知道，也间或依稀看见，觉得就在我面前。

毕竟已经过去几十年了，我还约略记得那个姑娘的样子。

重要性等级：★★　难易度等级：★★　书面化等级：★★★

【754】越发　yuèfā

【754-1】［副词］更加。表示程度增加。多修饰形容词性词语或者心理动词。其对应的通用语体表达形式是"越来越"。

今后你的任务越发重了。

集训队走了以后，留下的人就越发少了。

经过一年训练，她的技巧越发娴熟了。

三姑母知道父亲袒护我，就越发不喜欢我，我也越发不喜欢她。

重要性等级：★★　难易度等级：★★　书面化等级：★★★

【754-2】［副词］甲越怎么样，甲或者乙越发怎么样（前后分句中的"怎么样"内容不同）。表示倚变关系，后者在程度上随着前者增加而增加。"越发"与上文的"越""越是""越加"搭配使用，突显程度加深。

大家越信任你，你越发不能辜负大家的期望。

顾客越多，你们越发不能怠慢顾客。

群众越不冷静，做领导的越发要镇静，处变不惊。

他越是想看，我越发不让他看。

重要性等级：★★　难易度等级：★★　书面化等级：★★★

【754-3】［副词］用于"比"字句。比较各项均出现。其对应的通用语体表达形式是"越来越"。

人家比你越发聪明了。

她的任务比你越发艰巨了。

她比三年前越发漂亮了。

他比过去越发瘦了。

重要性等级：★★　难易度等级：★★　书面化等级：★★★

【755】云云　yúnyún

［助词］如此、这样。用于引文或转述的末尾，表示到此结束或以下省略。

他们所谓"和平、友谊"<u>云云</u>，完全是骗人的鬼话。

文件上有批语，大意是既经有关单位研究可行，准予照办<u>云云</u>。

她知道我的记者身份后，我便反复给他讲不会损害工厂利益，只是体验生活，星期一便走<u>云云</u>，谈了两次才使她放下心来。

重要性等级：★　难易度等级：★★★　书面化等级：★★★

Z

【756】再 zài

【756-1】[副词] 表示同一动作、行为的重复或继续。

实践、认识、再实践、再认识，这种形式，循环往复以至无穷。

不吃饭也可以，时间还早，再坐一会儿。

不能再追了。

吃完，有好买卖呢就再拉一两个，没有呢，就收车。

重要性等级：★★★　难易度等级：★　书面化等级：★

【756-2】[副词] 然后。表示一件事在另一件事之后发生。

为了叙述的便利起见，我在这里先说矛盾的普遍性，再说矛盾的特殊性。

上次我是先打电话跟他约好时间再去的。

重要性等级：★★★　难易度等级：★　书面化等级：★

【756-3】[副词] 更。修饰形容词，表示程度高。

如果有人真正想诊治自己的毛病的话，我劝他把这副对子记下来，或者再勇敢一点儿，把它贴在自己房子里的墙壁上。

孩子，你可要说实话，妈经不起再大的事啦。

重要性等级：★★★　难易度等级：★　书面化等级：★

【756-4】[副词] 表示范围的扩大，即在已指明的范围之外，更有所增益。

要是焦炭都按规格，我们保险可以再超额百分之一。

对于他们说来，再无别的出路。

重要性等级：★★　难易度等级：★★　书面化等级：★

【756-5】[副词] 另、另外。"再"置于数量词之前。

成功的再一个必要条件，就是坚持。

一部分人说他傻，再一部分人说他狡猾。

我们年级的先进代表，一个是他，再一个是李明。

这些人一部分是70年代末由中南半岛迁来此地的华侨，再一部分是本地人。

重要性等级：★★★　难易度等级：★　书面化等级：★

【757】再次　zàicì

［副词］第二次、又一次。

<u>再次</u>获奖　　<u>再次</u>当选会长

失业人数<u>再次</u>猛增。

<u>再次</u>见到你真高兴。

如果有必要，我们会<u>再次</u>和你联系。

他<u>再次</u>祝贺大家，向大家说，世界是属于你们的。

重要性等级：★★★　难易度等级：★　书面化等级：★★

【758】再度　zàidù

［副词］再一次、又一次。

今天老朋友<u>再度</u>相遇，特别高兴。

她<u>再度</u>向观众鞠躬表示感谢。

去年，我<u>再度</u>回到母校。

双方的谈判<u>再度</u>失败，大家不欢而散。

重要性等级：★★　难易度等级：★★　书面化等级：★★

【759】再三　zàisān

【759-1】［副词］一次又一次。多用于动词前，也可用于动词后。

<u>再三</u>挽留　　<u>再三</u>表示谢意

他听说工作较多，就<u>再三</u>要求提前出院，尽早投入到工作中去。

她<u>再三</u>问到中国的老年人、妇女和孩子们，她很关心中国工人。

思虑<u>再三</u>，他终于下定决心说出真相。

重要性等级：★★　难易度等级：★★　书面化等级：★★

【759-2】 习用语 考虑<u>再三</u>　对某一问题或事件经过反复考虑。

<u>考虑再三</u>后，他决定不买那辆车。

关于这一点，她<u>考虑再三</u>后，决定隐瞒。

<u>考虑再三</u>，我还是婉拒了他的好意。

重要性等级：★★　难易度等级：★★　书面化等级：★★

【760】再 A 也 X　zài A yě X

无论如何结果也不会改变。属于无条件条件复句的紧缩形式。

如果有了正确的理论，只是把它空谈一阵，束之高阁，并不实行，那么，这种理论再好也是没有意义的。

他再勤奋也不可能在这样的环境中获得成功。

若是内部的人和外部的人联合起来，即使防火墙再强，也是没有优势的。

重要性等级：★★★　难易度等级：★　书面化等级：★

【761】再则　zàizé

［连词］表示更进一层或另外列举原因、理由。其较常见的篇章关联形式是"X，再则 Y""一则 X，再则 Y"等。

兴修水利可灌溉农田，再则还能发电。

他学习成绩差，原因是不刻苦，再则学习方法也不对。

这样一则可以表明你有远见，再则可以表明你大公无私，三则可以省去你的临时麻烦。

重要性等级：★★　难易度等级：★★　书面化等级：★★

【762】在 X（的）程度上　zài X（de）chéngdù shang

这个结构用来修饰谓语，说明谓语达到的某一程度。其中"在某种程度上"或"在一定程度上"表示较低的程度，"在很大程度上"则表示较高的程度。

调查发现，各大城市昂贵的房价，在某种程度上降低了人们的幸福感。

国家增加了节假日，这在一定程度上刺激了旅游经济的发展。

专家认为，能否学好外语在很大程度上取决于学习者的学习方法。

身份验证在一定的程度上保证了某个标识是真实的。

重要性等级：★★★　难易度等级：★　书面化等级：★★

【763】在 X 方面　zài X fāngmiàn

表范围。

学校在这方面有明确规定，我们必须按照去做。

开学以来，我们班在各方面取得了显著进步。

在文字和思想方面他固然是老师。

在物质方面外公外婆对我是很宽厚的，我也是深深感激的，可是在别的方面他们对待我的态度是不聪明的。

重要性等级：★★★　难易度等级：★　书面化等级：★★

【764】**在 X（的）基础上**　zài X（de）jīchǔ shang

表示 X 是另外一件事的前提。

本文在此基础上，进行了比较详细的分析。

这篇报道完全建立在推测的基础上。

我们的关系建立在相互依存的基础上。

他们的婚姻建立在爱情和相互尊重的基础上。

重要性等级：★★★　难易度等级：★　书面化等级：★★

【765】**在 X 看来**　zài X kànlái

说明观点的持有者。其对应的口语语体表达形式是"某人认为"。

在我看来　　在他看来　　在张三看来

重要性等级：★★★　难易度等级：★　书面化等级：★★

【766】**在 X 之际**　zài X zhī jì

在某个时间（多指某个特殊时刻）。

在除旧迎新之际，无论城市还是农村，家家户户都要贴春联和窗花，为节日增加喜庆气氛。

在大学毕业之际，同学们相互拍照以留纪念。

在三八妇女节到来之际，祝所有的女士们节日快乐！

重要性等级：★★　难易度等级：★★　书面化等级：★★

【767】**暂**　zàn

［副词］表示短时间内采取临时性的做法，不是长期的做法。多用于单音节动词前。

由于缺乏资金，这条路的修筑工作已经暂停。

由于特殊原因，比赛暂停。

对不起，你的这项计划我们暂不考虑。

陈老师病了，听力课暂由朱老师接替。

重要性等级：★★　难易度等级：★★　书面化等级：★★

【768】暂且　zànqiě

［副词］表示在短时间之内，带有勉强或无奈的意思。其对应的通用语体表达形式是"暂时"。

你先在这里暂且住几天。

下周期中考试，选修课暂且停一周。

重要性等级：★★　难易度等级：★★　书面化等级：★★★

【769】早日　zǎorì

［副词］早一点儿、快一点儿、提前。多用在表达祝愿的句子里，后接动词性词语。其对应的口语语体表达形式是"早早儿"。

愿全家早日团聚！

祝愿工程早日完工！

期待你们夫妻早日见面。

期待你早日找到理想的工作。

重要性等级：★★★　难易度等级：★　书面化等级：★★

【770】早已　zǎoyǐ

［副词］表示情况的发生已经有一段时间了、很早以前就是这样了。用在动词性词语前。

等他赶到电影院，电影早已结束。

母亲早已退休，在家帮助姐姐照顾孩子。

她早已过了爱哭的年纪。

她早已结束了单身的生活。

他早已准备好了买房的钱。

重要性等级：★★　难易度等级：★★　书面化等级：★★

【771】则　zé

【771-1】［连词］常用来连接具有相承、对比、条件、转折等关系的两个分句。"则"置于后一分句的主语之后、谓语之前，起承上启下的作用。其较常见的篇章关联形式是"X，（主语）则 Y""X 则 Y"等。主要表示以下语义关系：

（1）相承关系：就、便、于是。表示两事在时间上相承。

每一巨弹堕地，则火光迸裂。

每逢节日，则游人如织。

鼓乐齐奏，则翩翩起舞。

（2）对比关系：就、便、就是。两种或两种以上的事物或情况在语义上是并列的，但其间有一种对比的关系（包括一反一正）。如果表达的语义重心落在后面带有"则"的分句，那么也可以看作一种转折关系，"则"此时相当于"却"。

今年春季南方雨水充足，北方则出现了干旱。

对于支持的票数，自己的逐渐上升，对手的则逐渐下降。

中原公司的经济效益不错，而我们公司则越来越差。

多数百货店的服务水平是一流的，但个别售货员则服务态度较差。

别人的队伍是团结一心，我们则是一盘散沙，士气涣散。

（3）条件关系：就、便。"则"后面的事项是在前述事项的基础上产生的。

穷则思变

樟脑遇酒稍则溶于其中。

对于哪怕有时不尽符合实际的批评，我们也应抱着"有则改之，无则加勉"的态度认真听取。

生日满月，四时八节，我得给人家送礼，一不小心得罪了人，重则被人家毒打一顿，轻则被人家向黄包车上掷粪便。

（4）递进关系：就、便。用"则"的后一分句更进一层地补充和说明前一分句的意思，又兼有一些转折的意味。

作为观念形态的文艺作品，都是一定的社会生活在人类头脑中反映的产物。贴近生活的文艺，则是人民真实的生活在作家头脑中反映的产物。

人民是土壤，它含有一切事物发展所需的生命汁液，而个人则是这土壤上的花朵与果实。

重要性等级：★★　难易度等级：★★　书面化等级：★★★

【771-2】［连词］虽则、虽然。用于转折复句的前一分句，前后有相同的单音节形容词、动词。其较常见的篇章关联形式"X则X，Y"。

妙则妙，可那得费多少时间。

风筝做则做了，就不知道合不合你的心意。

上面提到的这些"乱真之作"，巧则巧矣，但是谈到中国最著名的手工艺品，似乎却不能把它们列入首席。

　　重要性等级：★　难易度等级：★★★　书面化等级：★★★

　　【771-3】［连词］就、便、那么。用于推论因果复句的后一分句。前一分句指明叙述的是既成事实，后一分句表示推论的结果。其较常见的篇章关联形式"既然 X，则 Y"。

　　船体分段既然已经合拢，则安装工作可以提前。

　　既然已经知错，则当下决心改正。

　　重要性等级：★　难易度等级：★★★　书面化等级：★★★

　　【771-4】［助词］用在"一、二（再）、三"等后面，列举原因或理由。

　　墨子在归途上，是走得较慢了，一则力乏，二则脚痛，三则干粮已经吃完，难免觉得肚子饿，四则事情已经办妥，不像来时的匆忙。

　　重要性等级：★　难易度等级：★★★　书面化等级：★★★

　　【771-5】［量词］条、道。用于分项或自成段落的文字的条数。

　　试题三则　　两则新闻　　寓言四则

　　重要性等级：★　难易度等级：★★★　书面化等级：★★★

　　【772】乍 X 乍 Y　　zhà X zhà Y

　　忽而 X，忽而 Y。X 和 Y 在语义上相互对立。

　　乍生乍死　　乍有乍无

　　天气乍晴乍雨。

　　重要性等级：★★　难易度等级：★★　书面化等级：★★

　　【773】招致 NP　　zhāozhì NP

　　引起某种后果。

　　招致额外的损失　　招致严重的后果

　　招致不必要的牺牲　　招致杀身之祸

　　重要性等级：★★　难易度等级：★★　书面化等级：★★

　　【774】辄　　zhé

　　【774-1】［副词］就、总是。

未到门百步辄下马。

他性格急躁，一有不满辄大发雷霆。

重要性等级：★　难易度等级：★★★　书面化等级：★★★

【774-2】习用语 浅尝辄止　略微尝试一下儿就停下来，指不深入钻研。

科研是一个深入的过程，浅尝辄止不可行。

他对于任何事情都浅尝辄止，所以注定一事无成。

重要性等级：★★　难易度等级：★★　书面化等级：★★★

【775】正如 NP 所 V　zhèng rú NP suǒ V

引用并肯定某人的观点。

正如张三所言　　正如他所提到的　　　正如你所云

重要性等级：★★　难易度等级：★★　书面化等级：★★

【776】正是　zhèng shì

是、就是。

看上去似不经意若有若无的意境，也正是画家的功力和审美情趣之所在。

广播杂文正是以其生动活泼、亦庄亦谐、饶有趣味的谈话风而显示出独特的美学风格。

正是在这种思想认识指导下，他才圆满完成了这项任务。

重要性等级：★★　难易度等级：★★　书面化等级：★★★

【777】正值 X　zhèng zhí X

适逢，正到 X 所表示的时候。

正值 10 月，早晨空气湿重。

一个正值 18 岁多情花季的姑娘，早已渴望着爱情和婚姻。

重要性等级：★★　难易度等级：★★　书面化等级：★★

【778】之　zhī

【778-1】[代词] 代替前面出现的人或事物，相当于现代汉语的"他（们）""她（们）""它（们）"或"这个""那个"，用在动词后边做宾语。

英雄舍己救人的故事刊登在报纸、杂志上，读者无不为之感动。

学校应改变某些课程的教学方式，使之适合学生的学习特点。

在成语或固定词语中，"之"常出现。这些词语在句子中使用时，"之"的指代对象一般会非常明确。

求之不得　　置之度外　　取而代之　　操之过急　　当之无愧

重要性等级：★★　难易度等级：★★　书面化等级：★★★

【778-2】［助词］用于连接修饰语和中心语。功能相当于结构助词"的"，但不能简单地替换。

（1）表示修饰关系。构成"定语＋之＋N"格式。

教师之家　　雀之舞　　五口之家

无源之水，无本之木。

粮食是宝中之宝。

大兴调查研究之风。

（2）用在主谓短语中间，使其成为名词性短语。

人口之多，居世界首位。

规模之大，范围之广，时间之长，都是空前的。

味道之醇正，回味之长久，无与伦比。

悲观论之无根据，如上所说。

技术本身无所谓好坏，它之造福还是为祸，取决于人出于什么目的来发明和运用它。

人生之短暂，犹如朝阳下的露水。

（3）构成"非常＋之＋A／VP"格式，表示程度深。

非常之多　　非常之浪漫　　非常之可口　　非常之出人意料

单称姓，表示彼此非常之熟。

（4）表示所占比例等。

十分之一　　百分之四十　　不及他万分之一　　原因之二　　其中之一

重要性等级：★★　难易度等级：★★　书面化等级：★★★

【779】X 之 N　X zhī N

X常为名词性词语、动词性词语。"之"后的名词多是单音节名词或名词性语素，常见的有"感""路""情""名""类"等。

很多人对昆虫有一种天生的厌恶之感。

这个浴室给人以明亮通风之感。

作为一个人，独自承受痛苦，是成长必经之路。

他对将军的赞美之情溢于言表。

其他的环保组织则是认为他们假借绿色之名，行获利之实。

吃饭和与之相随的其他事情，如家务活之类统统了结啦。

重要性等级：★★　难易度等级：★★　书面化等级：★★

【780】X 之 VP　X zhī VP

X 常为名词性词语、动词性词语。

她因出演多部偶像剧，有"偶像剧女王"之称。

实际上，是否加入 WTO 之争就是自由主义和保护主义谁更有利于经济发展之争。

重要性等级：★★　难易度等级：★★　书面化等级：★★

【781】X 之处　X zhī chù

"处"是一个名词，表示地方。"之处"前面可以加其他词，一起构成一个完整的结构，用于表达需要关注的重点或特定的方面。

过人之处　　动情之处　　相似之处　　不妥之处

不足之处　　细节之处　　感人之处

重要性等级：★★　难易度等级：★★　书面化等级：★★

【782】之后　zhīhòu

［名词］方位词，表示在某个时间或处所的后面。前边可以是名词性词语或动词性词语。

（1）（从 / 自 / 在）NP + 之后。NP 包括表示时间的数量词语。

五四运动之后，白话文才兴盛起来。

五分钟之后，他果真来了。

自这件事情之后，他们俩之间有了隔阂。

（2）VP + 之后。

各种意见都应该听，听了之后要做分析。

起床之后，应该到室外活动活动。

他担任厂长之后，各方面的工作都很有起色。

重要性等级：★★　难易度等级：★★　书面化等级：★★

【783】之间　zhījiān

［名词］表示两点距离以内，引申指组成某种相互关系的两个方面。

两国<u>之间</u>　　同学<u>之间</u>　　转眼<u>之间</u>　　忽然<u>之间</u>

图书馆在教学楼和科学馆<u>之间</u>。

重要性等级：★★　难易度等级：★★　书面化等级：★★

【784】之内　zhīnèi

［名词］表示在一定的时间、数量、处所等范围里面，强调不超出一定的界限。

四海<u>之内</u>皆兄弟。

随身行李限制在 20 公斤<u>之内</u>。

三年<u>之内</u>我一定会给你一个答复。

重要性等级：★★　难易度等级：★★　书面化等级：★★

【785】之前　zhīqián

［名词］方位词，表示在某个时间或处所的前面。

（1）（在＋）NP＋之前。NP 包括表示时间的数量词。

去年国庆节<u>之前</u>我还在上海呢。

十点<u>之前</u>我不在家，别来找我。

在这<u>之前</u>，我们从没见过面。

（2）VP＋之前。

日落<u>之前</u>　　天黑<u>之前</u>

你去青岛<u>之前</u>一定到我这里来一趟。

重要性等级：★★　难易度等级：★★　书面化等级：★★

【786】之所以　zhīsuǒyǐ

［连词］用在因果复句的前一分句，首先引出需要突显的事件的结果，再接着说明原因。其较常见的篇章关联形式是"之所以 X，Y""之所以 X，是因为 Y"等。

深圳发展<u>之所以</u>这样迅速，一个原因是紧临香港。

他<u>之所以</u>注意这幢房子，主要是它的结构、造型和装饰都不同于一般民居。

农业发展<u>之所以</u>慢，是因为投入少。

这部小说<u>之所以</u>语言生动，是由于作者深入生活，熟悉群众语言的缘故。

他<u>之所以</u>上学迟到，是因为昨晚熬夜了，早上起不来。

重要性等级：★★　难易度等级：★★　书面化等级：★★★

【787】之外　zhīwài

［名词］指包含原有的基础上的、另外的东西，或无法接触无法到达的距离、程度。

千里<u>之外</u>

除此<u>之外</u>，我别无选择。

重要性等级：★★★　难易度等级：★　书面化等级：★★

【788】之至　zhī zhì

用于形容词之后，表示程度极高。其对应的通用语体表达形式是"极了"。

北方话里有个"您"字，是"你"的尊称，不论亲疏贵贱全可用，方便<u>之至</u>。

建筑也是新式，简洁不啰唆，痛快<u>之至</u>。

能够参加这次会议，我荣幸<u>之至</u>。

这款显示器外观空前绝后，性能卓越<u>之至</u>，价格又极度诱人。

重要性等级：★★　难易度等级：★★　书面化等级：★★★

【789】之中　zhīzhōng

［名词］在某物当中或者在某些物体之间、在某个时段中。

他生活在堆积如山的垃圾<u>之中</u>。

这个词只存在于汉语<u>之中</u>。

两年<u>之中</u>，他已申请了五项专利。

重要性等级：★★　难易度等级：★★　书面化等级：★★

【790】直至 X　zhízhì X

一直到 X 的时候。表示动作、状况从某时起到某时止。后面常有"才""还"与之呼应。其对应的通用语体表达形式是"直到"。

假如两群野骆驼相遇，双方的雄骆驼就有一场恶斗，<u>直至</u>分出胜负。

我们一定要坚持下去，<u>直至</u>最后胜利。

昨天他们去游览长城，<u>直至</u>天黑才回来。

我上个月初给她去的信，直至今天还没回信。

重要性等级：★★★　难易度等级：★　书面化等级：★★★

【791】值（此）X 之际　zhí（cǐ）X zhī jì

正在或者遇上 X 这个时间，X 多指某个特殊时刻，有时可省略。

时值深秋之际。

值此新旧世纪交替之际，广大物理学工作者和教师所面临的一项重大挑战，乃是写出一本面向 21 世纪的大学物理教材。

值此之际，联合举行萧乾文学创作 70 周年暨文集出版座谈会。

重要性等级：★★　难易度等级：★★　书面化等级：★★

【792】只有 X，才 Y　zhǐyǒu X, cái Y

"只有"表示不可或缺的必要条件，"才"表示在这种条件下所产生的结果。

只有大量植树种草，才能防止水土流失。

勇敢而勤奋的人不怕困难，只有懦夫和懒汉才逃避困难。

只有派个能干的人去，问题才能解决。

重要性等级：★★★　难易度等级：★　书面化等级：★

【793】旨在 X　zhǐ zài X

为了达到某种目的。通常用于说明某个行为、计划、项目等的初衷或设想。"旨在"是一个跨层结构，有词汇化为一个动词的倾向。

法律旨在防止强势者为所欲为。

这种方法旨在锻炼眼肌，增强其灵活性。

他这篇文章旨在宣扬雷锋精神。

重要性等级：★★　难易度等级：★★　书面化等级：★★★

【794】至　zhì

【794-1】［副词］最、极。表示最高程度，一般只修饰单音节词。在现代汉语中，"至"常作为语素用于词或成语中。

你要早来，至迟下星期一定得赶到。

艺术追求的最高境界是至善至美。

童年的体验往往是至真、至纯且至深的。

其事<u>至</u>险，其计<u>至</u>毒。

我和他长期共事，相知甚深。他的辞世，使我<u>至</u>为悲痛。

"祖国"是一个<u>至</u>亲<u>至</u>爱而又神圣的名字。

重要性等级：★★　难易度等级：★★　书面化等级：★★★

【794-2】〔动词〕到。

（1）表示人或事物达到的处所或位置。

该团体 1850 年建立于福建厦门，不久即传<u>至</u>上海。

多条高速公路受台风影响，受灾较重的有南宁<u>至</u>钦州、钦州<u>至</u>北海的高速公路。

（2）表示行为、事件持续到某个时间，或者行为、事件到某个时间才发生。

展览结束时间，顺延<u>至</u> 8 月 15 日。

他原本计划今日返乡，后改<u>至</u> 10 月 9 日启程。

其攻读博士学位的时间延长<u>至</u>六年之久。

<u>至</u>去年年底，其全部计划才准备完成。

<u>至</u>此，我想我们已经得出一个想必大家都会同意的结论。

我们天天盼着爸爸回来过年，直<u>至</u>腊月二十八他才回来。

（3）表示性状、行为达到的程度。

作者以十余年精力，旁收博采，收集各类历史地理书籍，多<u>至</u>千余种，分类编纂而成。

将烤箱预热<u>至</u> 135 摄氏度。

重要性等级：★★　难易度等级：★★　书面化等级：★★

【795】至此　zhìcǐ

〔动词〕到这里、到这个时候、到这个地步。

双方直至分出胜负，<u>至此</u>，战胜者就会带领着两群雌骆驼扬长而去。

事已<u>至此</u>，只好这样了。

事已<u>至此</u>，不必担忧，好在天无绝人之路。

这件事情<u>至此</u>告一段落。

重要性等级：★★★　难易度等级：★　书面化等级：★★★

【796】至今　zhìjīn

［副词］直到现在。"至今"后边常有"还""仍然""从"之类的副词。

毕业至今，我还没有找到属于自己的定位。

事情已经过去了六年了，可是至今我仍然记忆犹新。

从古至今，从没听说过他这号人物。

重要性等级：★★★　难易度等级：★　书面化等级：★★

【797】至于　zhìyú

【797-1】［动词］表示达到某种程度。

由于常年贫病交加，他终至于撒手而去。

他说了要来的，也许晚一些，不至于不来吧？

盖恩斯他们所用的选择因素是只提供乳糖，这样即使细菌不能利用乳糖，也不至于马上死亡，而只是处于饥饿状态，并且能继续生存相当长的一段时间。

重要性等级：★★　难易度等级：★★　书面化等级：★★

【797-2】［介词］表示提出与上文既相关联而又独立的另一话题，话题后必有停顿。

我只是提一点建议，至于这样做行不行，你们再仔细考虑。

同屋的女生都准备考研究生，至于我，目前还没有这方面的打算。

重要性等级：★★　难易度等级：★★　书面化等级：★

【798】致　zhì

【798-1】［动词］给予、向对方表示（礼节、情意等）。

致电慰问　　致函表示谢意

现在，有请大会主席致欢迎辞。

重要性等级：★★　难易度等级：★★　书面化等级：★★

【798-2】达到、招致。

勤劳致富　　因工致残

三苯甲烷具有高毒、高残留及致畸、致癌、致突变作用。

重要性等级：★★　难易度等级：★★　书面化等级：★★

【799】中　zhōng

【799-1】［名词］方位词，指在某个处所内。

家中无人　　跳入水中

森林中一片静寂。

重要性等级：★★★　难易度等级：★　书面化等级：★★

【799-2】［名词］方位词，指在某个时间内。

假期中

这两年中，我只写了三篇文章。

重要性等级：★★★　难易度等级：★　书面化等级：★★

【799-3】［名词］方位词，指在某个范围内。

计划中没有这个项目。

言谈中流露出不安的情绪。

从群众中来，到群众中去。

重要性等级：★★★　难易度等级：★　书面化等级：★★

【799-4】［名词］方位词，指处于某种情况或状态下。多用在介词"在""从"等后。

朦胧中仿佛听见有人敲门。

沉浸在欢乐的气氛中。

列车在运行中。

计划在执行中。

重要性等级：★★★　难易度等级：★　书面化等级：★★

【800】终　zhōng

［副词］终于、终归。经过较长时间或经历了某些事件、过程后，出现了某种结果，较多用于希望达到的结果，用于单音节词前面。

经过多方努力，谈判终获成功。

坚持下去，我们终将胜利。

困难终会被克服，我们终将取得胜利。

人间**终**是离不得的，离去了人间便会没有生命。

重要性等级：★★★　难易度等级：★　书面化等级：★★

【801】终古　zhōnggǔ

［形容词］永远、久远。

至理名言，**终古**常新。

爱情是艺术作品**终古**不变的主题。

好朋友在一起，同患难共安乐，**终古**不渝。

山河之险，**终古**如一。

重要性等级：★　难易度等级：★★★　书面化等级：★★★

【802】终归　zhōngguī

［副词］表示无论怎么样，最后必然如此。

事情**终归**会解决。

谎言**终归**是谎言，总有一天会被拆穿。

他**终归**是个学生，没有办法站到很高的角度上去看问题。

重要性等级：★★　难易度等级：★★　书面化等级：★★★

【803】终将　zhōngjiāng

［副词］最终将会。

胜利**终将**属于我们。

我相信经过长年累月的努力，他**终将**会获得"终身贡献"奖。

重要性等级：★★　难易度等级：★★　书面化等级：★★★

【804】终竟　zhōngjìng

［副词］终究。

司会者已把开会辞讲完，指挥我去讲演，狂涛似的鼓掌声**终竟**把我这匹羔羊逼促着走到了坛前。

他**终竟**是自己人，大家原谅他吧！

重要性等级：★　难易度等级：★★★　书面化等级：★★★

【805】终究　zhōngjiū

［副词］终归、毕竟。

胜利<u>终究</u>属于人们。

一个人的力量<u>终究</u>有限。

他<u>终究</u>是个商人，一切以利益为导向。

重要性等级：★★　难易度等级：★★　书面化等级：★★

【806】终于　zhōngyú

［副词］表示经过较长过程最后出现某种结果。较多用于希望达到的结果。如果后接一个单音节光杆动词，动词后需要带助词"了"。

问题<u>终于</u>解决了。

反复试验，<u>终于</u>成功了。

等了很久，他<u>终于</u>来了。

几经周折，案情<u>终于</u>大白。

天色<u>终于</u>暗了下来。

由于长期坚持锻炼，身体<u>终于</u>强壮起来

赶了八九十里路，小刘<u>终于</u>疲倦了。

重要性等级：★★★　难易度等级：★　书面化等级：★

【807】骤然　zhòurán

［副词］表示事情在短时间里发生，其对应的口语语体表达形式是"突然""忽然"。常修饰动词性词语。

路上<u>骤然</u>下起了大雨。

心血管又<u>骤然</u>张开，他感到一阵很厉害的眩晕。

下了一场雪，气温<u>骤然</u>下降。

暴风雨<u>骤然</u>而至。

小船的尾梢<u>骤然</u>一翘，险些将那船夫摔下水里。

外边<u>骤然</u>狂风大作。

重要性等级：★★　难易度等级：★★　书面化等级：★★★

【808】诸　zhū

【808-1】［形容词］众、许多。

<u>诸</u>君　　<u>诸</u>子百家

雪景固然好看，但它却会给我们出行带来诸多的不便。

重要性等级：★　难易度等级：★★★　书面化等级：★★★

【808-2】［介词］"之于"的合音。

付诸实践

投诸渤海之尾，隐土之北。

重要性等级：★★　难易度等级：★★　书面化等级：★★★

【809】诸多　zhūduō

［形容词］许多、好些个。后边大多跟抽象名词。

诸多不便　　诸多妨碍　　诸多事宜

重要性等级：★★　难易度等级：★★　书面化等级：★★★

【810】诸如 X　zhūrú X

举例用语，"诸如"放在所举的例子 X 前面，表示不止一个例子。其对应的通用语体表达形式是"例如"。

诸如此类

他非常关心群众，做了不少好事，诸如访问职工家属，去医院看病人，等等。

诸如这样的事情，数不胜数。

重要性等级：★★　难易度等级：★★　书面化等级：★★★

【811】诸位　zhūwèi

［代词］对所指的若干人的尊称。其对应的通用语体表达形式是"各位"。

诸位同志

关于这个计划，诸位有何意见？

重要性等级：★★　难易度等级：★★　书面化等级：★★★

【812】逐　zhú

［介词］挨着次序。

逐年　　逐条说明　　逐字逐句

重要性等级：★★　难易度等级：★★　书面化等级：★★★

【813】逐步　zhúbù

[副词]表示动作行为有节奏地循序渐进。多指有意识的、过程较长的行动，有一定的阶段性，后面可以用助词"地"。

通过实践，大家逐步学会了说普通话。

机构臃肿，效率不高，必须逐步加以改革。

这个先进经验正在各车间逐步推广。

我们的目标是逐步地实现国家的现代化。

重要性等级：★★★　难易度等级：★　书面化等级：★★

【814】逐个　zhúgè

[副词]一个一个地。

逐个清点

商家逐个检查产品的质量。

老师逐个检查他们作业的情况。

重要性等级：★★★　难易度等级：★　书面化等级：★★

【815】逐渐　zhújiàn

[副词]表示缓慢而有秩序地进行。

（1）逐渐＋V。"逐渐"后的动词至少要有两个音节。

病情逐渐好转。

各类流行病的发病率在逐渐地减少。

在实践中逐渐改变了原来的看法。

长大以后，孩子才能逐渐理解父母的心情。

生完孩子以后，丽丽的体重逐渐恢复了正常。

（2）逐渐＋A。形容词后常带"了""下来""起来"等，表示动态。

来的人逐渐多了。

天色逐渐地暗了下来。

过了很久，他激动的心情才逐渐平静下来。

经过精心的照料，他的身体逐渐好了起来。

重要性等级：★★★　难易度等级：★　书面化等级：★★

【816】逐一 zhúyī

［副词］一个接一个地。

我曾给儿子想了无数个名字，都逐一被否决掉了。

老师逐一检查了一遍学生们的考卷，看看分数有没有算错的。

对同学们提的问题，他总是逐一回答，从来不怕麻烦。

重要性等级：★★★ 难易度等级：★ 书面化等级：★★

【817】专程 zhuānchéng

［副词］专为某事而到某地。其对应的通用语体表达形式是"专门"。

专程看望

专程前去迎接客人。

我专程为了见他而等了两个小时。

贺龙在就任西安市军管会主任之前，专程前往东北一趟。

重要性等级：★★ 难易度等级：★★ 书面化等级：★★★

【818】着实 zhuóshí

［副词］实在、确实。

这孩子着实讨人喜欢。

想在这儿读书的人着实不少，竞争非常激烈。

成熟的樱桃清凉多汁，果皮深红近黑，味道甜美可口，着实不可多得。

重要性等级：★★ 难易度等级：★★ 书面化等级：★★

【819】着意 zhuóyì

【819-1】［副词］表示花费心思去做、用心去做。

到了星期天，我们搽红抹粉，着意化妆。

她很同情小明，从此更是着意照顾他。

重要性等级：★★ 难易度等级：★★ 书面化等级：★★★

【819-2】［动词］留心、在意。

不要只着意于眼前的利益。

这家出版社显然已着意儿童读物的出版。

件件非小事，事事需着意。

小白笑着点头，毫不着意。

重要性等级：★　难易度等级：★★★　书面化等级：★★★

【820】兹　zī

【820-1】[代词] 这个。

兹事体大　　念兹在兹

兹存以备考。

重要性等级：★　难易度等级：★★★　书面化等级：★★★

【820-2】现在。

于兹已有三载。

兹定于 9 月 1 日上午 9 时在本校礼堂举办开学典礼。

重要性等级：★　难易度等级：★★★　书面化等级：★★★

【820-3】年。

今兹　　来兹

重要性等级：★　难易度等级：★★★　书面化等级：★★★

【821】自　zì

【821-1】[介词] 从。表示时间起点。常用格式是"自 + 时点词语 / 事件小句 + 动词性词语"。其较常见的篇章关联形式是"自 X（起），Y""自 X 以后，Y""自 X 以来，Y"等。

本规定自 1990 年 1 月 20 日起施行。

自下月起，不再实行保值储蓄。

本办法自即日起生效。

他自小就开始培养独立生活的能力。

自大孩子工作以后，家中情况大有起色。

自三环路通车以后，堵车现象有所减少。

自全国足球甲 A 联赛开赛以来，球迷们便日见兴奋起来。

自你支边以后，单位领导不断来看望我们。

自那以后，人们发现老木匠的心境好多了。

重要性等级：★★★　难易度等级：★　书面化等级：★★

【821-2】［介词］从。表示处所或方位的起点。常用格式是"自＋处所词语＋动词性词语"。

运动员、教练员、记者自世界各地云集亚特兰大。

本次航班自北京飞往旧金山。

人们幻想有一天外星人自天外来到地球。

慰问信自全国各地纷纷寄来。

本次列车自北京开往乌鲁木齐。

重要性等级：★★★　难易度等级：★　书面化等级：★★

【821-3】［介词］从。表示范围的起点。常用格式是"自＋方位词／名词性词语＋动词性词语"。

自上而下地传达文件。

自下而上地选举。

临街之间是老张的杂货铺，上自金银首饰，下至葱蒜，一应俱全。

重要性等级：★★★　难易度等级：★　书面化等级：★★

【821-4】［介词］表示事物的来源或处所。常用格式是"动词＋自＋名词性词语"，动词多为单音节。

中药红花产自西藏。

舞蹈、音乐源自劳动。

该文转自《北京青年报》。

重要性等级：★★★　难易度等级：★　书面化等级：★★

【822】自此　zìcǐ

［副词］从此、从此以后、从这时开始。

第一次考试失败了，自此他便更加努力学习。

27岁时他首次举办画展取得成功，自此一发不可收。

农业出现"人类入侵植物"的结果，植物的命运自此与人类行为前所未有地紧密联系在了一起。

重要性等级：★★★　难易度等级：★　书面化等级：★★

【823】自从　zìcóng

［介词］表示过去时间的起点。

自从搬家后，我再也没见过以前的朋友。

自从公司倒闭后，爸爸一直都没有工作。

他自从 2003 年跑了马拉松，2005 年当了马拉松志愿者后，开始一发不可收地爱上了这项运动。

自从 11 月 11 日被轰然倒下的木头砸成重伤后，兰如波至今没有苏醒。

重要性等级：★★★　难易度等级：★　书面化等级：★★

【824】自身　zìshēn

［名词］自己（强调不是别人或别的事物）。

你应当找一找自身的问题，不要总说别人。

了解自己的病情是患者自身的权利。

我们应该把握，充分运用和发挥我国生物制药行业自身的优势。

组织的健康正在于它能够容纳自身发展中出现的矛盾。

联合国在世纪末通过的最后决议，是一个关于它自身生存问题的会费比额分摊决议。

重要性等级：★★　难易度等级：★★　书面化等级：★★★

【825】自行　zìxíng

【825-1】［副词］（不依靠或通过别人）自己进行、自己做。用在双音节动词前。

自行办理　　自行解决　　自行处理

明天的活动内容由各小组自行安排。

这些科技小作品都是学生们自行设计和制作的。

重要性等级：★★　难易度等级：★★　书面化等级：★★

【825-2】［副词］自动地、自然地。用在双音节动词前。

到了冬天，树上的叶子将自行脱落。

新产品上市后，旧产品自行退出了市场。

重要性等级：★★　难易度等级：★★　书面化等级：★★

【826】自 X 至 Y　zì X zhì Y

从 X 到 Y。

唐僧<u>自</u>东土大唐而来<u>至</u>西天取经。

长城<u>自</u>山海关<u>至</u>嘉峪关总共用了很多巨石，是古代人民智慧的结晶。

重要性等级：★★　难易度等级：★★　书面化等级：★★★

【827】总而言之　zǒng'éryánzhī

总括起来说、总之。

<u>总而言之</u>，要主动，不要被动。

大的、小的、方的、圆的，<u>总而言之</u>，各种形状都有。

他是那么卑鄙、自负而专断，<u>总而言之</u>就是可恶极了。

胆大的，说没听懂；胆小的，说听不懂：<u>总而言之</u>是一个不懂。

<u>总而言之</u>，一切和饮食有关系的疾病，也都和手的不清洁有关系。

重要性等级：★★　难易度等级：★★　书面化等级：★★

【828】总之　zǒngzhī

【828-1】〔连词〕对上文列举的并列成分加以总括。其较常见的篇章关联形式是"X，总之Y"等。

在武松看来，景阳冈上的老虎，刺激它也是那样，不刺激它也是那样，<u>总之</u>是要吃人的。

成功是需要信心的，是需要耐心的，是需要恒心的，<u>总之</u>，绝非易事。

重要性等级：★★★　难易度等级：★　书面化等级：★

【828-2】〔连词〕反正。表示说话人由于某种原因（不了解或不便于）不能说出真实情况，而只说出一种有关的、约略的事实或结论。

但是前几天，我在无意之中看到一本日文书，可惜忘记了书名和作者，<u>总之</u>是关于中国戏的。

在财务方面已经糟得不能再糟了：<u>总之</u>一句话，我们破产了。

重要性等级：★★　难易度等级：★★　书面化等级：★

【829】纵然　zòngrán

〔连词〕即使。用于让步复句的前一分句。其对应的口语语体表达形式是"就算""哪怕"。其较常见的篇章关联形式是"纵然X，Y"等。

名家诗作，或意境高超，或气势磅礴，<u>纵然</u>韵律稍欠斟酌，也无损于艺术的完美。

问题至关重要，<u>纵然</u>一时无法处理，短期内仍需加以解决。

您亲自和我们一起去邀请，<u>纵然</u>他有些碍难，还不至于当面拒绝吧。

可是此人终究不是一般泛泛草民，他<u>纵然</u>年轻，衣饰普通，但他相貌奇伟，风度超群。

重要性等级：★★　难易度等级：★★　书面化等级：★★★

【830】纵使　zòngshǐ

［连词］即使。用于让步复句的前一分句。其对应的口语语体表达形式是"就算""哪怕"。其较常见的篇章关联形式是"纵使 X，Y"等。

在现今读者寥寥的出版界，<u>纵使</u>译出，恐怕也没有一个出版社敢于出版的吧。

她<u>纵使</u>听到匆忙的脚步声，也决不抬起头来看。

<u>纵使</u>你再努力，方向错了也难以成事。

重要性等级：★★　难易度等级：★★　书面化等级：★★★

【831】足以　zúyǐ

［动词］完全可以、完全能够。表示否定时，通常说"不足以"，义近"不可以""不能够"。

这件事<u>足以</u>证明你的想法是错误的。

这些材料<u>足以</u>说明事情发生的起因。

这些水<u>足以</u>保证村民们三天的生活。

产品的这些优点<u>足以</u>吸引消费者的目光。

一年浪费的粮食<u>足以</u>让五十万人吃一天。

大家看他，他也看大家，他知道只有这样，才<u>足以</u>减少村人的怀疑。

对这些坏人如不加以严惩，就<u>不足以</u>平民愤。

仅靠这些材料，<u>不足以</u>说明他的犯罪事实。

单凭这些理由还<u>不足以</u>说服别人，还要再增加一些。

这些资料还<u>不足以</u>证明文章的观点正确。

已有之证据并<u>不足以</u>表明火星上有生物。

重要性等级：★★　难易度等级：★★　书面化等级：★★★

【832】最为　zuìwéi

［副词］表示某种属性超过所有同类的人或事物。与部分双音节形容词或动词搭配。

（1）最为 + A。

照片中我的姿势最为呆板。

其中一张中式大床最为豪华。

这些边疆风情画气韵生动，少女骑马那幅人物最为传神。

这次访问的时间最为短促。

该省的矿物资源以煤、铁、石油、海盐最为丰富。

（2）最为 + V。V 多为表心理活动的动词。

代表们对绿化工作最为满意。

对于喝茶，他最为讲究。

三个人中，妈妈对姐姐最为担心。

重要性等级：★★　难易度等级：★★　书面化等级：★★★

【833】最终　zuìzhōng

［名词］最后、末了。做定语和状语。其对应的通用语体表达形式是"最后"。

在比赛的最终结果还没有出来之前，大家的心里都像有十五个吊桶，七上八下的。

双方唇枪舌剑，互不相让，最终使谈判陷入了僵局。

他考入了北京大学中文系，最终实现了自己的理想。

一个过于自私、只顾自己的人，最终会走到失去所有的朋友、所有的信任、众叛亲离的道路上去。

重要性等级：★★★　难易度等级：★　书面化等级：★

【834】遵照　zūnzhào

［动词］表示行为遵循的依据。

遵照上级规定，我部所有超标用车已一律封存。

我校将遵照教委制订的新的师生比例标准，重新核定和调整各单位的人员编制。

遵照上级"加强宏观控制、目标管理"的指示精神，特制订我校编制管理办法。

遵照分行指示，我行暂停汇兑业务。

重要性等级：★★　难易度等级：★★　书面化等级：★★★

【835】作为　zuòwéi

【835-1】［介词］介引具有某种身份、性质的话题或论说主体。

（1）作为＋NP。

作为一名教师，他的第一战场应当是课堂。

作为具有社会功能的文艺作品，它需要通过塑造艺术形象给人以感染和启迪。

该集团准备向中国大量投资，作为第一步，首先准备耗资3亿美元在北京修建一个驻华总部。

作为主要的外汇来源之一，该国锡的储量为80万吨，居世界首位。

作为一个来自农村的大学生，我对这种浪费粮食的行为非常气愤。

（2）作为＋NP＋来说/讲。

作为一个国外记者来说，他住窑洞，吃小米，睡土炕，已属难能可贵。

你作为一个演员来说已经过了黄金季节，去吧，干不了再回来，跟我学编戏。

作为一个主管人员来说，没有广博的知识是不可能搞好管理的。

作为一个年轻人来讲，失败并不可怕，可怕的是不能战胜失败。

重要性等级：★★★　难易度等级：★　书面化等级：★

【835-2】［动词］当作。

政府把它作为一个向外展示自己成就的窗口供人参观。

我把游泳作为锻炼身体的办法。

各地普遍把改善薄弱学校办学条件作为当前推进义务教育均衡发展的重点工作。

古代曾把鼎作为传国之宝，于是用它代表宝器。

重要性等级：★★★　难易度等级：★　书面化等级：★★

【835-3】［名词］所作所为、行为。

大有作为

评论一个人，不但要根据他的谈吐，而且还要根据他的作为。

重要性等级：★★　难易度等级：★★　书面化等级：★★

附录一：分类条目

一、单词条目

1. 难易度等级：★

【002】按理

【003】按期

【004】按时

【005】按说

【014-1】被

【014-2】被

【016-3】本

【021-1】必

【022】必定

【024】必然

【026】毕竟

【028-1】便

【028-2】便

【028-3】便

【034】并

【036】并且

【037】不必

【039】不但

【044-1】不断

【048-1】不过

【048-2】不过

【050】不禁

【051-1】不仅

【051-2】不仅

【070】不再

【073-1】步调

【086】持续

【090-1】除（了）

【092-1】处处

【093】此

【095】此外

【097】匆匆

【099】从此

【100】从而

【107】大大

【115】大约

【120-1】但

【120-2】但

【123】当

【125】道

【127-1】等

【127-2】等

【128】的确

【130】定

【133】独自

【136】对于

【139-1】多半

【140-1】多么

【145】而且

【148】而已

【156-1】凡

【157】凡是

【163-2】仿佛

【172-3】分别

【174-1】纷纷

【177】否

【187】高度

【195】更加

【208】关于

【213-1】果然

【214】过

【215】过于

【240】互相

【244-1】或

【244-3】或

【250-1】几乎

【252-1】及

【264】即将

【268】即使

【271】急忙

【273】给予

【275-1】既

【280】假如

【284】兼

【288-1】见

【288-2】见

【290】间接

【291】渐

【293】渐渐

【295】践行

【297-1】将

【297-3】将

【297-4】将

【301-1】较

【301-2】较

【305-1】接连

【310-1】仅

【310-2】仅

【311-1】仅仅

【311-2】仅仅

【313-1】尽管

【315】尽

【318】进行

【319】进一步

【324】竟

【330-1】就

【330-2】就

【333-2】居

【336-1】巨大

【340-1】距

【340-2】距

【341】决

【347-1】绝

【349】开展

【351-1】可

【351-2】可

【361】立刻

【366】两

【367】令

【378】貌似

【385-1】免

【385-2】免

【395-1】某

【395-2】某

【396-1】那么

【399-1】难道

【399-2】难道

【402-1】能够

【411】频频

【415】颇

【417-1】其

【417-2】其

【417-3】其

【425-1】欠

【426】悄悄

【432】亲

【439】全然

【440】却

【443】确实

【444-3】然

【445】然而

【447-1】让

【447-2】让

【447-3】让

【447-4】让

【447-5】让

【449-1】任

【451-1】仍

【451-2】仍

【452-1】仍然

【452-2】仍然

【457-2】容

【459】如

【461】如此

【462】如果

【468-1】若

【468-2】若

【476】擅自

【478-1】尚

【480】稍

【487】深

【488-1】深入

【488-2】深入

【493】甚至

【497】十分

【498】时

【499】时常

【504】始终

【509】是否

【511】首次 / 个 / 届 / 例 / 位

【523-1】似乎

【528】虽

【529】虽然

【534-1】随着

【536-1】所

【538-1】所以

【548】通常

【550-1】同时

【550-2】同时

【551】统

【556】往往

【557】为¹

【559】为³

【560】为⁴

【564-2】围绕

【570-1】为了

【570-2】为了

【581】稳步

【582-1】我

【582-2】我

【590】无论

【618】向

【636】也许

【640】一并

【641-1】一旦

【659】一系列

【676】以及

【678】以来

【699】因此

【702-1】因为

【702-2】因为

【706-1】应该

【706-2】应该

【712-1】尤其

【712-2】尤其

【722-1】有关

【722-2】有关

【725】有些

【728】有着

【733】于是

【736-1】与

【736-2】与

【752】约

【756-1】再

【756-2】再

【756-3】再

【756-5】再

【757】再次

【769】早日

【787】之外

【795】至此

【796】至今

【799-1】中

【799-2】中

【799-3】中

【799-4】中

【800】终

【806】终于

【813】逐步

【814】逐个

【815】逐渐

【816】逐一

【821-1】自

【821-2】自

【821-3】自

【821-4】自

【822】自此

【823】自从

【828-1】总之

【833】最终

【835-1】作为

【835-2】作为

2. 难易度等级：★★

【001-2】按

【006】按照

【007】暗自

【015】倍加

【016-1】本

【016-2】本

【017】本着

【019-1】彼

【019-2】彼

【020】笔

【021-2】必

【028-4】便

【028-5】便

【035】并非

【038】不曾

【040】不得

【047】不妨

【054】不料

【055-1】不免

【055-2】不免

【056-1】不容

【057-1】不胜

【059】不时

【068】不屑（于）

【069】不宜

【072】不致

【074】步伐

【075】部署

【076】曾

【077】彻夜

【080】诚然

【081-1】诚如

【083】承蒙

【088-1】踌躇

【088-2】踌躇

【090-2】除（了）

【092-2】处处

【098】从不

【106】从未

【108-1】大抵

【108-2】大抵

【110】大举

【111】大力

【113】大体（上）

【114】大为

【118】待到

【119】单单

【121】但凡

【122】诞生

【124】当即

【129】鼎力

【131】定然

【137】顿然

【138】顿时

【139-2】多半

【140-2】多么

【141-1】而

【141-2】而

【141-3】而

【141-4】而

【143】而后

【152-1】二

【155-1】番

【155-2】番

【155-3】番

【158】反

【159-1】反之

【159-2】反之

【160】犯

【161-3】方

【163-1】仿佛

【172-1】分别

【172-2】分别

【172-4】分别

【173】分明

【174-2】纷纷

【175】分外

【176】奋力

【178】否则

【179-1】腐败

【179-2】腐败

【180】腐朽

【183】该

【188】格外

【191】给以

【193】根本

【197】更为

【198】公然

【201】固

【202】固然

【203-1】故

【205】顾

【207】关头

【209】管制

【212】果

【213-2】果然

【218-1】好似

【218-2】好似

【220-2】何　　　　　　　　　【255】及至

【221】何必　　　　　　　　　【257】极

【222】何曾　　　　　　　　　【258】极度

【224】何等　　　　　　　　　【259】极力

【225】何妨　　　　　　　　　【260】极其

【226-1】何况　　　　　　　　【261】极为

【226-2】何况　　　　　　　　【262-1】即

【227】何其　　　　　　　　　【262-3】即

【228】何须　　　　　　　　　【263-1】即便

【229-1】何以　　　　　　　　【265】即刻

【229-2】何以　　　　　　　　【267】即若

【230-1】和　　　　　　　　　【269】亟

【230-2】和　　　　　　　　　【270】急急

【231】很是　　　　　　　　　【272】几时

【233】宏大　　　　　　　　　【274-1】计

【234】忽　　　　　　　　　　【275-2】既

【236】忽而　　　　　　　　　【275-3】既

【239】互　　　　　　　　　　【277】继而

【242】缓缓　　　　　　　　　【279-1】加以

【244-2】或　　　　　　　　　【279-2】加以

【244-4】或　　　　　　　　　【281】假若

【246】或许　　　　　　　　　【282】假设

【248-1】或者　　　　　　　　【283】假使

【248-2】或者　　　　　　　　【289】间或

【248-3】或者　　　　　　　　【296-1】鉴于

【248-4】或者　　　　　　　　【296-2】鉴于

【250-2】几乎　　　　　　　　【299】将要

【251】基于　　　　　　　　　【302】较为

【254】及早　　　　　　　　　【306-1】接着

【306-2】接着

【308】竭力

【309】借以

【313-2】尽管

【314-1】谨

【314-2】谨

【316】尽情

【317】进而

【322】径直

【325-1】迥异

【327-1】究竟

【327-2】究竟

【329】久久

【330-3】就

【330-4】就

【331】就此

【333-1】居

【338】俱

【339-1】据

【339-2】据

【347-2】绝

【348-1】均

【348-2】均

【350-2】堪

【353】刻意

【356】况且

【357】历程

【358】历来

【360】立即

【362】隶属（于）

【363】连连

【364】连同

【365】连续

【368】陆续

【369-1】屡

【372】屡屡

【373-1】略

【375】略微

【376】落实

【377】贸然

【379】枚

【381】每每

【383】猛然

【384】弥

【386-1】莫

【386-2】莫

【389】莫非

【393】默默

【396-2】那么

【397-1】乃

【398】乃至

【400】难免

【401】难以

【403】拟

【406-1】偶尔

【406-2】偶尔

【408】庞大

【409-1】譬如

【409-2】譬如

【416】颇为

【418】岂

【421-1】迄

【422】恰

【423】恰好

【424-1】恰恰

【424-2】恰恰

【427】悄然

【428-1】且

【428-2】且

【428-3】且

【429】切

【431-1】切实

【433】顷刻

【435】趋于

【441】确

【444-1】然

【446】然则

【450-1】任凭

【450-2】任凭

【450-3】任凭

【453】日

【454】日渐

【455】日趋

【456】日益

【463】如何

【464】如期

【465】如若

【469】若非

【470】若干

【472】若是

【474】霎时

【475】善加

【478-2】尚

【478-3】尚

【479】尚且

【481】稍许

【482】设

【485】涉足

【486】谁知

【489】甚

【495-1】胜

【500】时而

【501-1】时时

【501-2】时时

【507】势必

【508-2】是

【516-1】殊不知

【516-2】殊不知

【517】倏地

【520】树

【521】率先

【522】丝毫

【523-2】似乎

【525】诉诸

【526】素

【527】素来

【531】随

【532】随后

【533】随即

【534-2】随着

【535】遂

【536-2】所

【536-3】所

【536-4】所

【537-1】所谓

【537-2】所谓

【538-2】所以

【539】所在

【540】索性

【541】他

【545】倘若

【546】倘使

【547】特此

【549-1】同

【549-2】同

【549-3】同

【549-4】同

【552-1】徒

【552-2】徒

【553-1】徒然

【553-2】徒然

【554】妥善

【555】万分

【558】为²

【564-1】围绕

【565】唯

【566】唯独

【573】为着

【574-1】未

【574-2】未

【576】未必

【577】未曾

【578-1】未尝

【578-2】未尝

【579】未免

【584】无不

【585】无从

【587】无非

【593-1】无所谓

【593-2】无所谓

【594-1】无暇

【595】无须（乎）

【596-1】无疑

【596-2】无疑

【601】勿

【602】务必

【605】悉心

【607】洗雪

【608-1】系

【608-2】系

【608-3】系

【611】现

【613-1】相

【613-2】相

【614-1】相当　　　　　　　【652】一律

【614-2】相当　　　　　　　【654-1】一齐

【614-3】相当　　　　　　　【654-2】一齐

【616】相继　　　　　　　　【657】一同

【617】想来　　　　　　　　【658】一味

【619】向来　　　　　　　　【660-2】一向

【620-1】向着　　　　　　　【661】一一

【620-2】向着　　　　　　　【662】一再

【622】幸（而）　　　　　　【664】依

【623】幸亏　　　　　　　　【665】依次

【624】幸免　　　　　　　　【666】依旧

【625】幸喜　　　　　　　　【667】依然

【626】须　　　　　　　　　【668-1】依稀

【627】需　　　　　　　　　【669】依照

【628】徐徐　　　　　　　　【671】已

【631-1】沿　　　　　　　　【672】已然

【631-2】沿　　　　　　　　【673-1】以

【632】沿着　　　　　　　　【673-2】以

【633-3】俨然　　　　　　　【673-3】以

【638】一般　　　　　　　　【673-4】以

【641-2】一旦　　　　　　　【673-5】以

【642-1】一定　　　　　　　【674】以便

【642-2】一定　　　　　　　【675】以后

【643】一度　　　　　　　　【679】以免

【645】一概　　　　　　　　【680】以内

【646】一贯　　　　　　　　【681】以期

【648】一经　　　　　　　　【682】以前

【649】一径　　　　　　　　【683】以外

【650】一举　　　　　　　　【687-1】以至（于）

【687-2】以至（于）

【688】以致

【693】益

【694】益发

【696】意味着

【697】毅然

【698-1】因

【698-2】因

【698-3】因

【700】因而

【704】因之

【705】应

【708】永

【711-1】攸关

【711-2】攸关

【713】尤为

【714-1】由

【714-2】由

【714-3】由

【714-4】由

【714-5】由

【714-6】由

【714-7】由

【715】由此

【718-1】由于

【718-2】由于

【719-1】犹

【719-2】犹

【719-3】犹

【730】囿于

【731-1】于

【731-2】于

【731-3】于

【731-4】于

【731-5】于

【731-6】于

【735】逾越

【739】与其

【742】予

【743】予以

【744】预先

【745】愈

【746】愈发

【747】愈加

【751-1】远

【751-2】远

【751-3】远

【753-1】约略

【753-2】约略

【754-1】越发

【754-2】越发

【754-3】越发

【756-4】再

【758】再度

【759-1】再三

【761】再则

【767】暂

【768】暂且

【770】早已

【771-1】则

【776】正是

【778-1】之

【778-2】之

【782】之后

【783】之间

【784】之内

【785】之前

【786】之所以

【788】之至

【789】之中

【794-1】至

【794-2】至

【797-1】至于

【797-2】至于

【798-1】致

【798-2】致

【802】终归

【803】终将

【805】终究

【807】骤然

【808-2】诸

【809】诸多

【811】诸位

【812】逐

【817】专程

【818】着实

【819-1】着意

【824】自身

【825-1】自行

【825-2】自行

【827】总而言之

【828-2】总之

【829】纵然

【830】纵使

【831】足以

【832】最为

【834】遵照

【835-3】作为

3. 难易度等级：★★★

【001-1】按

【009】罢了

【010】白

【011-1】败

【011-2】败

【011-3】败

【012】报

【013-1】悖

【018-1】逼

【018-2】逼

【018-3】逼

【018-4】逼

【023】必将

【027-1】裨

【029】便了

【031】彪炳

【032】别

【043】不独

【048-3】不过

【049-1】不及

【049-2】不及

【052-1】不堪

【052-2】不堪

【053】不愧

【057-2】不胜

【062】不特

【063】不外（乎）

【064】不惟

【065-1】不谓

【065-2】不谓

【066】不无

【067-1】不消

【084】乘

【091】除却

【109】大凡

【112】大肆

【116-1】殆

【117】待

【132】动辄

【134】断（乎）

【135-1】断然

【135-2】断然

【144】而况

【151】尔后

【153】发凡

【156-2】凡

【161-1】方

【161-2】方

【161-4】方

【162-1】方才

【162-2】方才

【163-3】仿佛

【168】非特

【169】非徒

【171】匪

【184-1】盖

【184-2】盖

【185-1】概

【189】个中

【190】各各

【196】更其

【199】姑

【200】姑且

【203-2】故

【204】故而

【220-1】何

【223】何尝

【235】忽地

【243】遑论

【247】或则

【249】几

【252-2】及

【262-2】即

【262-4】即

【262-5】即

【263-2】即便

【266】即令

【276】既而

【287】兼及

【292】渐次

【297-2】将

【297-5】将

【298】将次

【300】交加

【304】皆

【307-1】截然

【313】尽先

【321】径

【323】径自

【326】究

【334】居间

【335】举凡

【343-1】决计

【343-2】决计

【344】决绝

【345-1】决然

【345-2】决然

【346】决意

【350-1】堪

【352-1】可谓

【354】恐

【355】况

【359】历历

【371】屡次

【374】略略

【386-3】莫

【387】莫不

【388】莫大

【390】莫如 / 莫若

【391】蓦地

【392】蓦然

【394】默然

【396-3】那么

【397-2】乃

【397-3】乃

【397-4】乃

【402-2】能够

【402-3】能够

【404】宁

【405】偶

【407】偶或

【412】平素

【419】岂但

【430】切切

【436】权

【437】权且

【442】确乎

【444-2】然

【449-2】任

【449-3】任

【457-1】容

【458】容或

【466-1】如是

【471】若何

【477-1】商榷

【483】设若

【484】设使

【490】甚而

【491】甚或

【492】甚且

【495-2】胜

【503-1】实

【506】势

【508-1】是

【515-1】殊

【518】倏忽

【519】倏然

【530】虽则

【542】倘

【543】倘或

【544】倘如

【567】唯其

【568】委实

【575-1】未艾

【580】未始

【586-1】无妨

【588】无怪（乎）

【591】无任

【592】无如

【599】毋宁

【600】毋庸

【603-1】悉

【604】悉数

【606】惜败

【621】行将

【629】旋即

【633-1】俨然

【633-2】俨然

【637】业已

【651】一例

【655】一任

【660-1】一向

【677】以降

【690-1】矣

【690-2】矣

【691-1】亦

【691-2】亦

【692】抑（或）

【695】翌

【749】愈益

【755】云云

【771-2】则

【771-3】则

【771-4】则

【771-5】则

【774-1】辄

【801】终古

【804】终竟

【808-1】诸

【819-2】着意

【820-1】兹

【820-2】兹

【820-3】兹

二、格式条目

1. 难易度等级：★

【030】便于 VP

【041】不得不 VP

【046】不乏 NP

【079】呈 VP 趋势 / 之势

【087】充分 VP

【089】初步 X

【101】从 X 而言

【102】从 NP 来看

【105】从事 NP

【166】非 X 即 Y

【210】贯彻 NP

【320-2】经 X

【337】具有 NP

【342-1】决不 VP

【380】每当 X 时

【438】全面 VP

【448】人称 NP

【494】甚至于 X

【562】V（X）为 Y

【571】为了 X 而 Y

【609】系统 V

【689】以 NP 自居

【726】有 N 于

【727】有 V 于

【732】X 于

【760】再 A 也 X

【762】在 X（的）程度上

【763】在 X 方面

【764】在 X（的）基础上

【765】在 X 看来

【790】直至 X

2. 难易度等级：★★

【008】把 X 视为 Y

【025】必 X 无疑

【033-1】别无 X

【042】X 不等

【058】V 不胜 V

【078】称（X）为 Y

【082】诚如 X 所言

【085】程度副词 + 之 + 形容词 / 心理动词

【096】NP 次之

【103】从 NP V 起

【104】从 X 起

【126】得以 VP

【142】VP 而不得

【146-1】X 而言

【147-1】X 而言之

【149】V₁ 而 V₂ 之

【150-1】X 而 X / Y 之

【164-1】非 X 不 Y

【164-2】非 X 不 Y

【165】非 X 非 Y

【167】非 X 所 Y

【182】赋予 NP

【186】敢于 VP

【192】给 NP₁ 以 NP₂

【194】跟 X 似的

【206】关乎 NP

【211】贯注于 / 在 X 上

【216】毫不 V / A

【217】毫无 NP

【219】合乎 NP

【232】很有 NP

【238】忽 X 忽 Y

【241】化 X 为 Y

【253】V 及

【256】汲取 NP

【278】继 X 之后

【285】兼 X

【286】NP₁ 兼 NP₂

【294】渐 V 渐 A

【320-1】经 X

【332】就 X 而言 / 来说

【382】每一 X

【410】VP 片刻

【414】凭借 NP

【420】起源于 NP

【434】区区 NP

【460】A 如 N

【467】如 X 所 V

【473】若 X 若 Y

【502】时 X 时 Y

【514】受制于 NP

【524】似 X 非 X

【561】V 为 N

【563】为 / 被 NP（所）V

【569】为（了 / 着）X 而 Y

【572】为（了）X 起见

【583】无 X

【589】无可 VP

【597】无异于 X

【598】无 X 之分

【610】显著 V

【612】现 VP₁ 现 VP₂

【615】相对 X 而言 / 来说

【635】X 也似的

【647】一 X 即 Y

【656】一时 X 一时 Y

【670】依 N 之见

【684-1】以 X 为 Y

【684-2】以 X 为 Y

【685】以 X 为例

【686】以 X 之名

【701】因 X 而 Y

【703】因为 X 的缘故

【707】应 X

【709】用以 X

【710】用于 X

【716-1】由 X 而 Y

【716-2】由 X 而 Y

【717】由 X 到 Y

【721】有待（于）VP

【724】有所 V

【737-1】与此 X

【740】与 X 相 Y

【741】与 X 相比

【766】在 X 之际

【772】乍 X 乍 Y

【773】招致 NP

【775】正如 NP 所 V

【777】正值 X

【779】X 之 N

【780】X 之 VP

【781】X 之处

【791】值（此）X 之际

【793】旨在 X

【810】诸如 X

【826】自 X 至 Y

3. 难易度等级：★★★

【045】不 V₁ 而 V₂

【154】发源于 NP

【181】付诸 X

【303】较之于 X

【328】究其 NP

【370】屡 V 不 A / V

【413】凭 N VP

【496】失之 X

【505-1】N 式微

【720】有裨于 X

【723】有失 X

【729】有 X 之别

【734-1】逾 N

【738】X 与否

【748】愈来愈 X

【750】愈 X（，）愈 Y

三、习用语条目

1. 难易度等级：★

【044-2】接连不断

【073-2】步调一致

【090-3】除此以外

【090-4】除此之外

【305-2】接二连三

【307-2】截然不同

2. 难易度等级：★★

【013-2】有悖于此

【033-2】别无选择

【081-2】诚如此言

【088-3】踌躇不决

【088-4】踌躇满志

【116-2】百战不殆

【146-2】相对而言

【146-3】一般而言

【147-2】简而言之

【147-3】广而言之

【150-2】久而久之

【150-3】避而远之

【150-4】广而告之

【152-2】不二之选

【185-2】一概言之

【274-2】不计后果

【274-3】不计成本

【325-2】风格迥异

【336-2】巨大无比

【342-2】决不姑息

【421-2】迄今为止

【425-2】考虑欠周

【425-3】思虑欠周

【431-2】切实可行

【477-2】有待商榷

【488-3】深入人心

【503-2】实属不易

【505-2】日趋式微

【505-3】日渐式微

【515-2】殊不料

【536-5】所见所闻

【536-6】所思所想

【586-2】但说无妨

【594-2】无暇顾及

【594-3】无暇过问

【596-3】确凿无疑

【630-1】换言之

【668-2】依稀可见

【711-3】生死攸关

【734-2】年逾古稀

【737-2】与此同时

【759-2】考虑再三

【774-2】浅尝辄止

3. 难易度等级：★★★

【027-2】无裨于事

【027-3】大有裨益

【056-2】不容置喙

【067-2】不消说

【352-2】真可谓是

【369-2】屡败屡战

【369-3】屡战屡败

【373-2】略知一二

【466-2】不外如是

【503-3】实非所宜

【575-2】方兴未艾

【603-2】悉听尊便

【630-2】简言之

【630-3】概言之

四、篇章关联条目

1. 难易度等级：★

【034】并

　　X，并 Y

【036】并且

　　X，并且 Y

　　不仅 X，并且 Y

　　不但 X，并且 Y

【039】不但

　　不但 X，而且 Y

　　不但 X，并且 Y

　　不但 X，也 Y

　　不但 X，还 Y

【048-1】不过

　　X，不过 Y

【051-1】不仅..........

　　不仅 X，而且 Y

　　不仅 X，连 Y

　　不仅 X，还 Y

　　不仅 X，都 Y

　　不仅 X，也 Y

【071】不在（于）X，而在（于）Y

【095】此外

　　X，此外 Y

【100】从而

　　X，从而 Y

　　由于 X，从而 Y

　　因为 X，从而 Y

【120-1】但

　　X，但 Y

　　虽然 X，但 Y

　　即使 X，但 Y

　　纵然 X，但 Y

　　就算 X，但 Y

【145】而且

　　不但 X，而且 Y

　　不仅 X，而且 Y

　　不光 X，而且 Y

　　不单 X，而且 Y

　　不独 X，而且 Y

【244-1】或

　　X 或 Y

　　或 X，或 Y

【244-3】或

　　X 或 Y

【268】即使

　　即使 X，也 Y

　　即使 X，还 Y

【280】假如

　　假如 X，Y

　　假如 X，就 Y

【312-1】尽管

　　尽管 X，但（是）Y

　　尽管 X，可（是）Y

　　尽管 X，却 Y

　　尽管 X，然而 Y

　　尽管 X，而 Y

　　尽管 X，仍（然）Y

　　尽管 X，还是 Y

【396-1】那么

　　X，那么 Y

【445】然而

　　X，然而 Y

【459】如

　　如 X，就 Y

　　如 X，则 Y

　　如 X，便 Y

【462】如果

　　如果 X，就 Y

　　X，如果 Y

【468-1】若

　　若 X，就 Y

　　若 X，便 Y

　　若 X，则 Y

【493】甚至

　　甚至 X，也 Y

　　甚至 X，都 Y

　　X，甚至 Y

【513】首先 X，然后 Y

【528】虽

　　虽 X，Y

　　虽 X，但（是）Y

　　虽 X，可（是）Y

　　虽 X，却 Y

【529】虽然

　　虽然 X，但（是）Y

　　虽然 X，可（是）Y

　　X，虽然 Y

【538-1】所以

　　因为 X，所以 Y

　　由于 X，所以 Y

　　X，所以 Y

【550-1】同时

　　X，同时 Y

【590】无论

　　无论 X，也 Y

　　无论 X，都 Y

【699】因此

　　X，因此 Y

　　由于 X，因此 Y

【702-2】因为

　　因为 X，所以 Y

　　因为 X，便 Y

　　因为 X，故 Y

　　因为 X，因而 Y

【733】于是

　　X，于是 Y

【792】只有 X，才 Y

【821-1】自

　　自 X（起），Y

　　自 X 以后，Y

　　自 X 以来，Y

【828-1】总之

　　X，总之 Y

2. 难易度等级：★★

【054】不料

　　X，不料 Y

【060-1】不是 X，便是 Y

【121】但凡

　　但凡 X，Y

　　但凡 X，都 Y

　　但凡 X，就 Y

【140-2】多么

　　无论 X（有）多么 Y，也 Z

　　无论 X（有）多么 Y，都 Z

　　不论 X（有）多么 Y，也 Z

　　不论 X（有）多么 Y，都 Z

　　不管 X（有）多么 Y，也 Z

不管 X（有）多么 Y，都 Z

【141-1】而

X，而 Y

【141-3】而

X，而 Y

【141-4】而

X 而 Y

为 X 而 Y

为了 X 而 Y

为着 X 而 Y

因为 X 而 Y

由于 X 而 Y

通过 X 而 Y

随 X 而 Y

依 X 而 Y

因 X 而 Y

就 X 而 Y

对 X 而 Y

【159-1】反之

X，反之 Y

【159-2】反之

X，反之，Y

X，反之亦然

X，反之也一样

【178】否则

X，否则 Y

幸亏 X，否则 Y

除非 X，否则 Y

宁可 X，否则 Y

【202】固然

固然 X，但 Y

固然 X，但是 Y

固然 X，然而 Y

固然 X，却 Y

固然 X，可是 Y

固然 X，也 Y

固然 X，还是 Y

固然 X，更 Y

固然 X，而且 Y

固然 X，又 Y

【203-1】故

X，故 Y

【212】果

果（能）X，就 Y

【213-2】果然

果然 X，那 Y

果然 X，那么 Y

【226-1】何况

X，何况 Y

X 都，何况 Y

连 X 都，何况 Y

尚且 X，何况 Y

连 X 也，何况 Y

【226-2】何况

X，何况 Y

【237】忽而 X，忽而 Y

【244-2】或

或 X，或 Y（，或 Z）

【248-2】或者

　　X，或者 Y

【255】及至

　　及至 X，才 Y

　　及至 X，还 Y

　　X，及至 Y

【263-1】即便

　　即便 X（，）也 Y

　　即便 X，还 Y

【267】即若

　　X，即若 Y

　　即若 X，Y

　　即若 X，也 Y

【275-3】既

　　既 X，也 Y

　　既 X，就 Y

　　既 X，则 Y

　　既 X，又 Y

　　既 X，还 Y

【279-2】加以

　　X，加以 Y

【281】假若

　　假若 X，Y

　　假若 X，一定 Y

　　假若 X，就 Y

【282】假设

　　假设 X，Y

　　假设 X，就 Y

【283】假使

　　假使 X，Y

　　假使 X，那 Y

【296-2】鉴于

　　鉴于 X，Y

【309】借以

　　X，借以 Y

【317】进而

　　X，进而 Y

【356】况且

　　X，况且 Y

【398】乃至

　　X，乃至（于）Y

【409-1】譬如

　　X，譬如 Y

【409-2】譬如

　　X，譬如 Y

【428-2】且

　　不但 X，且 Y

　　X，且 Y

【428-3】且

　　且 X，Y

【446】然则

　　X，然则 Y

【450-2】任凭

　　任凭 X（，）Y

【450-3】任凭

　　任凭 X，Y

【465】如若

　　如若 X，则 Y

　　如若 X，Y

【469】若非

　　若非 X，Y

【472】若是

　　若是 X，Y

　　若是 X，就 Y

【478-3】尚

　　尚 X，（更）何况 Y

　　尚 X，Y

【479】尚且

　　尚且 X，（更）何况 Y

　　尚且 X，而况 Y

　　尚且 X，哪里 Y

　　尚且 X，当然 Y

　　尚且 X，难道 Y

【482】设

　　设 X，则 Y

　　设 X，亦 Y

　　设 X，Y

【486】谁知

　　X，谁知 Y

【510】是 X，还是 Y

【512】首先 X，其次 Y

【538-2】所以

　　所以 X，是因为 Y

【545】倘若

　　倘若 X，就 Y

倘若 X，便 Y

倘若 X，Y

X，倘若 Y

【546】倘使

　　倘使 X，就 Y

　　倘使 X，Y

【634】要是 X，（就）Y，否则 Z

【639】一边 X，一边 Y

【641-2】一旦

　　一旦 X 就 Y

【644】一方面 X，一方面 Y

【648】一经

　　一经 X，就 Y

　　一经 X，便 Y

　　一经 X，应 Y

【653】一面 X，一面 Y

【663】一则 X，二则 Y

【674】以便

　　X，以便 Y

【679】以免

　　要 X，以免 Y

　　应 X，以免 Y

　　X，以免 Y

【681】以期

　　X，以期 Y

【687-2】以至（于）

　　X，以至（于）

【688】以致

　　由于 X，以致 Y

X，以致 Y

【698-1】因

因 X，故 Y

因 X，所以 Y

因 X，Y

【700】因而

因为 X，因而 Y

由于 X，因而 Y

X，因而 Y

【704】因之

X，因之 Y

【715】由此

X，由此 Y

【718-1】由于

由于 X，因此 Y

由于 X，所以 Y

由于 X，因而 Y

【739】与其

与其 X，不如 Y

与其 X，毋宁 Y

【761】再则

X，再则 Y

一则 X，再则 Y

【771-1】则

X，（主语）则 Y

X 则 Y

【786】之所以

之所以 X，Y

之所以 X，是因为 Y

【829】纵然

纵然 X，Y

【830】纵使

纵使 X，Y

3. 难易度等级：★★★

【043】不独

不独 X，而且 Y

不独 X，也 Y

不独 X，又 Y

【060-2】不是 X，便是 Y

【061】不是 X，而是 Y

【062】不特

不特 X，且 Y

不特 X，并且 Y

【064】不惟

不惟 X，反而 Y

不惟 X，也 Y

【065-1】不谓

X，不谓 Y

【094】X，此后 Y

【144】而况

X，而况 Y

【168】非特

X，非特 Y

非特 X，Y

【169】非徒

非徒 X，反而 Y

非徒 X，而且 Y

【170】非 X（，）则 Y

【184-2】盖

　　X，盖 Y

【204】故而

　　X，故而 Y

　　因为 X，故而 Y

【243】遑论

　　X，遑论 Y

　　连 X，遑论 Y

【245】或是 X，或是 Y

【247】或则

　　X，或则 Y

【262-2】即

　　即 X，也 Y

　　即 X，亦 Y

【263-2】即便

　　即便 X，也 Y

　　即便 X，都 Y

【266】即令

　　X，即令 Y

　　即令 X，也 Y

　　即令 X，又 Y

【355】况

　　X，况 Y

【390】莫如 / 莫若

　　X，莫如 / 莫若 Y

【397-4】乃

　　X，乃 Y

【419】岂但

　　岂但 X，Y

　　X，岂但 Y

【444-2】然

　　X，然 Y

【449-2】任

　　任 X（，）Y

【449-3】任

　　任 X，Y

【483】设若

　　设若 X，则 Y

　　设若 X，就 Y

　　设若 X，便 Y

　　设若 X，Y

【484】设使

　　设使 X，则 Y

　　设使 X，Y

【490】甚而

　　X，甚而 Y

【491】甚或

　　X，甚或 Y

【492】甚且

　　X，甚且 Y

【530】虽则

　　虽则 X，但（是）Y

　　虽则 X，却 Y

　　虽则 X，Y

【542】倘

　　倘 X，则 Y

　　倘 X，就 Y

　　倘 X，便 Y

【543】倘或

　　倘或 X，就 Y

　　倘或 X，Y

【544】倘如

　　倘如 X，就 Y

　　倘如 X，倘 Y

【567】唯其

　　唯其 X，（所以）Y

【599】毋宁

　　（与其）X，毋宁 Y

（与其说）X，毋宁说 Y

【692】抑（或）

　　无论 X，抑（或）Y

　　不管 X，抑（或）Y

　　X，抑（或）Y

【771-2】则

　　X 则 X，Y

【771-3】则

　　既然 X，则 Y

附录二：分级条目

一、难易度等级：★

1. 单词条目

【002】按理

【003】按期

【004】按时

【005】按说

【014-1】被

【014-2】被

【016-3】本

【021-1】必

【022】必定

【024】必然

【026】毕竟

【028-1】便

【028-2】便

【028-3】便

【034】并

【036】并且

【037】不必

【039】不但

【044-1】不断

【048-1】不过

【048-2】不过

【050】不禁

【051-1】不仅

【051-2】不仅

【070】不再

【073-1】步调

【086】持续

【090-1】除（了）

【092-1】处处

【093】此

【095】此外

【097】匆匆

【099】从此

【100】从而

【107】大大

【115】大约

【120-1】但

【120-2】但

【123】当

【125】道

【127-1】等

【127-2】等

【128】的确

【130】定

【133】独自

【136】对于

【139-1】多半

【140-1】多么

【145】而且

【148】而已

【156-1】凡

【157】凡是

【163-2】仿佛

【172-3】分别

【174-1】纷纷

【177】否

【187】高度

【195】更加

【208】关于

【213-1】果然

【214】过

【215】过于

【240】互相

【244-1】或

【244-3】或

【250-1】几乎

【252-1】及

【264】即将

【268】即使

【271】急忙

【273】给予

【275-1】既

【280】假如

【284】兼

【288-1】见

【288-2】见

【290】间接

【291】渐

【293】渐渐

【295】践行

【297-1】将

【297-3】将

【297-4】将

【301-1】较

【301-2】较

【305-1】接连

【310-1】仅

【310-2】仅

【311-1】仅仅

【311-2】仅仅

【313-1】尽管

【315】尽

【318】进行

【319】进一步

【324】竟

【330-1】就

【330-2】就

【333-2】居

【336-1】巨大

【340-1】距

【340-2】距

【341】决

【347-1】绝

【349】开展

【351-1】可

【351-2】可

【361】立刻

【366】两

【367】令

【378】貌似

【385-1】免

【385-2】免

【395-1】某

【395-2】某

【396-1】那么

【399-1】难道

【399-2】难道

【402-1】能够

【411】频频

【415】颇

【417-1】其

【417-2】其

【417-3】其

【425-1】欠

【426】悄悄

【432】亲

【439】全然

【440】却

【443】确实

【444-3】然

【445】然而

【447-1】让

【447-2】让

【447-3】让

【447-4】让

【447-5】让

【449-1】任

【451-1】仍

【451-2】仍

【452-1】仍然

【452-2】仍然

【457-2】容

【459】如

【461】如此

【462】如果

【468-1】若

【468-2】若

【476】擅自

【478-1】尚

【480】稍

【487】深

【488-1】深入

【488-2】深入

【493】甚至

【497】十分

【498】时

【499】时常

【504】始终

【509】是否

【511】首次 / 个 / 届 / 例 / 位

【523-1】似乎

【528】虽

【529】虽然

【534-1】随着

【536-1】所

【538-1】所以

【548】通常

【550-1】同时

【550-2】同时

【551】统

【556】往往

【557】为^1

【559】为^3

【560】为^4

【564-2】围绕

【570-1】为了

【570-2】为了

【581】稳步

【582-1】我

【582-2】我

【590】无论

【618】向

【636】也许

【640】一并

【641-1】一旦

【659】一系列

【676】以及

【678】以来

【699】因此

【702-1】因为

【702-2】因为

【706-1】应该

【706-2】应该

【712-1】尤其

【712-2】尤其

【722-1】有关

【722-2】有关

【725】有些

【728】有着

【733】于是

【736-1】与

【736-2】与

【752】约

【756-1】再

【756-2】再

【756-3】再

【756-5】再

【757】再次

【769】早日

【787】之外

【795】至此

【796】至今

【799-1】中

【799-2】中

【799-3】中

【799-4】中

【800】终

【806】终于

【813】逐步

【814】逐个

【815】逐渐

【816】逐一

【821-1】自

【821-2】自

【821-3】自

【821-4】自

【822】自此

【823】自从

【828-1】总之

【833】最终

【835-1】作为

【835-2】作为

2. 格式条目

【030】便于 VP

【041】不得不 VP

【046】不乏 NP

【079】呈 VP 趋势 / 之势

【087】充分 VP

【089】初步 X

【101】从 X 而言

【102】从 NP 来看

【105】从事 NP

【166】非 X 即 Y

【210】贯彻 NP

【320-2】经 X

【337】具有 NP

【342-1】决不 VP

【380】每当 X 时

【438】全面 VP

【448】人称 NP

【494】甚至于 X

【562】V（X）为 Y

【571】为了 X 而 Y

【609】系统 V

【689】以 NP 自居

【726】有 N 于

【727】有 V 于

【732】X 于

【760】再 A 也 X

【762】在 X（的）程度上

【763】在 X 方面

【764】在 X（的）基础上

【765】在 X 看来

【790】直至 X

3. 习用语条目

【044-2】接连不断

【073-2】步调一致

【090-3】除此以外

【090-4】除此之外

【305-2】接二连三

【307-2】截然不同

4. 篇章关联条目

【034】并

    X，并 Y

【036】并且

    X，并且 Y

    不仅 X，并且 Y

    不但 X，并且 Y

【039】不但

    不但 X，而且 Y

    不但 X，并且 Y

    不但 X，也 Y

    不但 X，还 Y

【048-1】不过

    X，不过 Y

【051-1】不仅

    不仅 X，而且 Y

    不仅 X，连 Y

    不仅 X，还 Y

    不仅 X，都 Y

    不仅 X，也 Y

【071】不在（于）X，而在（于）Y

【095】此外

    X，此外 Y

【100】从而

    X，从而 Y

    由于 X，从而 Y

    因为 X，从而 Y

【120-1】但

    X，但 Y

虽然 X，但 Y

即使 X，但 Y

纵然 X，但 Y

就算 X，但 Y

【145】而且

    不但 X，而且 Y

    不仅 X，而且 Y

    不光 X，而且 Y

    不单 X，而且 Y

    不独 X，而且 Y

【244-1】或

    X 或 Y

    或 X，或 Y

【244-3】或

    X 或 Y

【268】即使

    即使 X，也 Y

    即使 X，还 Y

【280】假如

    假如 X，Y

    假如 X，就 Y

【312-1】尽管

    尽管 X，但（是）Y

    尽管 X，可（是）Y

    尽管 X，却 Y

    尽管 X，然而 Y

    尽管 X，而 Y

    尽管 X，仍（然）Y

    尽管 X，还是 Y

【396-1】那么

　　X，那么 Y

【445】然而

　　X，然而 Y

【459】如

　　如 X，就 Y

　　如 X，则 Y

　　如 X，便 Y

【462】如果

　　如果 X，就 Y

　　X，如果 Y

【468-1】若

　　若 X，就 Y

　　若 X，便 Y

　　若 X，则 Y

【493】甚至

　　甚至 X，也 Y

　　甚至 X，都 Y

　　X，甚至 Y

【513】首先 X，然后 Y

【528】虽

　　虽 X，Y

　　虽 X，但（是）Y

　　虽 X，可（是）Y

　　虽 X，却 Y

【529】虽然

　　虽然 X，但（是）Y

　　虽然 X，可（是）Y

　　X，虽然 Y

【538-1】所以

　　因为 X，所以 Y

　　由于 X，所以 Y

　　X，所以 Y

【550-1】同时

　　X，同时 Y

【590】无论

　　无论 X，也 Y

　　无论 X，都 Y

【699】因此

　　X，因此 Y

　　由于 X，因此 Y

【702-2】因为

　　因为 X，所以 Y

　　因为 X，便 Y

　　因为 X，故 Y

　　因为 X，因而 Y

【733】于是

　　X，于是 Y

【792】只有 X，才 Y

【821-1】自

　　自 X（起），Y

　　自 X 以后，Y

　　自 X 以来，Y

【828-1】总之

　　X，总之 Y

二、难易度等级：★★

1. 单词条目

【001-2】按

【006】按照

【007】暗自

【015】倍加

【016-1】本

【016-2】本

【017】本着

【019-1】彼

【019-2】彼

【020】笔

【021-2】必

【028-4】便

【028-5】便

【035】并非

【038】不曾

【040】不得

【047】不妨

【054】不料

【055-1】不免

【055-2】不免

【056-1】不容

【057-1】不胜

【059】不时

【068】不屑（于）

【069】不宜

【072】不致

【074】步伐

【075】部署

【076】曾

【077】彻夜

【080】诚然

【081-1】诚如

【083】承蒙

【088-1】踌躇

【088-2】踌躇

【090-2】除（了）

【092-2】处处

【098】从不

【106】从未

【108-1】大抵

【108-2】大抵

【110】大举

【111】大力

【113】大体（上）

【114】大为

【118】待到

【119】单单

【121】但凡

【122】诞生

【124】当即

【129】鼎力

【131】定然

【137】顿然

【138】顿时

【139-2】多半

【140-2】多么

【141-1】而

【141-2】而

【141-3】而

【141-4】而

【143】而后

【152-1】二

【155-1】番

【155-2】番

【155-3】番

【158】反

【159-1】反之

【159-2】反之

【160】犯

【161-3】方

【163-1】仿佛

【172-1】分别

【172-2】分别

【172-4】分别

【173】分明

【174-2】纷纷

【175】分外

【176】奋力

【178】否则

【179-1】腐败

【179-2】腐败

【180】腐朽

【183】该

【188】格外

【191】给以

【193】根本

【197】更为

【198】公然

【201】固

【202】固然

【203-1】故

【205】顾

【207】关头

【209】管制

【212】果

【213-2】果然

【218-1】好似

【218-2】好似

【220-2】何

【221】何必

【222】何曾

【224】何等

【225】何妨

【226-1】何况

【226-2】何况

【227】何其

【228】何须

【229-1】何以

【229-2】何以

【230-1】和

【230-2】和

【231】很是

【233】宏大

【234】忽

【236】忽而

【239】互

【242】缓缓

【244-2】或

【244-4】或

【246】或许

【248-1】或者

【248-2】或者

【248-3】或者

【248-4】或者

【250-2】几乎

【251】基于

【254】及早

【255】及至

【257】极

【258】极度

【259】极力

【260】极其

【261】极为

【262-1】即

【262-3】即

【263-1】即便

【265】即刻

【267】即若

【269】亟

【270】急急

【272】几时

【274-1】计

【275-2】既

【275-3】既

【277】继而

【279-1】加以

【279-2】加以

【281】假若

【282】假设

【283】假使

【289】间或

【296-1】鉴于

【296-2】鉴于

【299】将要

【302】较为

【306-1】接着

【306-2】接着

【308】竭力

【309】借以

【313-2】尽管

【314-1】谨

【314-2】谨

【316】尽情

【317】进而

【322】径直

【325-1】迥异

【327-1】究竟

【327-2】究竟

【329】久久

【330-3】就

【330-4】就

【331】就此

【333-1】居

【338】俱

【339-1】据

【339-2】据

【347-2】绝

【348-1】均

【348-2】均

【350-2】堪

【353】刻意

【356】况且

【357】历程

【358】历来

【360】立即

【362】隶属（于）

【363】连连

【364】连同

【365】连续

【368】陆续

【369-1】屡

【372】屡屡

【373-1】略

【375】略微

【376】落实

【377】贸然

【379】枚

【381】每每

【383】猛然

【384】弥

【386-1】莫

【386-2】莫

【389】莫非

【393】默默

【396-2】那么

【397-1】乃

【398】乃至

【400】难免

【401】难以

【403】拟

【406-1】偶尔

【406-2】偶尔

【408】庞大

【409-1】譬如

【409-2】譬如

【416】颇为

【418】岂

【421-1】迄

【422】恰

【423】恰好

【424-1】恰恰

【424-2】恰恰

【427】悄然

【428-1】且

【428-2】且

【428-3】且

【429】切

【431-1】切实

【433】顷刻

【435】趋于

【441】确

【444-1】然

【446】然则

【450-1】任凭

【450-2】任凭

【450-3】任凭

【453】日

【454】日渐

【455】日趋

【456】日益

【463】如何

【464】如期

【465】如若

【469】若非

【470】若干

【472】若是

【474】霎时

【475】善加

【478-2】尚

【478-3】尚

【479】尚且

【481】稍许

【482】设

【485】涉足

【486】谁知

【489】甚

【495-1】胜

【500】时而

【501-1】时时

【501-2】时时

【507】势必

【508-2】是

【516-1】殊不知

【516-2】殊不知

【517】倏地

【520】树

【521】率先

【522】丝毫

【523-2】似乎

【525】诉诸

【526】素

【527】素来

【531】随

【532】随后

【533】随即

【534-2】随着

【535】遂

【536-2】所

【536-3】所

【536-4】所

【537-1】所谓

【537-2】所谓

【538-2】所以

【539】所在

【540】索性

【541】他

【545】倘若

【546】倘使

【547】特此

【549-1】同

【549-2】同

【549-3】同

【549-4】同

【552-1】徒

【552-2】徒

【553-1】徒然

【553-2】徒然

【554】妥善

【555】万分

【558】为²

【564-1】围绕

【565】唯

【566】唯独

【573】为着

【574-1】未

【574-2】未

【576】未必

【577】未曾

【578-1】未尝

【578-2】未尝

【579】未免

【584】无不

【585】无从

【587】无非

【593-1】无所谓

【593-2】无所谓

【594-1】无暇

【595】无须（乎）

【596-1】无疑

【596-2】无疑

【601】勿

【602】务必

【605】悉心

【607】洗雪

【608-1】系

【608-2】系

【608-3】系

【611】现

【613-1】相

【613-2】相

【614-1】相当

【614-2】相当

【614-3】相当

【616】相继

【617】想来

【619】向来

【620-1】向着

【620-2】向着

【622】幸（而）

【623】幸亏

【624】幸免

【625】幸喜

【626】须

【627】需

【628】徐徐

【631-1】沿

【631-2】沿

【632】沿着

【633-3】俨然

【638】一般

【641-2】一旦

【642-1】一定

【642-2】一定

【643】一度

【645】一概

【646】一贯

【648】一经

【649】一径

【650】一举

【652】一律

【654-1】一齐

【654-2】一齐

【657】一同

【658】一味

【660-2】一向

【661】一一

【662】一再

【664】依

【665】依次

【666】依旧

【667】依然

【668-1】依稀

【669】依照

【671】已

【672】已然

【673-1】以

【673-2】以

【673-3】以

【673-4】以

【673-5】以

【674】以便

【675】以后

【679】以免

【680】以内

【681】以期

【682】以前

【683】以外

【687-1】以至（于）

【687-2】以至（于）

【688】以致

【693】益

【694】益发

【696】意味着

【697】毅然

【698-1】因

【698-2】因

【698-3】因

【700】因而

【704】因之

【705】应

【708】永

【711-1】攸关

【711-2】攸关

【713】尤为

【714-1】由

【714-2】由

【714-3】由

【714-4】由

【714-5】由

【714-6】由

【714-7】由

【715】由此

【718-1】由于

【718-2】由于

【719-1】犹

【719-2】犹

【719-3】犹

【730】囿于

【731-1】于

【731-2】于

【731-3】于

【731-4】于

【731-5】于

【731-6】于

【735】逾越

【739】与其

【742】予

【743】予以

【744】预先

【745】愈

【746】愈发

【747】愈加

【751-1】远

【751-2】远

【751-3】远

【753-1】约略

【753-2】约略

【754-1】越发

【754-2】越发

【754-3】越发

【756-4】再

【758】再度

【759-1】再三

【761】再则

【767】暂

【768】暂且

【770】早已

【771-1】则

【776】正是

【778-1】之

【778-2】之

【782】之后

【783】之间

【784】之内

【785】之前

【786】之所以

【788】之至

【789】之中

【794-1】至

【794-2】至

【797-1】至于

【797-2】至于

【798-1】致

【798-2】致

【802】终归

【803】终将

【805】终究

【807】骤然

【808-2】诸

【809】诸多

【811】诸位

【812】逐

【817】专程

【818】着实

【819-1】着意

【824】自身

【825-1】自行

【825-2】自行

【827】总而言之

【828-2】总之

【829】纵然

【830】纵使

【831】足以

【832】最为

【834】遵照

【835-3】作为

2. 格式条目

【008】把 X 视为 Y

【025】必 X 无疑

【033-1】别无 X

【042】X 不等

【058】V 不胜 V

【078】称（X）为 Y

【082】诚如 X 所言

【085】程度副词 + 之 + 形容词 / 心理动词

【096】NP 次之

【103】从 NP V 起

【104】从 X 起

【126】得以 VP

【142】VP 而不得

【146-1】X 而言

【147-1】X 而言之

【149】V_1 而 V_2 之

【150-1】X 而 X / Y 之

【164-1】非 X 不 Y

【164-2】非 X 不 Y

【165】非 X 非 Y

【167】非 X 所 Y

【182】赋予 NP

【186】敢于 VP

【192】给 NP_1 以 NP_2

【194】跟 X 似的

【206】关乎 NP

【211】贯注于 / 在 X 上

【216】毫不 V / A

【217】毫无 NP

【219】合乎 NP

【232】很有 NP

【238】忽 X 忽 Y

【241】化 X 为 Y

【253】V 及

【256】汲取 NP

【278】继 X 之后

【285】兼 X

【286】NP₁ 兼 NP₂

【294】渐 V 渐 A

【320-1】经 X

【332】就 X 而言 / 来说

【382】每一 X

【410】VP 片刻

【414】凭借 NP

【420】起源于 NP

【434】区区 NP

【460】A 如 N

【467】如 X 所 V

【473】若 X 若 Y

【502】时 X 时 Y

【514】受制于 NP

【524】似 X 非 X

【561】V 为 N

【563】为 / 被 NP（所）V

【569】为（了 / 着）X 而 Y

【572】为（了）X 起见

【583】无 X

【589】无可 VP

【597】无异于 X

【598】无 X 之分

【610】显著 V

【612】现 VP₁ 现 VP₂

【615】相对 X 而言 / 来说

【635】X 也似的

【647】一 X 即 Y

【656】一时 X 一时 Y

【670】依 N 之见

【684-1】以 X 为 Y

【684-2】以 X 为 Y

【685】以 X 为例

【686】以 X 之名

【701】因 X 而 Y

【703】因为 X 的缘故

【707】应 X

【709】用以 X

【710】用于 X

【716-1】由 X 而 Y

【716-2】由 X 而 Y

【717】由 X 到 Y

【721】有待（于）VP

【724】有所 V

【737-1】与此 X

【740】与 X 相 Y

【741】与 X 相比

【766】在 X 之际

【772】乍 X 乍 Y

【773】招致 NP

【775】正如 NP 所 V

【777】正值 X

【779】X 之 N

【780】X 之 VP

【781】X 之处

【791】值（此）X 之际

【793】旨在 X

【810】诸如 X

【826】自 X 至 Y

3. 习用语条目

【013-2】有悖于此

【033-2】别无选择

【081-2】诚如此言

【088-3】踌躇不决

【088-4】踌躇满志

【116-2】百战不殆

【146-2】相对而言

【146-3】一般而言

【147-2】简而言之

【147-3】广而言之

【150-2】久而久之

【150-3】避而远之

【150-4】广而告之

【152-2】不二之选

【185-2】一概言之

【274-2】不计后果

【274-3】不计成本

【325-2】风格迥异

【336-2】巨大无比

【342-2】决不姑息

【421-2】迄今为止

【425-2】考虑欠周

【425-3】思虑欠周

【431-2】切实可行

【477-2】有待商榷

【488-3】深入人心

【503-2】实属不易

【505-2】日趋式微

【505-3】日渐式微

【515-2】殊不料

【536-5】所见所闻

【536-6】所思所想

【586-2】但说无妨

【594-2】无暇顾及

【594-3】无暇过问

【596-3】确凿无疑

【630-1】换言之

【668-2】依稀可见

【711-3】生死攸关

【734-2】年逾古稀

【737-2】与此同时

【759-2】考虑再三

【774-2】浅尝辄止

4. 篇章关联条目

【054】不料

　　　X，不料 Y

【060-1】不是 X，便是 Y

【121】但凡

　　　但凡 X，Y

　　　但凡 X，都 Y

　　　但凡 X，就 Y

【140-2】多么

　　无论 X（有）多么 Y，也 Z

　　无论 X（有）多么 Y，都 Z

　　不论 X（有）多么 Y，也 Z

　　不论 X（有）多么 Y，都 Z

　　不管 X（有）多么 Y，也 Z

　　不管 X（有）多么 Y，都 Z

【141-1】而

　　X，而 Y

【141-3】而

　　X，而 Y

【141-4】而

　　X 而 Y

　　为 X 而 Y

　　为了 X 而 Y

　　为着 X 而 Y

　　因为 X 而 Y

　　由于 X 而 Y

　　通过 X 而 Y

　　随 X 而 Y

　　依 X 而 Y

　　因 X 而 Y

　　就 X 而 Y

　　对 X 而 Y

【159-1】反之

　　X，反之 Y

【159-2】反之

　　X，反之，Y

　　X，反之亦然

　　X，反之也一样

【178】否则

　　X，否则 Y

　　幸亏 X，否则 Y

　　除非 X，否则 Y

　　宁可 X，否则 Y

【202】固然

　　固然 X，但 Y

　　固然 X，但是 Y

　　固然 X，然而 Y

　　固然 X，却 Y

　　固然 X，可是 Y

　　固然 X，也 Y

　　固然 X，还是 Y

　　固然 X，更 Y

　　固然 X，而且 Y

　　固然 X，又 Y

【203-1】故

　　X，故 Y

【212】果

　　果（能）X，就 Y

【213-2】果然

　　果然 X，那 Y

　　果然 X，那么 Y

【226-1】何况

　　X，何况 Y

　　X 都，何况 Y

　　连 X 都，何况 Y

　　尚且 X，何况 Y

　　连 X 也，何况 Y

【226-2】何况

　　X，何况 Y

【237】忽而 X，忽而 Y

【244-2】或

　　或 X，或 Y（，或 Z）

【248-2】或者

　　X，或者 Y

【255】及至

　　及至 X，才 Y

　　及至 X，还 Y

　　X，及至 Y

【263-1】即便

　　即便 X（，）也 Y

　　即便 X，还 Y

【267】即若

　　X，即若 Y

　　即若 X，Y

　　即若 X，也 Y

【275-3】既

　　既 X，也 Y

　　既 X，就 Y

　　既 X，则 Y

　　既 X，又 Y

　　既 X，还 Y

【279-2】加以

　　X，加以 Y

【281】假若

　　假若 X，Y

　　假若 X，一定 Y

　　假若 X，就 Y

【282】假设

　　假设 X，Y

　　假设 X，就 Y

【283】假使

　　假使 X，Y

　　假使 X，那 Y

【296-2】鉴于

　　鉴于 X，Y

【309】借以

　　X，借以 Y

【317】进而

　　X，进而 Y

【356】况且

　　X，况且 Y

【398】乃至

　　X，乃至（于）Y

【409-1】譬如

　　X，譬如 Y

【409-2】譬如

　　X，譬如 Y

【428-2】且

　　不但 X，且 Y

　　X，且 Y

【428-3】且

　　且 X，Y

【446】然则

　　X，然则 Y

【450-2】任凭

任凭 X（, ）Y

【450-3】任凭

任凭 X，Y

【465】如若

如若 X，则 Y

如若 X，Y

【469】若非

若非 X，Y

【472】若是

若是 X，Y

若是 X，就 Y

【478-3】尚

尚 X，（更）何况 Y

尚 X，Y

【479】尚且

尚且 X，（更）何况 Y

尚且 X，而况 Y

尚且 X，哪里 Y

尚且 X，当然 Y

尚且 X，难道 Y

【482】设

设 X，则 Y

设 X，亦 Y

设 X，Y

【486】谁知

X，谁知 Y

【510】是 X，还是 Y

【512】首先 X，其次 Y

【538-2】所以

所以 X，是因为 Y

【545】倘若

倘若 X，就 Y

倘若 X，便 Y

倘若 X，Y

X，倘若 Y

【546】倘使

倘使 X，就 Y

倘使 X，Y

【634】要是 X，（就）Y，否则 Z

【639】一边 X，一边 Y

【641-2】一旦

一旦 X 就 Y

【644】一方面 X，一方面 Y

【648】一经

一经 X，就 Y

一经 X，便 Y

一经 X，应 Y

【653】一面 X，一面 Y

【663】一则 X，二则 Y

【674】以便

X，以便 Y

【679】以免

要 X，以免 Y

应 X，以免 Y

X，以免 Y

【681】以期

X，以期 Y

【687-2】以至（于）

　　X，以至（于）

【688】以致

　　由于 X，以致 Y

　　X，以致 Y

【698-1】因

　　因 X，故 Y

　　因 X，所以 Y

　　因 X，Y

【700】因而

　　因为 X，因而 Y

　　由于 X，因而 Y

　　X，因而 Y

【704】因之

　　X，因之 Y

【715】由此

　　X，由此 Y

【718-1】由于

　　由于 X，因此 Y

　　由于 X，所以 Y

　　由于 X，因而 Y

【739】与其

　　与其 X，不如 Y

　　与其 X，毋宁 Y

【761】再则

　　X，再则 Y

　　一则 X，再则 Y

【771-1】则

　　X，（主语）则 Y

　　X 则 Y

【786】之所以

　　之所以 X，Y

　　之所以 X，是因为 Y

【829】纵然

　　纵然 X，Y

【830】纵使

　　纵使 X，Y

三、难易度等级：★★★

1. 单词条目

【001-1】按

【009】罢了

【010】白

【011-1】败

【011-2】败

【011-3】败

【012】报

【013-1】悖

【018-1】逼

【018-2】逼

【018-3】逼

【018-4】逼

【023】必将

【027-1】裨

【029】便了

【031】彪炳

【032】别

【043】不独

【048-3】不过

【049-1】不及

【049-2】不及

【052-1】不堪

【052-2】不堪

【053】不愧

【057-2】不胜

【062】不特

【063】不外（乎）

【064】不惟

【065-1】不谓

【065-2】不谓

【066】不无

【067-1】不消

【084】乘

【091】除却

【109】大凡

【112】大肆

【116-1】殆

【117】待

【132】动辄

【134】断（乎）

【135-1】断然

【135-2】断然

【144】而况

【151】尔后

【153】发凡

【156-2】凡

【161-1】方

【161-2】方

【161-4】方

【162-1】方才

【162-2】方才

【163-3】仿佛

【168】非特

【169】非徒

【171】匪

【184-1】盖

【184-2】盖

【185-1】概

【189】个中

【190】各各

【196】更其

【199】姑

【200】姑且

【203-2】故

【204】故而

【220-1】何

【223】何尝

【235】忽地

【243】遑论

【247】或则

【249】几

【252-2】及

【262-2】即

【262-4】即

【262-5】即

【263-2】即便

【266】即令

【276】既而

【287】兼及

【292】渐次

【297-2】将

【297-5】将

【298】将次

【300】交加

【304】皆

【307-1】截然

【313】尽先

【321】径

【323】径自

【326】究

【334】居间

【335】举凡

【343-1】决计

【343-2】决计

【344】决绝

【345-1】决然

【345-2】决然

【346】决意

【350-1】堪

【352-1】可谓

【354】恐

【355】况

【359】历历

【371】屡次

【374】略略

【386-3】莫

【387】莫不

【388】莫大

【390】莫如／莫若

【391】蓦地

【392】蓦然

【394】默然

【396-3】那么

【397-2】乃

【397-3】乃

【397-4】乃

【402-2】能够

【402-3】能够

【404】宁

【405】偶

【407】偶或

【412】平素

【419】岂但

【430】切切

【436】权

【437】权且

【442】确乎

【444-2】然

【449-2】任

【449-3】任

【457-1】容

【458】容或

【466-1】如是

【471】若何

【477-1】商榷

【483】设若

【484】设使

【490】甚而

【491】甚或

【492】甚且

【495-2】胜

【503-1】实

【506】势

【508-1】是

【515-1】殊

【518】倏忽

【519】倏然

【530】虽则

【542】倘

【543】倘或

【544】倘如

【567】唯其

【568】委实

【575-1】未艾

【580】未始

【586-1】无妨

【588】无怪（乎）

【591】无任

【592】无如

【599】毋宁

【600】毋庸

【603-1】悉

【604】悉数

【606】惜败

【621】行将

【629】旋即

【633-1】俨然

【633-2】俨然

【637】业已

【651】一例

【655】一任

【660-1】一向

【677】以降

【690-1】矣

【690-2】矣

【691-1】亦

【691-2】亦

【692】抑（或）

【695】翌

【749】愈益

【755】云云

【771-2】则

【771-3】则

【771-4】则

【771-5】则

【774-1】辄

【801】终古

【804】终竟

【808-1】诸

【819-2】着意

【820-1】兹

【820-2】兹

【820-3】兹

2. 格式条目

【045】不 V_1 而 V_2

【154】发源于 NP

【181】付诸 X

【303】较之于 X

【328】究其 NP

【370】屡 V 不 A / V

【413】凭 N VP

【496】失之 X

【505-1】N 式微

【720】有裨于 X

【723】有失 X

【729】有 X 之别

【734-1】逾 N

【738】X 与否

【748】愈来愈 X

【750】愈 X（，）愈 Y

3. 习用语条目

【027-2】无裨于事

【027-3】大有裨益

【056-2】不容置喙

【067-2】不消说

【352-2】真可谓是

【369-2】屡败屡战

【369-3】屡战屡败

【373-2】略知一二

【466-2】不外如是

【503-3】实非所宜

【575-2】方兴未艾

【603-2】悉听尊便

【630-2】简言之

【630-3】概言之

4. 篇章关联条目

【043】不独

　　　不独 X，而且 Y

　　　不独 X，也 Y

　　　不独 X，又 Y

【060-2】不是 X，便是 Y

【061】不是 X，而是 Y

【062】不特

　　　不特 X，且 Y

　　　不特 X，并且 Y

【064】不惟

　　　不惟 X，反而 Y

　　　不惟 X，也 Y

【065-1】不谓

　　　X，不谓 Y

【094】X，此后 Y

【144】而况

　　　X，而况 Y

【168】非特

　　　X，非特 Y

　　　非特 X，Y

【169】非徒

　　　非徒 X，反而 Y

　　　非徒 X，而且 Y

【170】非 X（，）则 Y

【184-2】盖

　　X，盖 Y

【204】故而

　　X，故而 Y

　　因为 X，故而 Y

【243】遑论

　　X，遑论 Y

　　连 X，遑论 Y

【245】或是 X，或是 Y

【247】或则

　　X，或则 Y

【262-2】即

　　即 X，也 Y

　　即 X，亦 Y

【263-2】即便

　　即便 X，也 Y

　　即便 X，都 Y

【266】即令

　　X，即令 Y

　　即令 X，也 Y

　　即令 X，又 Y

【355】况

　　X，况 Y

【390】莫如 / 莫若

　　X，莫如 / 莫若 Y

【397-4】乃

　　X，乃 Y

【419】岂但

　　岂但 X，Y

　　X，岂但 Y

【444-2】然

　　X，然 Y

【449-2】任

　　任 X（，）Y

【449-3】任

　　任 X，Y

【483】设若

　　设若 X，则 Y

　　设若 X，就 Y

　　设若 X，便 Y

　　设若 X，Y

【484】设使

　　设使 X，则 Y

　　设使 X，Y

【490】甚而

　　X，甚而 Y

【491】甚或

　　X，甚或 Y

【492】甚且

　　X，甚且 Y

【530】虽则

　　虽则 X，但（是）Y

　　虽则 X，却 Y

　　虽则 X，Y

【542】倘

　　倘 X，则 Y

　　倘 X，就 Y

　　倘 X，便 Y

【543】倘或

　　倘或 X，就 Y

　　倘或 X，Y

【544】倘如

　　倘如 X，就 Y

　　倘如 X，倘 Y

【567】唯其

　　唯其 X，（所以）Y

【599】毋宁

　　（与其）X，毋宁 Y

（与其说）X，毋宁说 Y

【692】抑（或）

　　无论 X，抑（或）Y

　　不管 X，抑（或）Y

　　X，抑（或）Y

【771-2】则

　　X 则 X，Y

【771-3】则

　　既然 X，则 Y

附录三：书面语语法形式总体特征

1. 由不同语言系统的成分糅合而成

从构成成分的来源看，现代汉语书面语由汉语标准语（普通话）的口语成分、不同时期的汉语文言成分、不同地域的汉语方言成分、欧化的书面语成分等积淀、混合而成。朱德熙（1987）指出，现代书面汉语包含许多不同的层次，稳定性和均匀性远不如北京口语。胡明扬（1993）也认为现代汉语书面语由不同语言系统的成分糅合而成，还不是一种高度规范化的书面语。下面分别举例说明：

现代汉语书面语包含文言成分。例如，意动结构"以 X 为 Y"即属于一种具有高系统融合度的文言语法构造，表达"认定"某一事件主体的意识活动，相当于现代汉语的"把 X 作为 / 当作 Y"或"认为 X"。该结构可以分化出变化义，如"以丑为美"；也可以分化出比较义，如"以安定为好"；还可以分化出等同义，如"以汇出日为缴费日"。此外，还可以构成"以人为本""以苦为乐"等具有文言色彩的四字格式。

现代汉语书面语包含方言成分。例如，与"看一看""去天津""喜欢不喜欢？""吃不吃橘子？"平行的结构"看一下儿""到天津去""喜不喜欢？""吃橘子不？"在书面语中已经普遍使用，它们属于方言成分进入现代汉语书面语的情况，且已规范化。

现代汉语书面语包含欧化书面语成分。例如，由动词性成分做中心语的定中结构"在 N 的 V（之）下"，就是五四运动时期通过翻译产生的欧化语法现象。这种用法也已经进入现代汉语书面语中，例如"在他的领导之下""在我的要求下""在帝国主义的直接威胁之下"均表示事件的条件或伴随情况，多做状语或补语，常见于政论语体。

2. 极少使用句末语气词和句中语气词

对于书面语和口语的区分，可以从句子的"实时交互性"加以考察。根据齐沪扬、邵洪亮（2020）的考察，语言表达中的交互语气和实时交际功能可以区分交流性语言与非交流性语言，交流性语言的基本表述单位是交流句，而语气词是交流句的一种显性形式标记。

带有句末语气词的句子如："你们的项目进行得怎么样了？""辛苦了！""我终于想起来了啊！"带有句中语气词的句子如："其实吧，我也就是个一般人。""所以呀，他看到你就特兴奋。""要我说啊，也不欠谁的。""他整天都在打游戏，别的事呢，全没兴趣。"由此观之，这些带句末语气词或句中语气词的句子都体现出较强的实时交互性和现时相关性，均属于典型的交流句，常用于口语语体当中。而现代汉语书面语多使用非交流句，因而极少使用句末语气词和句中语气词。但有时有些报道文学性较浓，为了提高受者的参与度、引发共鸣或引起注意，也会穿插使用一些交流句以增强表达效果，例如："一转眼四年过去了，现在这两个村子怎么样了呢？"

3. 极少使用祈使句、感叹句和疑问句

齐沪扬、邵洪亮（2020）认为，判断一个句子是否为交流句是以交互语气、实时交际功能为主，语气词只是体现语气和功能的一种形式标记。对于形式标记不显现的句子，在语境中则可以通过是否具有"实时交互性"来判断其交流句属性。

从句子的语气和功能来看，祈使句、疑问句、感叹句均属于交流句，而陈述句则有可能是交流句，也有可能是非交流句。祈使句和疑问句都要求受者做出相应的反馈，因此它们属于交流句不难理解。至于将感叹句也看作一种交流句，理由如下：一是感叹句事实上并不是一个与陈述、祈使、疑问并立的类，陈述句、疑问句、祈使句只要加重、突显某种语气，都可以看作感叹句，即陈述句、疑问句、祈使句都可以转化成感叹句。比如，"儿子刚把电视机屏打碎啦！"既是陈述又是感叹，"他怎么这么傻啊？"既是疑问又是感叹，"你可千万别做傻事呀！"既是祈使也是感叹。二是言者使用感叹句时具有强烈的交互意愿，也往往在句末加上语气词"啊"及其各类变体形式。三是感叹句基本上出现在口语语体中，在最为典型的书面语体（如政论文、科技论文）中极少出现。就陈述句是否为交流

句这一问题，主要与言者的交际目的以及实时交互性有关，但不管怎样，陈述句对实时交互的要求并不显现，在典型的书面语中多使用陈述句以偏重叙事，这是不争的事实。

尽管祈使句、疑问句、感叹句均属于交流句，但在书面语中有时为了增加某种表达效果，拉近与读者的距离，也会出现使用交流句以模拟交流性语言的特征这种情况。

4. 极少使用无主句、独词句、紧缩句

现代汉语书面语极少出现无主句、独词句、紧缩句。根据刘月华、潘文娱、故韡（2019）的定义，无主句是指没有主语的句子。无主句不同于主谓句中省略主语或者隐含主语的句子，它的主语往往是不确定的、无法补足的，如："上课了！"或者根本无法补充出主语，如："下雨了。"不完全主谓句一旦离开了上下文或一定的语言环境，就无法表达完整清晰的意思。而无主句即使没有上下文或特定的语境，一般来说其要表达的意思也是完整而明确的。其主要作用是描述动作实时发生或变化的情况，并传达这一情况，不同于书面语侧重对动作涉及的对象、过程的完整记录。因此，这类句子只会在以对话传达信息的口语中使用，书面语中除了文学作品，像政论文、议论文等是不使用这类句型的。

独词句是只有一个词构成的句子。主要有以下四种：第一类是用叹词表示应答、感叹疑问而单独成句的，如"嗬！""唉！""啊？"；第二类是用一个名词表示意外、惊讶等情绪的，如"蛇！""飞机！"；第三类是呼语单独成句的，如"老李！""同学们！"；最后一种是用一个词表示一个要求的，如"碗！""票！"。这些话语在结构上极为简约，仅有一个词或者短语，大量存在于实际用语中，作为日常交流的有效载体来传情达意。而书面语要求句子成分完整，其语义可通过句子成分的组合表现出来，因此，这类句子结构不完整、高度依赖实时交互语境的独词句是极少出现在正式语体的书面语当中的。

紧缩句短小凝练、言简意赅，符合汉语注重"意合"的特点，一般中间没有语音停顿，有内部逻辑语义关系，其内部关系丰富，可以分为联合类和偏正类。但是紧缩句在具体语境中的意义识解往往不受限于句法形式，存在两者不相匹配、不相称的情况，即对紧缩句意的识解十分依赖实时语境。比如"生病了还要去上班"可以理解为"就算生病了，某人还要去上班"的让步关系，也可以理解为"虽然生病了，但某人还要去上班"的转折关系。这是我们可以根据语用经

验得出的逻辑关系，但是这一句子还有另一层非逻辑关系的意义，这一意义取决于语境中听话人对说话人的意图的识别。如果说话人是对"去上班"这一行为实施者的称赞或者对"生病了还要去上班"这一要求的不满，那么这个句子所要表达的意义则是"某人颇具事业心"或者"这一要求不人性化"，由于这两种现象的复杂性，表达上相对规范严谨的书面语很少使用紧缩句。

5. 极少使用变式句

现代汉语书面语极少使用变式句。变式句指在交际中出于修辞或语用上的需要，故意减省了句法成分或调换成分位置的句型，主要包括省略句和倒装句两种类型。省略句是指在一定的语境里，为了语言的经济原则，说话时往往会省去句中某个句法成分，即省去已知信息的成分。如果离开了这样的语境，意思就不清楚，必须填补一定的词语才行。如："——他去哪儿了？——去菜市场了。（省略主语）"因此，省略句的使用是与现实语境密切联系在一起的，多用于口语之中，在书面语表达中，多用代词来替代上文已知成分以保证结构和语义的完整性。

倒装句的形成则深受说话者主观表达意图的影响，主要有主谓易位、宾语前移、定语前后移、状语前后移等类型。倒装句是一种打破常规的模式，将句子的一部分位移，以反常规的方式引起人的注意进而达到说话人主观强调的目的，如："怎么了，你？"更多表达了说话人对听话人状态的关注、强调，所以本该在句首的主语"你"放到了谓语的后面，形成了倒装。"昨天碰到他了，在学校。"主要强调的是事件而非发生的地点，因此产生了状语后移的现象。

由此可见，这些变式句常用于日常会话，具有即时性，承载对话双方的交流信息和信息重点；而这些变式句在非交流性语言中是不适宜出现的，所以现代汉语书面语中极少使用"挺好的，最近？""买东西了吗，你？"这类变式句。

6. 极少使用话语标记

现代汉语书面语极少使用"说真的""你别说""对了""你看""是吧""好吗""我怕""你不知道""真是的""不瞒你说""这个""那个"等话语标记。这些话语标记多数是没有实质性语义的插入语，在谈话过程中可明确上下文联系，使言者的主观意图得到注意，形成有效表现，具有确立话题、增强评注功能等作用。根据曹秀玲（2016）对话语标记的定义，话语标记是元话语的一种表现形式，是人们口语交际中的常见现象，传递的并非话语的语义内容，而是为话语理解提供信息标记，从而对话语理解起引导作用的程序性意义。因此，话语标记绝大多数出现在具有实时交互性的口语对话中，并且在句中的位置灵活，独立性强，不与任何相邻成分构成语法单位，在言谈过程中伴随说话人的停顿和调值，口语色彩鲜明。

相较于口语语体，除了文学作品中会为了拉近与读者的距离或者增强文本真实性而在人物对话中使用话语标记，在其他类型的书面语体中，这种形式则极少出现。书面语更重视句子语序和各成分之间的联系，追求结构完整、逻辑严密。语体色彩往往是庄重严肃、文质彬彬的。因此，极具口语风格的话语标记极少出现在现代汉语书面语中。

7. 较少使用重叠形式

在现代汉语书面语中，动词、形容词极少使用重叠形式。现代汉语中具有口语色彩的动词大多可重叠使用，而具有书面语色彩的动词往往不太能重叠使用。李敬国（1996）指出："一般能重叠的动词多用于口语中，那些常用于书面语或较正式文体中的词多不能重叠。"如："晚上他常和同学下下棋，看看球赛什么的，很少学习。""＊晚上他常和同学对对弈，看看球赛什么的，很少学习。"

冯胜利（2003）对书面语的特征进行分析时强调，"书面语"应严格限定在"书面正式语体"这个概念上。书面语不指书面上写的一切东西，而是"写下来的正式语体"。动词的重叠加长了词长，在节律上有了舒缓作用。因而，刘世亮（2011）指出，动词重叠式有尝试义、随便义，有时也表示动作的不确定性，和说话人的主观认识有了联系，表示出说话人对这一动作的非正式态度，往往具有轻松悠闲或者委婉的语气特点；而书面语不同于口语，它最大的特点就在于说话对象的不确知性。刘世亮（2011）认为，在写出、刊发文字时，不能不对其读者的范围大小和种类做尽量全面、合理的考虑，因而人们一般会选择一种普适性最强的中和语体。在客观上要让听者产生一种距离感，也正是通过保持一定的距离，说话者才能矜庄，听话者才能严肃，也只有这样才能凸现书面语的"正式"性。这就是书面语中极少使用重叠形式的重要原因。

同理，胡明扬（1993）指出，用作定语的形容词少数能够重叠，书面语色彩浓厚的形容词则不能重叠。如"＊伟伟大大""＊庄庄严严""＊薄薄弱弱"等都是无法接受的；而在口语中经常使用的形容词，不论是单音节的还是双音节的都

可以重叠，如"热热的""慢慢的""热热闹闹""高高兴兴""平平安安""普普
通通"。

8. 极少使用儿化的名词

现代汉语书面语极少使用"小孩儿""老头儿""花儿"等儿化的名词。"儿化"
是以北京话为代表的北方方言中的一种语言现象，词语后缀"儿"字，组成卷舌
韵母，例如"心眼儿""鞋带儿""烟卷儿"等。儿化后语言成分的理性意义不变，
但却增加或改变了附加意义，如"妞儿""宝儿"等增加了"小巧"义，派生出
"喜爱"义；再如"好玩儿""小曲儿""慢慢儿""跳绳儿"等具有浓郁的口语色
彩。因此，人们在表情达意时所产生的主观评价或理性评价往往通过儿化词表现
出来。总的来说，除了日常口语还有书面语中多用口语的作品（如小说、戏剧
等）会用儿化词外，书面语色彩越强的文章，儿化词就用得越少。

9. 大量使用形式动词

根据朱德熙（1985）对形式动词（文中称为"虚化动词"）的分析，形式动
词是指在书面语里出现的少数几个及物动词，如"进行""加以""予以""给予""给
以""予以""作"等，他指出这类词首先是在翻译文章里出现的，其原来的词汇
意义已经明显地弱化了，在某些句子里把它们去掉也不影响原句的意思。例如：
"他们花了整整一年时间（进行）调查。""对于这种损坏公物的行为应当（加以）
批评。"其主要的功能是放在双音节动词前边以适应句法和节奏上的要求，这种
句法构造来源于文言，在文言句法里，"行""加""予"前边必须跟一个单音副
词配合，形成双音节构造。

朱德熙（1985）还对形式动词所带的宾语进行了分类，指出在现代汉语里，
这类形式动词所带的宾语是表示动作的双音节词，符合这一要求的语法成分有
两类：一类是表示动作的纯名词，如"进行战争""进行口试"；一类是兼有名
词和动词双重性质的名动词（这类词在形式动词后体现的是名词性的一面），如
"进行农村调查""予以物质奖励"等。这两类词几乎全是产生历史比较短的书面
语双音节词，口语单音节里没有表示动作的纯名词，也没有名动词。因此，形式
动词大量出现在书面语当中。

10. 较多使用关联词语

朱晓琴（2014）指出，现代汉语书面语的复句中经常使用关联词语连接分句，关联词语是表达分句之间结构关系和语义关系的重要语法手段。口语是侧重实时交互性的，对话双方需要及时做出回应。因此，口语多以零句为主，并且句子较短，较少使用关联词；而书面语则侧重非实时交流，行文要求严谨规整，书写者往往有时间去组织语言，书面语多为整句且多复句，因此行文表达时往往需要大量关联词来显示语句之间的逻辑关系。比如下边例（1）中的"所以……，不是因为……，也不全为……，乃是因为……，一经……，就……，或者……，因而……，才……"这些关联词语，在书面语中十分常见：

（1）科学的所以用名词，不是因为好好儿的老牌名词不够时髦，必得改了洋装才够引人注意，也不全为科学要研究平常不知道有的东西跟不注意的事情而题新名词，乃是因为咱们平常所持的观念跟这所用的名词太含糊太不一致，一经细查就觉出来或者是没有这回事，或者它并不是一类事，因而不得不另造一些分析严密范围清楚的名词，才可以作散布跟推广正确知识的合用的工具。(赵元任《科学名词跟科学观念》,《科学画报》1934 年第 16 期)

就关联词语本身而言，也有书面语常用与口语常用之分，但在书面语中的关联词语的书面色彩会更浓，比如"尚且""何况""倘若""假使""然而""但是""却"等。

11. 形容词主要做定语而非谓语

胡明扬（1993）指出，就口语而言，形容词的主要语法功能是用作谓语，如"脸红红的""这条裤子长，那条裤子短"。非谓形容词应该说基本上是书面语现象。书面语不同于口语的一大特点就是大量使用修饰语，这样，形容词就广泛用作定语。

口语句子简短，很少使用修饰语，所以形容词用作定语的机会就少，不是其主要的语法功能。但是书面语的情况就不一样了，书面语不论是报刊论文，还是小说散文，形容词在其中广泛用作定语。同理，作者认为，书面语中多为整句且句子较长，说话人有时间从容加工，因为交际对象的不在场，所以会关注句子成分的完整度，形容词用作定语的机会比用作谓语的机会多很多，因此，形容语在书面语中的主要语法功能是做定语。例如：

（2）当成熟的水稻被割倒的时候，茎秆、草叶间的<u>新鲜</u>汁液会散发出这样的香气。（周华诚《旧月色，新稻香》，《文汇报》2021 年 12 月 21 日）

（3）土地上的谷物成熟又携带着阳光长久曝晒过后的<u>干燥又慵懒</u>的气息。（周华诚《旧月色，新稻香》，《文汇报》2021 年 12 月 21 日）

12. 存现句句首的处所词语前边可加介词"在"引进处所

存现句中表示处所或方位时，书面语与口语是不一样的。书面语存现句句首可以加"在"引进处所。朱德熙（1987）指出，存现句处所词前头加"在"是一种从翻译文字里逐渐传播开来的新兴句式，从历史上看，不带"在"的句式原来就有，而带"在"的是后起的。

胡明扬（1993）分析指出，这种形式的出现可能是一种欧化现象。他指出，在英语的习惯中，句中处所词语的前面往往都要使用介词，五四以来，在英语介词用法的影响下，在汉语书面语中，介词"在"用于存在句句首处所词语之前的现象慢慢多了起来，原本不用"在"的地方也用上了。例如：

（4）<u>在</u>桌子上有两个苹果。

（5）<u>在</u>岸边上的槐树下睡着一头大花狗。（赵树理《三里湾》，1955 年）

而在口语中像"墙上挂着一幅画"这样的存在句，句首的处所词前面是没有介词的。因此，存在句句首用"在"引进处所是书面语的一大特征。尽管这种句首加介词"在"的形式已有相当大的可接受度，但其发展还是比较缓慢的。在汉语口语表达中，原有的不加"在"的习惯仍然占据优势。

13. 使用表示处置义和被动义的书面语介词

朱晓琴（2014）对现代汉语书面语中表示处置义和被动义的介词进行了分析，并认为现代汉语中的"把""被"既可以用在口语中也可以用在书面语当中，而"将""为……所"则只能在书面语中使用。

根据邵洪亮、何晓璐（2021）的分析，"把"字句可以分为陈述性"把"字句和祈使性"把"字句两类。考察发现，二者在"把"后 NP 的有定性上存在明显差异：陈述性"把"字句强调已然的处置结果，重在叙事，既可用于典型的书面语体，也可用于口语语体，与有定 NP 和无定 NP 均可兼容；而祈使性"把"字句强调未然的处置目的，重在施为，即受者需要通过实时反应来确定语言的效果，只用于口语语体，且只能与有定 NP 兼容，不能与无定 NP 兼容，如"你把电视关了""把碗洗了"。而下边例（6）中的"将"则重在叙事，是专用于书面语的处置式介词。

（6）各主要大街上彩旗飘扬，<u>将</u>这座古老的城市装扮得更加绚丽多姿。（《华西都市报》2004 年 3 月 14 日）

表被动义的"为……所"的形式则只用于书面语，例如：

（7）钱钟书先生一向不<u>为</u>世事<u>所</u>扰，闭门谢客专心研究学问。

表被动义的"给""叫""让"多是由方言而来，故多用于口语，如"他叫车撞了"；而"被"既可以用于书面语也可以用于口语。针对这一特点，我们可以从这一方面做出区分。贺阳（2008）提出，在五四时期前，"被"字句的语义色彩都是消极义，表示中性的"被"字句不多见，表示积极意义则很少见。这种情况在五四以后有了显著变化，由于欧化语法现象的出现，"被"字句用于中性和积极义的比重显著增加，非消极义"被"字句在新白话中已由原来的例外转变为与消极义"被"字句具有同等地位的语义类型，并且这种变化只存于书面语。例如：

（8）湖心亭和那弯曲的石桥已经显然地横在前面了，<u>被</u>月光把影儿投在水面，很幽静的，像在图画里一般。（巴金《家》，1931 年）

（9）他<u>被</u>选为村支部书记。

因此，和口语相比，书面语发展相对缓慢，具有稳固性，在表达上注重严谨规范，具有文言特点的"为……所"和在口语中使用频率相对低的"将"类词往往是书面语的专用词。

14. 主谓之间、述宾之间常插入"的"

贺阳（2008）提出，先秦汉语中，主谓结构的主语和谓语之间可以加上"之"字构成"N 之 V"结构，使一个小句转化成一个名词性结构，述宾式、述补式、连动式等复杂谓词性结构都可以充当其中心语。到南北朝初期这一句法结构已经消失，在五四前的旧白话作品中很少见，处于休眠状态。五四时期，在翻译大量印欧语系文本的过程中，为了对译印欧语言中的行为名词、动词性名词以及由形容词派生的名词，动词、形容词越来越频繁地出现在名词性成分占据的句法位置上。因此，以谓词为中心语的定中结构"N 的 V"开始在现代汉语书面语中复苏、发展。

贺阳（2008）还指出，主语和谓语之间插入"的"的这种形式在政论性和学术性文字，特别是在政论性和学术性的翻译文字中尤为常见。这种形式在句子中不能充当谓语，常常充当主语或宾语，并且结构的中心语一般是具有书面语色彩的复音节谓词或谓词性结构，这些谓词性成分通常不能带"了""着""过"等动态成分。例如：

（10）更重要的，还在于<u>矛盾着的事物的互相转化</u>。（毛泽东《矛盾论》，1937年）

（11）这种<u>投入与产出、产量与效益之间的不对称</u>，是长期粗放经营的结果。（《求是》1996年第3期）

此外，朱晓琴（2014）认为，述宾之间加"的"时，述语与宾语一般交换位置。例如：

（12）在当代，<u>和平与发展两大问题的解决</u>，必须有广大妇女充分和平等的参与。（《人民日报》1995年9月）

15. 受汉语韵律特征的严格制约

书面语和口语的本质区别在于书面格式，这些格式不仅是词汇和语序的不同，关键是韵律对书面格式的直接控制。冯胜利（2003）就这一典型特征进行了考察，指出在书面语中的造句规则要受到［双＋双］的格律模式制约，作为书面语独立发展的新形式，比如"安装机器"（＊安装器）、"公然逃跑"（＊公然跑）、"集中力量"（＊集中量）等，虽然前面双音节成分的句法性质可能不一样，后面双音节的成分可能不是动词，但统一受到这一系统性要求的制约。在口语里，这些词则不会受到"双求双"韵律（前面双音节成分要求后面的必双）的制约，如"不让说""没办法玩儿""挨批了"在口语里都是合法的。

冯胜利（2003）还指出，在造词方面，书面语的韵律格式还体现在文言词汇（单音节）必须与今词（或古词）结伴成双才可以在书面语中出现，如"四环之内不准鸣笛"；现代语素的古代用法也遵循"必双"规则，如"大笑""吃水""坐定"；单双对应词也需遵循"单则黏着双则自由"的韵律控制，如"根据"可以自由使用，但是"据"则需要组成"据理""据实"才能使用；句法自由而韵律黏着的单音节方位词不能独立，也受韵律规则制约，其在书面形式里也极为能产，是书面语的一大特色。

根据以上分析考察，冯胜利（2003）指出，在书面语的句法运作中，书面语色彩越浓，韵律的控制就越强。［动＋宾］前移是书面语独有的句法运作，其位移要受到严格的韵律制约，即动词不能多于两个音节，地点名词不能少于两个音节，比如"收徒山神庙""遇险陵云崖"，这样综合的结果依旧是两者遵循"双求双"的韵律规则。

16. 主语较少省略

现代汉语书面语句式的一大显著特点就是主语较少省略，经常出现。赵元任（1979）在讨论句子零句和整句的划分时指出："整句有主语、谓语两部分，是连续话语中最常见的句型。零句没有主语—谓语形式。它最常见于对话以及说话和行动掺杂的场合。大多数零句是动词性词语或名词性词语。叹词是最地道的零句。"整句的对话性要弱于零句，因此在书面语中更具普遍性。

朱晓琴（2014）认为，一些书面句式是五四时期汉语受印欧语直接或间接的影响产生的，在汉语口语中主语和谓语的关系松散，句子的主语往往可以不说出来，有的句子甚至没有主语，但是现代汉语书面语就要求句子在形式上要完整，以达到结构上的完整性。下边例（13）中的每一个句子或者分句都出现主语：

（13）他是个油漆匠！我的大舅是三品亮蓝顶子的参领，而儿子居然学过油漆彩画，谁能说他不是半个旗人呢？我大姐的婚事是我大舅给作的媒人。大姐婆婆是子爵的女儿、左领的太太，按理说她绝对不会要个旗兵的女儿作儿媳妇，不管我大姐长的怎么俊秀，手脚怎么利落。大舅的亮蓝顶子起了作用。大姐的公公不过是四品呀。（老舍《正红旗下》，1980 年）

17. 有较多独特的构词形式和结构形式

从微观层面上看，现代汉语书面语中也存在一些独特的构词形式和结构形式，当语素、词进入某个结构式后就会具有书面语色彩。例如：表事物总称、类属的"名素＋量素"构词形式，如"船只""花束"等；"首＋量词"结构，如"首个""首位""首轮"等；"致 X"构词形式，如"致辞""致谢""致富"等。我们将具有书面语倾向的主要构词形式和结构形式列举如下：

以"X 版"为代表的有：

X 版：限量版、扫描版、电子版；

X 大：宏大、巨大、莫大；

X 度：硬度、强度、可信度；

X 尔：偶尔、莞尔、猝尔、卓尔；

X 感：归属感、幸福感、立体感；

X 乎：合乎、近乎、几乎、似乎；

X 化：机械化、法制化、自动化；

X 绩：功绩、成绩、业绩；

X 加：多加、更加、追加；

X 均：人均、年均、户均；

X 来：看来、想来、近来；

X 然：恍然、忽然、怅然；

X 示：出示、显示、表示；

X 式：开放式、美式、正式、分散式；

X 属：家属、眷属、烈属、隶属、金属；

X 系：日系、父系、母系；

X 型：节约型、新型、大型；

X 性：整体性、系统性、感性；

X 异：怪异、奇异、变异、迥异；

X 于：置于、忙于、碍于；

X 制：实名制、合同制、八年制。

以"奔 X"为代表的有：

奔 X：奔跑、奔腾、奔涌；

必 X：必定、必要、必然；

彻 X：彻底、彻骨、彻夜；

呈 X：呈交、呈报、呈现；

辞 X：辞别、辞呈、辞谢；

此 X：此地、此后、此间；

抚 X：抚育、抚摸、抚爱；

非 X：非特、非议、非人；

腐 X：腐败、腐朽、腐烂；

赴 X：赴任、赴敌、赴约；

概 X：概念、概括、概要；

甘 X：甘甜、甘美、甘泽；

何 X：何曾、何须、何尝；

或 X：或许、或者、或恐；

极 X：极其、极为、极力；

即 X：即将、即刻、即使；

佳 X：佳酿、佳作、佳节；

兼 X：兼任、兼顾、兼备；

建 X：建设、建立、建造；

渐 X：渐渐、渐次、渐悟；

鉴 X：鉴赏、鉴定、鉴察；

竭 X：竭力、竭诚、竭尽；

径 X：径直、径自、径行；

巨 X：巨大、巨浪、巨变；

愆 X：愆尤、愆期；

冗 X：冗长、冗杂、冗员；

申 X：申斥、申诉、申雪；

夙 X：夙愿、夙敌、夙夜；

肃 X：肃清、肃杀、肃立；

所 X：所谓、所属、所部；

伟 X：伟大、伟业、伟论；

无 X：无感、无视、无力；

要 X：要务、要言、要事；

余 X：余力、余兴、余意；

直 X：直逼、直达、直到、直至；

至 X：至今、至宝、至亲。

除此之外，还有一些半开放式的结构形式。例如：

该（代词）＋NP：该地、该人、该生；

毫不＋AP／VP：毫不犹豫、毫不妥协、毫不计较；

毫无＋NP：毫无感觉、毫无创见、毫无隔阂；

甚＋AP：甚深、甚长、甚久；

一一＋VP：一一说明、一一见证；

AP＋至极：简约至极、唯美至极、可爱至极；

AP / VP（心理动词）+ 不已：忙碌不已、感动不已；

VP + 至：送至、传至、搬至。

18. 常使用介词"于"引进对象

"于"是文言虚词，按照古代汉语的习惯，"于"形成的介词结构放在动词、形容词后面。现代汉语里的此类用法是古代汉语的遗留。孙德金（2012）对汉语书面语中的"于"进行了考察，认为书面语中的"于"主要有以下两类：第一种"于"为词缀，可用于构成"基于""忙于""囿于""致力于""听命于"等词语。第二种"于"为句法组合中的词，其组合层次可以分析为"V +［于 + 宾］"，也可以分析为"［V + 于］+ 宾"。如果分析为"V +［于 + 宾］"，那么认为"于 + 宾"整体充当 V 的补语；如果分析为"［V + 于］+ 宾"，那么认为"V + 于"类似于一个复合动词，后接一个宾语。"V +［于 + 宾］/［V + 于］+ 宾"的语义类型主要是表比较、时间、空间、对象、原因、源点、被动、范围等。

孙德金（2012）认为，"于"前的谓词成分主要以双音节书面词语为主，"V + 于"组合是开放的，只要动词在语义上满足"于"所能表示的［ + 空间］［ + 时间］［ + 源点］［ + 对象］等意义条件，就可以与"于"匹配。如"起步于""毕业于""服务于""献身于"等。"于"及其宾语有时会被动词的宾语隔开，形成"V……于……"结构。这类结构一般表达处置意义，可和"把"字句有变换关系。常用于该结构中的 V 有"置""融""集""混""寓""聚""寄"。此外，孙德金（2012）还指出"出自于""源自于"等用例中"于"是一个羡余成分，主要是"于"所跟的动词原本是及物动词或者本身含有"向"这种表示动作对象的单位，"于"就成为羡余成分，可以看作助词，起调节节律的作用。

除此之外，文章还讲述了书面语中"于"的相关功能。介词"于"引进对象，即把动作行为的对象介绍给动词，形成动作和对象的句法语义关系，"于"及其宾语一般位于动词后面，语义相当于"向……VP""对……VP"。例如：

（14）所有感恩于他的人们都出席了这个会。（张铁城《备战高考·英语篇上》，《百家讲坛》2003 年 4 月 10 日）

（15）她是一个热衷于功名利禄的人物。（冯其庸《〈红楼梦〉的思想》，《百家讲坛》2003 年 10 月 15 日）

特殊情况是："于"和 V 之间插入宾语，V 一般为单音节的表"施与"意义的词，"于"引介的对象是动词的间接宾语，形式为"V + N₁ + 于 + N₂"，这种形式有一定开放性，属于句法构造形式，但"V + N₁"的词化倾向比较明显。例如：

（16）分析家们将投资者的损失归咎于电脑程序错误或不可预见的市场力量。（玛丽·普维《数字能保证诚实吗？》，《百家讲坛》2003 年 12 月 31 日）

19. 存在大量只有指称和陈述之分的动名兼类现象

胡明扬（1993）对汉语动名兼类现象进行分析时指出，就口语而言，特别是单音节动词，不存在只有指称和陈述之分的动名兼类现象，少数动词兼名词，动词表示动作，名词表示事物，一清二楚，如"刺痛了人"的"刺"和"一根刺"的"刺"，其双音节只有指称和陈述之分的动名兼类现象也是非常少见的。就是说，只有指称和陈述之分的动名兼类主要是书面语中才有的现象，如"学习语文"和"语文学习"中的"学习"在意义上有指称和陈述之分。

书面语中这一类动名兼类现象大部分是从西方语言翻译过来的，由于汉语没有像英语那样把动词转化为名词的词缀 -ing，-ion 等等，所以在翻译过程中出现了动名兼类现象。如双音节动词动名兼类大多来源于翻译，如"核扩散"是 nucleardiffusion 的翻译；除此之外，还有一部分是仿照翻译词语自己创造的，如"云计算"。

20. 存在人称代词受定语修饰的现象

在现代汉语书面语中，人称代词受定语修饰的形式主要见于小说、诗歌等文学作品。贺阳（2008）曾指出，汉语人称代词受定语修饰虽然在旧白话里存在，但并没有形成突破人称代词不受修饰这一原则的力量，而人称代词带定语格式的发展和广泛使用是在五四前后，标志是许多重要作家笔下都出现了人称代词受修饰的用例，但这仍是一种书面语现象，越是书卷气重的作品，这一现象越多。人称代词受修饰以"我"和"他"最为常见，除了拟人化描写之外，非指人的"它"没有受修饰的用例。作者针对这一现象，认为其兴起与流行，可能既受日语的影响，也受英语、法语等印欧语言的影响。例如：

（17）有了四千年吃人履历的我，当初虽然不知道，现在明白，难见真的人！（鲁迅《狂人日记》，《新青年》1918 年第 4 卷第 5 号）

（18）我卧在床上，用悠暇的目光，远远看见草地上、图书馆、礼堂门口进

<u>出的你们</u>。（冰心《寄小读者·通讯九》，1923 年）

（19）看护妇把手伸去替他省脉，<u>意识昏迷的他</u>却在叫道："啊，多谢你啊，嫂嫂。"（郭沫若《叶罗提之墓》，1924 年）

参考文献

专著类

北京大学中文系 1955、1957 级语言班编（1982）《现代汉语虚词例释》，北京：商务印书馆。

曹秀玲（2016）《汉语话语标记多视角研究》，北京：中国社会科学出版社。

岑玉珍（2013）《汉语副词词典》，北京：北京大学出版社。

陈灼（1996）《桥梁：实用汉语中级教程（上）》，北京：北京语言文化大学出版社。

陈灼（1997）《桥梁：实用汉语中级教程（下）》，北京：北京语言文化大学出版社。

邓守信（2010）《对外汉语教学语法》，北京：北京语言大学出版社。

顾顺莲（2010）《21 世纪对外汉语教材：综合教程 3》，上海：上海外语教育出版社。

国家对外汉语教学领导小组办公室（2002a）《高等学校外国留学生汉语教学大纲（短期强化）》，北京：北京语言文化大学出版社。

国家对外汉语教学领导小组办公室（2002b）《高等学校外国留学生汉语教学大纲（长期进修）》，北京：北京语言文化大学出版社。

国家对外汉语教学领导小组办公室（2002c）《高等学校外国留学生汉语言专业教学大纲》，北京：北京语言文化大学出版社。

贺阳（2008）《现代汉语欧化语法现象研究》，北京：商务印书馆。

侯学超（1998）《现代汉语虚词词典》，北京：北京大学出版社。

教育部、国家语言文字工作委员会（2021）《国际中文教育中文水平等级标准》，北京：北京语言大学出版社。

孔子学院总部／国家汉办（2014）《国际汉语教学通用课程大纲》（修订版），北京：北京语言大学出版社。

孔子学院总部／国家汉办（2015）《HSK 考试大纲（一～六级）》，北京：人民教育出版社。

李柏令（2009）《21 世纪对外汉语教材：综合教程 1》，上海：上海外语教育出版社。

李晓琪（2004—2008）《博雅汉语》，北京：北京大学出版社。

刘珣（2002—2009）《新实用汉语课本》，北京：北京语言大学出版社。

刘英林（1996）《汉语水平等级标准与语法等级大纲》，北京：高等教育出版社。

刘月华、潘文娱、故韡（2019）《实用现代汉语语法》（第 3 版），北京：商务印书馆。

刘运同（2009）《21 世纪对外汉语教材：综合教程 2》，上海：上海外语教育出版社。

吕叔湘（1999）《现代汉语八百词》，北京：商务印书馆。

吕文华（2014）《对外汉语教学语法讲义》，北京：北京大学出版社。

马树德（2002）《现代汉语高级教程（上）》，北京：北京语言大学出版社。

马树德（2003）《现代汉语高级教程（下）》，北京：北京语言大学出版社。

孟长勇（2014）《21 世纪对外汉语教材：综合教程 7》，上海：上海外语教育出版社。

孟长勇、吴春相（2014）《21 世纪对外汉语教材：综合教程 8》，上海：上海外语教育出版社。

彭小川、李守纪、王红（2004）《对外汉语教学语法释疑 201 例》，北京：商务印书馆。

齐沪扬（2005）《对外汉语教学语法》，上海：复旦大学出版社。

邱军（2008—2009）《成功之路》，北京：北京语言大学出版社。

孙德金（2006）《对外汉语语法及语法教学研究》，北京：商务印书馆。

孙德金（2012）《现代书面汉语中的文言语法成分研究》，北京：商务印书馆。

谭汝为、吴春相（2014）《21 世纪对外汉语教材：综合教程 6》，上海：上海外语教育出版社。

王还（1995）《对外汉语教学语法大纲》，北京：北京语言学院出版社。

吴中伟（2003—2004）《当代中文》，北京：华语教学出版社。

现代汉语常用词表课题组（2008）《现代汉语常用词表》，北京：商务印书馆。

杨德峰（2009）《对外汉语教学核心语法》，北京：北京大学出版社。

杨寄洲（1999）《对外汉语教学初级阶段教学大纲 1》，北京：北京语言文化大学出版社。

杨寄洲（2006）《汉语教程》（修订本），北京：北京语言大学出版社。

杨寄洲、贾永芬（2005）《1700 对近义词语用法对比》，北京：北京语言大学出版社。

翟宜疆（2010）《21 世纪对外汉语教材：综合教程 4》，上海：上海外语教育出版社。

张斌（1999）《现代汉语虚词词典》，北京：商务印书馆。

赵新、刘若云（2013）《实用汉语近义虚词词典》，北京：北京大学出版社。

赵元任（1979）《汉语口语语法》，北京：商务印书馆。

赵元任（1980）《语言问题》，北京：商务印书馆。

郑懿德、马盛静恒、刘月华等（1992）《汉语语法难点释疑》，北京：华语教学出版社。

中国社会科学院语言研究所词典编辑室（2016）《现代汉语词典》（第 7 版），北京:商务印书馆。

钟英华、温象羽（2012）《21 世纪对外汉语教材：综合教程 5》，上海：上海外语教育出版社。

朱德熙（1985）《语法答问》，北京：商务印书馆。

朱德熙（1999）《朱德熙文集（第三卷）》，北京：商务印书馆。

论文类

冯胜利（2003）书面语语法及教学的相对独立性，《语言教学与研究》第 2 期。

胡明扬（1993）语体和语法，《汉语学习》第 2 期。

李敬国（1996）现代汉语不能重叠的动词的考察，《兰州学刊》第 5 期。

刘世亮（2011）现代汉语不同语体风格动词重叠形式的不平衡规律，《齐齐哈尔师范高等专科学校学报》第 4 期。

齐沪扬、邵洪亮（2020）交流性语言和非交流性语言，《语言教学与研究》第 3 期。

邵洪亮、何晓璐（2021）陈述性"把"字句和祈使性"把"字句的分野——从"把"后 NP 的有定性谈起，《新疆大学学报》第 1 期。

朱德熙（1985）现代书面汉语里的虚化动词和名动词，载第一届国际汉语教学讨论会组织委员会变《第一届国际汉语教学讨论会论文选》，北京：北京语言学院出版社。

朱德熙（1987）现代汉语语法研究的对象是什么？《中国语文》第 5 期。

朱晓琴（2014）现代汉语书面语教学研究，苏州大学博士学位论文。

后　记

　　承蒙国家社科基金重大项目"对外汉语教学语法大纲研制和教学参考语法书系（多卷本）"（17ZDA307）总负责人齐沪扬老师以及该项目大纲系列主编张旺熹老师的信任，我和唐依力老师、朱建军老师受托分别研制《对外汉语教学语法书面语大纲》（以下简称《书面语大纲》）和《对外汉语教学语法口语大纲》（以下简称《口语大纲》）。学界至今尚无一套分语体类型的语法大纲（以下简称"分类大纲"）问世。因此，在进行前期论证之时，我们都认为此项工作十分有意义，同时，也深感责任重大而颇有压力，担心无法在三年之内圆满完成任务。

　　事实证明，编写分类大纲的程序之复杂、工作量之大，以及所耗费的时间和精力之多，都远超我们当初的预期。从对分类大纲语法项目析出以及各种等级划分的依据进行思索，到语法项目的检索、挖掘、搜集和整理，再到分类大纲总体编排形式，以及语法项目的解析和说明方式的设计，最后到各个语法项目义项 / 功能分合问题的处理，等等，我们都进行了无数次讨论和反复斟酌，甚至对很多内容几易其稿。

　　在《书面语大纲》的研制过程中，除了得到项目总负责人齐沪扬老师、大纲系列主编张旺熹老师，以及《口语大纲》作者唐依力老师和朱建军老师、"分级大纲"作者张小峰老师和段沫老师的支持、帮助之外，其他子课题组的胡建锋老师、刘慧清老师、张素玲老师、崔维真老师、黄健秦老师、蔡瑱老师、李宗宏老师也对本大纲的研制提出过宝贵意见。我的多名硕士、博士研究生杨婳荻、马婷、张亚娟、朱婷儿、孔德岚、赵佳诺、李凤旗、张旸、李晨晨、程梦芸、张铭哲、王凤莹、何建秋、拜琳、史春磊、刘君、朱昊华、唐婷婷等也先后参与了《书面语大纲》原始资料的检索、挖掘、搜集、整理、讨论，以及后续的校稿工作。为了加快工作进度，我们日夜兼程，甚至放弃很多个周末的休息时间，从早上八点到晚上八点围坐在一起，逐条讨论语法项目的义项 / 功能的分合问题以及各项等级问题。在讨论过程中，大家摆事实，讲证据，讨论气氛非常热烈，而且经常出现一种有趣的现象：来自北方方言区的研究生和来自南方方言区的研究生在确定部分条目的语体特征时，在语感上往往自然地形成了两个意见不同（甚至截然相反）的阵营。比如，对于有的条目，北方方言区的研究生一致认为其具有典型的口语特征（因为他们口语中就是这么说的），而来自南方方言区的研究生则普遍认为其具有典型的书面语特征（因为他们口语中从来不这么说，且这个条目是他们后天从文本中学习来的）。这种情况虽是我始料不及的，却引起了我极大的兴趣，并促使我进一步思考有关语言项目的语体特征问题。我也因此逐渐认识到，不同方言区的人对于语言项目语体特征的认知很多时候是不一致的，具有明显的地域差异。

几乎每个参与其中的研究生都告诉我，在讨论的过程中终于感受到了做学问、抠细节、追求真知的乐趣，虽疲累却十分充实。在此，我要向以上对《书面语大纲》的研制提供过各种支持和帮助的老师和同学表示衷心的感谢！可以说，没有你们的帮助，这项浩大而又精细的工程是绝对不可能凭我一己之力在这么短的时间内完成的。

当然，我还要感谢北京语言大学出版社对项目的支持。如果没有出版社的帮助，没有责编武传霞老师的高效工作和辛勤付出，《书面语大纲》断不可能如此顺利地呈献在各位读者面前。

由于我个人能力有限，《书面语大纲》在细节上一定还有不少错漏之处，敬请广大师生不吝指正。

2023 年 10 月 31 日于上海外国语大学